JN449097

두계 이병도의

국가론과 민족관

두계 이병도의

국가론과 민족관

백승종 노찬백 곽진 윤대식 지음

일조각

서문

이 책은 역사학자 두계 이병도李丙燾(1896~1989)의 삶과 학문, 그리고 특히 그의 국가론과 민족관을 중심으로 서술한 것이다. 그동안 역사학 분야에서 두계에 관해 많은 연구가 있었지만 그의 국가론에 관한 연구는 거의 시도되지 않았다. 역사학자인데 왜 이런 연구가 필요하냐고 할 수도 있지만, 민족관과 이상적인 국가에 대한 구상은 역사 서술의 방향축으로 작용하기 때문에, 두계의 역사관은 물론 그의 삶과 학문 전체를 이해하기 위해서라도 이에 관한 연구는 꼭 필요하다. 이 책의 필자들은 두계의 국가론과 민족관 형성에 그의 사회과학social science에 대한 관심이 상당한 영향을 주었다고 짐작하고 역사학, 정치학, 한문학 등 다양한 전공의 연구자가 주제를 분담하여 협동적으로 연구를 진행하였다.

『국사대관』은 두계의 대표 저술이다. 두계는 국사를 연구하는 방법을 설명하는 것으로 서론을 시작해 한국사의 장대한 발전 과정을 상세하게 서술한 다음, 그 결론에 해당하는 마지막 페이지에서 국가와 개인의 이상적인 관계를 논하였다. 국가론에서는 개인과 국가의 관계 설정이 중요하다. 국가라는 정치공동체의 강력한 일체성도 중요하지만 그 구성원인 개인의 자유도 보장되어야 한다. 전체주의적으로 국가를 강조하면 개인이 설 자리가 없어지고, 이와 반대로 개인의 자유만 고집하면 공동체가 위기에 처했을 때 힘을 발휘하기 어렵다. 두계는 일면 대립적으로 여겨지는 개인과 국가의 관계에 대해서 개인을 '소아小我', 국가를 그런 소아가 발전적으로 커진 '대아大我'로 규정하면서, 국가를 확대된extended 개인으로 보았다. 그러면서 두계는 국가의 일체성과 개인의 자유 사이에서 균형점을 찾아 개인과 국가의 대립적 관계를 극복하고자 하였다. 필자들은 두계가 평생 동안 연구해 온 유학儒學의 수신, 제가, 치국, 평천하의 논리에서 이러한 관점을 착안한 것으로 추정하고 있다.

민족에 대해서도 국가론에서 적용했던 동일한 논리로, 두계는 개인이 확대된 '민족아民族我'라는 개념을 만들었다. 이 민족관의 특징은 민족의 통일과 단합을 강조하면서 또한 그 속에서 차이를 인정한다는 것이다. 민족에 대한 관점은 각자의 신념에 따라 다를 수 있다. 그래서 전체주의적 또는 폐쇄적 경향을 띠는 관점도 존재한다. 민족에 대한 극단적 관점은 정치권력을 쥔 정권이나 특정 종교 집단 등에 의해 강력하게 주장되곤 한다. 두계의 민족관은 민족에 대하여 좌우 양극단에 있는 경향과 분명하게 다르며, 포용적이고 평화적이다.

두계는 한국전쟁 기간 중에 대한민국 국방부 정훈국 전사편찬회 위원장을 맡아 역사학자로서 그 비극의 역사를 상세하게 기록하고 정리하였다. 두계는 국가의 존속과 발전을 중시하면서 개인의 자유와 모두의 평화로운 공존을 늘 강조하였다. 정치이념적으로 자유민주주의를 선택하고 지지하면서 그에 필요한 가치와 시민문화를 그의 일생을 통해서 저술과 교육으로 후학에게 전하였다.

이 책은 이와 같은 두계의 국가와 민족에 관한 생각을 서술하고, 그가 해방 이후 자유민주주의 국가 발전에 기여한 바를 찾아보기 위해 기획되었다. 두계의 국가와 민족관에 대해서는 정치이론적 관점에서 그의 저술에 나오는 개념을 분석하는 데 집중하였고, 정치학에서 말하는 근대화와 정치발전 개념으로 두계가 당대에 구체적으로 수행했던 역할에 대해 서술하였다. 이런 연구를 통해 필자들은 두계가 우리 역사에서 자유와 정의, 평화 및 평등이라는 보편적 가치를 찾으려 했고 그것을 역사 교육의 핵심 가치로 전하려고 했음을 확인하게 되었다.

이 책의 저술은 네 부분으로 구성되어 있다. 첫 번째 부분은 백승종 교수가 두계의 학문적 배경과 삶에 관해 서술한 글이다. 백 교수는 역사학자로서 두계가 공헌한 바와 그를 둘러싼 논쟁에 대해서 그 진위眞僞를 가장 잘 알 수 있는 위치에 있다. 또 해외에서 오랫동안 학술과 교육 분야에서 활동했기 때문에 넓은 시야로 두계에 대해 살펴볼 수 있었다. 많은 시간이 흘러 두계는 이제 역사 속 인물이 되었고, 일반인은 물론 역사학을 전공하는 학자들조차도 특별히 관심을 두지 않으면 그의 학문적 배경이나 저술 내용을 잘 알기 어렵다. 바로 이런 상황을 염두에 두고 백 교수는 두계 저술 전반을 검토했을 뿐만 아니라 새로운 자료를 발굴하여 누구라도 쉽게 두계의 학문 세계를 이해할 수 있도록 주제별로 서술하였다.

두 번째 부분은 두계의 국가론과 민족관을 이론적으로 분석한 글이다. 이런 주제와 개념 분석은 정치이론과 비교정치 분야에서 주로 취급하는 것이다. 이 글의 전반부에서는 두계의 사회과학적 관심과 유학儒學에 관한 저술을 집중적으로 분석했는데, 바로 이 부분이 이 책 전체의 이론적 핵심이다. 서양정치사상과 비교정치학을 전공한 노찬백 교수는 한국 정치사와 정치발전론을 다룬 다수의 저술을 발표한바, 정치학적 분석틀을 가지고 두계의 국가와 민족에 관한 생각과 공헌을 정리하였다.

세 번째 부분은 두계가 민족문화추진회 활동을 통하여 민족문화 부흥에 공헌한 사실을 소개한 글이다. 두계는 1965년에 민족문화추진회 창립을 주도하였는데, 이 기관에서는 우리의 중요 고전을 국역하고 국역 전문인을 양성하는 한문 교육을 실시하였다. 지금 국문학과, 역사학과, 철학과, 그리고 사회과학 분야까지 고전을 연구하는 중진 학자들 상당수는 '민추民推'라고 불렸던 민족문화추진회에서 경전經典들을 공부하였다. 민추는 2007년 국가가 운영하는 한국고전번역원으로 발전하였다. 두계가 민추에서 한 역할에 대해, 1970년대 후반 민추 국역연수원을 수료하고 국역실 국역전문위원으로 근무했던 곽진 교수가 두계의 민족문화추진회 활동에 관한 국가보존 기록물과 민추 회의자료, 주변 증언들을 참고하여 자세히 서술하였다. 곽 교수는 한문학자로서 한국고전번역원의 이사장도 역임하였기에 두계가 민추 발전에 기여한 사실을 소상하게 증언할 수 있었다.

마지막 부분은 해방 후 격동기를 거쳐 근대화되는 과정에서 두계가 그 시대적 책무를 어떻게 수행했는지를 윤대식 교수가 서술한 글이다. 윤 교수는 해방 전후에 활동했던 민족 지도자들에 대한 평전을 저술하면서 당시의 상황과 그 시대적 과제를 오랫동안 연구해 왔다. 이 책에서 윤 교수는 평화와 협동을 강조하는 두계의 민족 개념이 자유민주주의 정치이념에 부합하며, 두계가 시대의 지성으로서 그런 가치를 전파하는 역사적 책무를 다했다고 서술하였다.

이렇게 총 네 편의 글을 통하여 고난과 격동의 시대를 살았던 두계가 학자로서 가졌던 국가와 민족에 관한 생각과 그 실천을 폭넓게 살펴보고자 하였다. 이와 같은 두계에 대한 전문 연구서가 나올 수 있도록 이 책을 흔쾌하게 출판해 주신 일조각의 김시연 사장님께 감사드린다. 일조각은 진단학회에서 편집한 두계 추념 문집인 『역사가의 유향』을 낸 적이 있고 이전에도 두계 저술을 다수 출판한 인연이 있다. 이제 두계의 삶과 학문을 새롭게 조명하고 그의 국가와 민족관을 사회과학적으로 분석하는 이 책이, 평소 두계에게 관심이 있었던 독자와 학자 제현께 두계를 새롭게 이해하는 학술 자료로 활용되기를 기대한다.

저자 일동

차례

법고창신法古創新의 새 길 닦은 현대의 거유巨儒

백승종

1. 시작하는 말: 두계라는 '태산북두泰山北斗'

두계斗溪 이병도李丙燾(1896~1989)는 20세기 한국 학계를 대표하는 위치에 있었다. 그는 평생 동안 여덟 번씩이나 대한민국학술원 회장에 선출되었다.[1] 두계는 학자로서 명성이 높았을 뿐만 아니라 지도자로서도 역량이 탁월하였던 것이다. 구십 평생 그가 이룩한 학술적 성과를 이 짧은 지면에, 천학淺學에 불과한 필자가 제대로 담아내기는 불가능하다.[2] 따라서 이 글에서는 해방 이후에 두계가 쓴 자전적 성격의 글에 근거하여 그의 학문 세계와 삶을 정리해 보았다.[3]

글의 내용을 순서대로 소개하면, 맨 처음에는 두계라는 대학자의 면모를 간단히 살펴보고(제1절), 이어서 두계가 학자로서 절실하게 느낀 역사적 소명召命에 관해 기술한다(제2절). 그는 사회문제에도 비판적인 견해를 피력했는데, 한국사회는 물론이고 가깝고도 먼

1 『두계 가족 이야기: 斗溪 李丙燾 박사 추념 가족 글 모음』, 이운경 외, 지식마을, 2020, 251쪽. 〔이하 이운경(2020)이라 약칭〕

2 두계 이병도의 학술적 업적에 관한 평가는 다음의 책자에 비교적 자세히 서술되어 있다. 진단학회 편, 『歷史家의 遺香: 斗溪 李丙燾 先生 追念文集』, 일조각, 1991. 이하 이병도(1991)이라 약칭.

3 두계는 대략 10년 간격으로 자전적 성격의 수필집을 간행하였다. 그 가운데 필자가 참고한 책자는 다음의 다섯 권이다. 『斗溪雜筆』, 일조각, 단기 4289년(1956) 〔이하 이병도(1956)이라 약칭〕; 『풀뭇간의 쇠망치』, 휘문출판사, 1971〔이하 이병도(1971)이라 약칭〕; 『내가 본 어제와 오늘』(박영문고 60), 박영사, 1975〔이하 이병도(1975)라 약칭〕; 『斗室餘滴』, 박영사, 1975〔이하 이병도(1975a)라 약칭〕; 『成己集』, 정화출판문화사, 1983.

『역사가의 유향』

이웃인 일본도 그 대상으로 삼았다(제3절). 아울러 두계가 다른 학자들과 달랐던 점이 무엇인지 분석할 필요가 있을 것이다. 필자는 두계의 가장 큰 특징을 유학儒學의 현대화라는 점에서 찾고자 한다(제4절). 그리고 마지막으로 각 절에서 다룬 내용을 요약하고, 장차 '두계학斗溪學'이 나아갈 길을 모색해 보고자 한다(제5절).

1) 신학문과의 만남

두계는 구한말 경기도 용인의 유서 깊은 유가儒家에서 출생하여 어린 시절부터 유학儒學에 종사하였다. 그러다 시국이 혼란스러워지자 그의 집안은 한양으로 이주하였다. 당시의 풍습대로 두계는 조씨趙氏 댁 규수와 일찌감치 결혼했는데, 그로부터 그의 인생이 송두리째 바뀌었다. 두계는 다음과 같이 말하였다.

나는 처가의 영향으로 신학문에 뜻을 두게 되었다. 그래서 머리를 깎고 들어간 곳이 보전普專이었다.[4]

4 이병도(1971), 70쪽.

‘보전’이란 보성전문학교로, 두계는 법과法科에 입학하였다. 1912년의 일이다. 그가 신학문에 관심을 둔 것은 그 무렵의 세상 풍조와 깊은 관련이 있었다. 한마디로 “나라를 잃은 이 땅의 젊은이들은 ‘배워야 한다’는 불타는 정열에 못 이겨 모두들 일어설 때이었다.”[5] 이러한 두계의 회상에서 알 수 있듯이, 애국심에 불타는 청년들이 신학문을 배우고자 교문을 두드렸다.

『두계잡필』

그들은 두계와 마찬가지로 전통적인 사대부의 자제로서 이미 수년 동안 유학의 경전을 외우던 사람들이었다. 가령 미군정 시대에 대법원장을 지낸 김용무金用茂는 두계와 보성전문 동기동창인데, 지방에서 한학漢學을 공부하다가 신지식을 습득하려는 열기에 휩싸여 한양으로 올라왔다. 김용무도 두계와 똑같이 낮에는 중학中學에서 신학문을 익히고 야간에는 보성전문에서 법학을 공부하였다.[6]

사실 두계는 법률 지식에 큰 관심이 없었다. 하지만 ‘국제 공법’ 과목에는 역사적 사례가 많이 나와 상당히 취미를 갖게 되었다고 한다.[7] 그는 태생적으로 역사를 좋아하는 지식인이었다.

5 위의 책, 23쪽.
6 이병도(1956), 309쪽.
7 이병도(1975a), 206쪽.

전문학교를 마친 후 두계는 일본 유학을 소망하였다. 세상사를 근본적으로 이해하려면 대학 공부가 필수적이라고 확신했기 때문이다. 1915년에 두계는 세계대전이라는 국제적 환난을 목격하면서 일본 도쿄에 있는 와세다 대학에 진학하였다.[8] 완고한 장형長兄이 강력히 반대했으나 두계의 강철 같은 의지는 꺾이지 않았다.

일본 유학 중에 두계는 큰 스승을 만났다. 그는 자신의 일본인 스승에 관해 다음과 같이 기술하였다.

> 내게 직접 간접으로 큰 격려와 영향을 준 것은 일본 와세다 대학의 츠다津田左右吉 박사와 동경 제대의 이께우치池內宏 박사였다. … 특히 츠다 박사는 내 은사의 한 분이요, 사학史學뿐만 아니라 중국사상사의 대가이기도 해서 재학 시절부터 지도를 받은 바 많았다.[9]

와세다에 재학하는 동안에 두계는 여러 스승에게 학은學恩을 입었는데, 그중에서도 특히 쓰다 소키치 교수에게 배운 바가 많았다. 두계는 본래 서양사를 전공하고자 하였으나 방향을 바꾸었다. 일제의 무도한 탄압하에 한국 민족의 역사가 무참하게 짓밟혀 가는 수난을 나날이 철저하게 인식하였고, 그러자 우리나라 역사의 여러 가지 문제를 똑바로 밝혀야겠다는 일종의 의무감과 책임감이 강하게 일어났기 때문이다. 당시를 회상하며 두계는 "내가 해내고야 말겠다는 일종의 자부심을 지니고 연구논문을 계속 발표하였다."라고

8 이병도(1971), 24쪽.
9 위의 책, 35쪽.

서술하였다.[10]

청년 두계는 이미 독창적인 학자로 정평이 났다. 그의 연구는 늘 새로웠고, 논문들은 종래에 나온 일본인 학자들의 주장과는 거리가 멀었다. 그로 인하여 두계의 논문은 일본 사학계에 큰 파문을 불러일으킨 적이 여러 번이었다. 특히 1927년에 두계가 한사군 가운데 하나인 현도군玄菟郡의 위치를 새롭게 비정하자 학계가 온통 뒤집히다시피 하였다. 일본 도쿄에서 열린 '사학대회史學大會'에서의 일이었다. 두계는 이른바 '식민지사학'에 대한 비판의 기수였다.

1934년 5월에 두계와 그의 동지들은 한 가지 중요한 결단을 내렸다. 일본인 학자들과의 지속적인 학문적 투쟁을 승리로 이끌기 위하여 학회를 조직하기로 한 것이다. 두계 자신의 말에 따르면, "우리의 저항의식은 마침내 진단학회震檀學會라는 학회를 조직함에 이르렀던 것이다."[11] 좀 더 자세히 말해, "진단학회의 근본적인 창립 취지는 한국 및 인근 〔지역의〕 문화에 관한 연구와 문화의 향상 발전을 위한 것이었지만 좀더 가까이는 일본인에 대한 학술적 또는 민족적 항쟁에서 출발한 것이었다."[12]

진단학회는 범상한 일개 학술단체가 아니었다. 진단학회가 창립될 무렵에 일제는 만주를 침략해 제국주의적 침략 야욕을 아시아 대륙으로 확장하였다. 일제가 만주를 차지하자 국내의 애국 저항운동은 소강상태로 접어들었고, 한국의 지식인들은 마음속으로만 저항의식을 가질 뿐이었다. 바로 그러한 전환기에 두계 등은 일제에

10 위의 책, 24쪽.
11 위의 책, 24쪽.
12 위의 책, 39쪽.

대한 학문적 저항을 표현하기 위해 '횃불'을 켠 것이다.[13]

학회의 기관지인 『진단학보』는 한국에서 처음으로 출현한 인문·사회과학 종합 학술지였다. 침략자인 일본인을 상대로 『진단학보』는 민족적 차원에서 학술적 항쟁을 선포한 것이었다.[14] 뜻있는 한국의 지식인과 유지들은 그 사실을 너무도 잘 알고 있었으므로 악조건 속에서도 진단학회를 포기하지 않고 유지하기 위해 많은 노력을 기울였다. 그 중심에 두계가 버티고 있었다. 그는 『동아일보』의 사주社主 김성수 등 몇몇 찬조위원의 격려와 후원을 바탕으로 번번이 다가온 경영난을 극복하고, 『진단학보』를 제14호까지 보란 듯이 속간하였다.[15] 그러나 일제가 일으킨 '조선어학회사건'의 여파로 일단 학회 문을 닫을 수밖에 없었다(1942년). 진단학회가 활기를 되찾은 것은 그로부터 3년 뒤에 우리나라가 일본의 압제에서 놓여난 다음이었다.

2) 한국사학을 근대적 학문으로 탈바꿈한 석학碩學

해방이 되자 두계는 그전보다도 몇 배 더 활발하게 움직였다. 한 사람의 학자로서 그가 세상에 내놓은 업적은 여간 큰 것이 아니었지만, 한마디로 요약해 본다. 두계야말로 한국사 연구를 근대 역사학으로 끌어올린 선구자였다. 그는 말하기를, "〔역사는〕 현재 현실을 전혀〔=전적으로〕 망각한 죽은 학문으로 관념하여서는 아니 된다."[16]

13 이병도(1975a), 216쪽.

14 위의 책, 195쪽.

15 이병도(1956), 306쪽.

16 이병도(1971), 133쪽.

라고 정의하였다. 근대의 역사학자답게 그는 역사와 현실이 끊임없이 영향을 주고받는다는 점을 강조했다고 평가할 만하다.

근대 역사학자로서 두계는 민족과 국가라는 문제에 지대한 관심을 가졌다. 그의 글에서 필자가 추출한 근대적 특징은 다음의 세 가지이다. 첫째, 두계는 민족 또는 국가란 결코 고립된 존재가 아니라는 점을 정확히 인식하였다. 그래서 그는 다음과 같이 주변 국가 또는 민족과의 관계를 강조하였다.

〔한국 민족은〕 고립적으로 발전하여 온 것은 아니다. 주위 제〔=여러〕 민족과의 부절한〔=끊임없는〕 관계와 투쟁에서 그 민족사회를 유지하여 온 것이다.[17]

둘째, 국가를 구성하는 민족이란 과연 어떻게 형성되는지에 관해서도 두계는 근대적 관점에서 다음과 같이 해석하였다.

발달된 민족에 있어서는 순수한 단일 인종으로 〔국가가〕 형성되는 경우는 있을 수 없는 것이다.[18]

요컨대 단일민족이란 개념은 존재하지 않으며, 있다면 그와 유사한 공동체가 바로 민족이라는 것이다. 두계는 민족이란 무엇인가 하는 질문에 관해 "문화를 같이하는 공동체"[19]라고 답하였다. 좀 더

---

17 위의 책, 134쪽.
18 위의 책, 274쪽.
19 위의 책, 274쪽.

부연해서 말하면, 역사과정을 통하여 자연적으로 이루어진 것으로서 혈연, 언어, 지리적 환경 등의 동질성이 가장 중요한 조건이라고 설명하였다.[20]

셋째, 두계는 민족 또는 국가 중심의 역사 연구가 지향할 목표를 정확히 인식하였다. 그의 시각은 매우 근대적이었는데, 다음과 같이 표현되었다.

> 일국一國 일민족一民族의 역사를 연구함에는 그 관계〔, 즉〕 민족 관계〔,〕 국가와의 연관성 내지 세계사적 공통성을 고려해 가지고〔,〕 그 자체의 특수성을 밝혀야 한다.[21]

즉, 역사를 연구할 때는 반드시 세계사적 공통성을 염두에 두어야 하며, 그러면서도 해당 국가의 특수한 성격을 발견하는 데 초점을 두어야 한다는 뜻이다.

두계는 한국 최초의 근대적 역사가였다고 볼 수 있다. 그와 동시대를 산 역사학자가 적지 않았으나 두계만큼 근대적 역사관에 투철한 이는 다시 찾아보기 어렵다. 그런 점에서 그가 해방 이후 손꼽히는 대학에서 역사 교육을 담당한 것은 자연스러웠고 또 다행스러운 일이기도 하였다.

대학교수로서 두계는 근대적인 역사학자를 다수 양성하였다. 그는 서울대학교에 재직하는 동안에 무엇보다도 한국사의 기본 과제

---

20 위의 책, 274쪽.

21 이병도, 『國史와 指導理念』, 일조각, 단기 4288년(1955), 9쪽. 〔이하 이병도(1955)라 약칭〕

는 제도사制度史에 있다고 강조하였다.[22] 각종 제도야말로 사회의 골격에 해당하므로 한 나라의 골격을 제대로 파악하려면 제도를 철저히 연구해야 한다고 믿었다. 이야말로 필자가 서구의 여러 대학에서도 확인한 근대적 역사학의 특징이었다. 제도사 연구가 심화되면 거기에 살을 붙여 역사 연구가 더욱 풍부해진다는 것이 두계의 신념이었다.[23] 제도사에 대한 두계의 관심이 나중에는 사회사social history의 강조로 진화 발전한 것도 흥미로운 현상이다. 이는 1960년대 이후 서구 역사학계에서 목격되는 주요한 변화이기도 하였다.

두계의 저술을 살펴보면 다음의 네 가지 분야에서 실로 전인미답前人未踏의 큰 업적을 냈다. 누구나 동의하듯, 그의 첫째 업적은 고대사 연구이며, 둘째는 고려시대 연구이다. 셋째는 유학사儒學史에 관한 것이며, 넷째는 탁월한 한국사 개설을 집필했다는 점이다. 아래에서는 이를 차례대로 간단히 소개하겠다.

(1) 수준 높은 고대사 연구

한국 고대사에 관하여 두계는 다음과 같이 말한 적이 있다. "나는 유학사, 〔고려의〕 도참圖讖 사상, 고대사의 세 분야에 걸친 논문을 발표했는데 … 가장 학계에 센세이션을 일으킨 것은 〔고대사인〕 한사군漢四郡에 관한 논문이었다."[24]

두계의 평가에 따르면 일본인 학자들은 대체로 조선의 선비들이 쓴 글이나 중국인들의 학설을 되풀이하기 일쑤였다고 한다. 그야말

22 이병도(1971), 82쪽.
23 이병도(1991), 228쪽.
24 이병도(1971), 36쪽.

로 전근대적 방법으로 역사를 서술했다는 비판이었다. 두계는 그와 같이 낡은 방법을 탈피하여 실증주의positivism의 힘을 빌렸다. 그는 원전原典에 관한 사료 비판을 통해 문제를 해결하였다. 『삼국사기』를 비롯해 중국의 사책史册을 철저히 검토하였다는 뜻이다. 그 점을 두계는 다음과 같이 말하였다.

요要는 안광眼光이 지배紙背를 철徹하여 그 옳고 그름을 분석 비판해서 정확한 사실을 가려내는 일이 무엇보다 중요하다.[25]

원전 중심의 연구를 철저히 수행한 결과, 두계는 고대사 연구에 새로운 체계를 마련하고 여러모로 개척하였다. 그는 한국 고대사 연구에 신기원을 세웠으며, 스스로도 다음과 같이 만족감을 표현하였다.

오늘날까지 학문을 계속한 보람도 바로 여기〔고대사의 개척〕에 있다. 나는 이 길을 택한 것을 퍽 다행스럽게 생각하고 있다.[26]

두계는 고대사 연구의 길잡이를 자처해 『역주譯註 삼국사기三國史記』와 같은 책도 저술하였다. 그는 사료를 정확하고 충실하게 번역하였다. 그에 더하여 친절하고 수준 높은 주註를 곳곳에 달았다.[27] 특히 부정확한 고대의 지리를 상세히 설명하고 종래에 잘 알지 못

25 이병도(1975a), 185쪽.
26 위의 책, 213쪽.
27 이병도(1991), 105쪽.

하던 여러 곳을 새롭게 비정比定하였다. 두계가 책에서 허다한 역사적 사실에 관해 설명한 내용은 후학의 고대사 연구에 믿음직한 길잡이가 되었다.[28]

『역주 삼국사기』

그러나 두계의 업적이 어찌 사료의 비판과 해석에 국한되겠는가. 그의 고대사 연구에서 돋보이는 또 다른 특징은 한국이라는 나라를 위주로 역사를 서술한 '주체적' 관점에 있었다. 두계는 한국사의 주인공은 한국인이어야 한다는 사실을 잊지 않으려고 노력하였다. 그래서 다음과 같은 주장을 폈다.

〔고대〕 조선국은 중국인과는 전혀 관계가 없고 조선인 토착사회의 발전에서 이루어진 한 고대국가였다. 그래서 나는 이를 한韓씨 조선이라고 주장하였다. … 〔衛滿은〕 요동에 토착한 조선인 자손으로서 … 조선을 재건한 영웅적인 인물로 보았다.[29]

한민족 중심 사관으로 고대사를 연구한 결과, 두계는 이미 정설

28 위의 책, 106쪽.
29 위의 책, 37쪽.

로 굳어진 '기자箕子 동래설東來說'을 씻어냈다. 그리고 위만조선의 성격이며 진辰 나라의 위치와 지배원리 등에 관해서도 새로운 역사 서술을 구성할 수 있었다.

(2) 풍수도참을 다룬 문화사

두계의 고려시대 연구도 독창적이었다. 그는 고려 때 풍수風水와 도참圖讖이 정치사회적으로 맹위를 떨친 사실에 주목하였다. 다른 학자들은 이를 미신으로 취급해 연구거리도 되지 않는다고 무시했으나 두계는 달랐다. 그는 풍수지리와 도참사상이 고려의 정치와 사회 전반에 미친 영향력을 다방면으로 고찰하였다. 요컨대 문화가 정치 및 사회와 어우러져 서로 어떠한 역할을 주고받았는가에 주목한 새로운 연구였다. 요즘 말로 신新문화사적 접근이었다고 볼 수 있다.

이 방면의 연구가 계속되었더라면 두계는 조선시대의 『정감록鄭鑑錄』과 같은 정치적 예언서에 관해서도 주목할 만한 업적을 남기지 않았을까 짐작한다. 1990년대에 필자는 『정감록』에 관한 연구를 시작했는데, 부분적으로나마 두계의 학문을 이어받았다고 여기며 여러 해 동안 연구를 이어 갔다. 만약 그가 생존해 있었더라면 큰 도움을 받았을 텐데, 아쉬운 마음을 금하기 어려웠다.[30]

30 『정감록』에 관한 필자의 연구는 여러 권의 책으로 정리되었는데, 그중 대표적인 것으로 다음의 두 권이 있다. 백승종, 『한국의 예언문화사』, 푸른역사, 2006; 백승종, 『정조와 불량선비 강이천: 18세기 조선의 문화투쟁』, 푸른역사, 2011.

(3) 근대화 문제의 관건, 유학사

두계가 조선의 유학사에 관심을 갖게 된 데는 특별한 배경이 있었다. 일제강점기 조선총독부 중추원中樞院에서 활동하던 일본인들은 조선사학회朝鮮史學會라는 단체를 구성하고 『조선사강좌朝鮮史講座』를 발행하였다. 그들이 조선시대사, 즉 한국 근세사 연구를 독점할 기세였으므로 두계는 좌시할 수 없다고 판단하였다. 그 또한 조선의 당쟁사黨爭史 연구를 시작하였다. 당쟁의 역사는 유학사儒學史와 불가분의 관계였으므로 두계는 자료 수집에 나섰다.

자료란 곧 조선시대의 문집이었다. 당시에는 총독부 학무과 분실(현 국립현대미술관 서울관 자리)에 규장각 도서가 소장되어 있었다. 두계는 매일같이 서사書士 한 명을 데리고 자료실로 들어가 문집을 열람하였다. 책을 읽다가 중요한 대목이 나오면 이를 몽땅 필사하게 했는데, 나중에 그 원고를 정리하여 『자료資料 한국유학사초고韓國儒學史草稿』를 편찬하였다.[31]

두계가 이처럼 본격적으로 연구 태세를 가다듬자 일본인들이 잔뜩 긴장하였다. 경성제대의 한국사 교수 다카하시 도루高橋亨는 두계의 벗인 안확安廓에게 "이병도는 사학 연구를 하는 사람인데 왜 유학사에도 손을 대느냐, 앞으로는 손대지 말라고 일러라."라고 말하며 유학사 연구의 중단을 감히 종용하였다.[32]

그러나 두계가 그런 일본인의 말 때문에 연구 주제를 바꿀 리는 없었다. 그는 예정대로 유학사 연구를 진행하였다. 당시에 두계가

31 이병도(1971), 35쪽.
32 위의 책, 38쪽.

유학사 연구에서 가장 중요시한 것은 퇴계退溪 이황李滉과 율곡栗谷 이이李珥의 사상이었다. 두계는 이후 다년간 퇴계와 율곡을 중심으로 그 전후의 조선 유학사를 계속 탐구하였다.[33]

그런데 유학사 연구의 승부처는 따로 있었다. 두계는 17세기 후반부터 중국을 통해 조선에 유입되기 시작한 서양 학문의 영향에 주목하였다. 그는 조선의 유학자들이 서양 학문을 거부한 데서 조선 역사의 비극이 시작되었다고 판단하였다. 만약 그들의 대다수가 서양에서 들어온 학문을 긍정적으로 수용했다면 조선의 근대화는 실패하지 않았을 것이고, 그랬더라면 일제강점기의 굴욕은 피할 수 있었을지도 모른다. 이처럼 두계의 문제의식은 항상 자신을 둘러싼 현실 세계의 요구를 수용한 것이었다.

(4)『조선사대관』 또는 한국사 개설

해방 이후 많은 사람이 한국사 개설서를 찾았다. 독립된 나라의 교양시민으로서 자국의 역사를 정확히 알고 싶어 하는 의지가 강렬하였다. 이에 부응하여 두계는『조선사대관朝鮮史大觀』을 펴냈다. 이 책은 독자들로부터 열화와 같은 지지와 성원을 받으며 쇄刷를 거듭하였다. 나중에 책의 이름이 바뀌어『한국사대관』이 되었고, 학생과 시민 또는 각종 고시를 준비하는 수험생들의 필독서가 되었다. 두계는 책의 "새 판이 나올 때마다 새로운 연구성과를 추가하여 출판사에서는 이미 만들어진 지형을 고치느라 곤욕을 치렀다."[34]라고 할

33 위의 책, 79쪽.
34 이병도(1991), 170쪽.

정도로 성실한 저자였다.

생각해 보니, 두계가 인기 높은 한국사 개설서를 쓸 수 있었던 데는 그럴 만한 이유가 있었다. 이미 청년 시절인 1920년대부터 시대의 요청에 따라 다양한 연구 주제를 다루었으므로 고대사부터 현대사까지 한국사를 폭넓고 요령 있게 서술할 수 있었다. 게다가 그는 무엇을 연구하든 독창적인 성과를 냈으므로 그가 집필한 개설서는 깊이가 있었고, 역사에 관한 인식을 새롭게 하였다. 더구나 두계는 보기 드문 필력의 소유자여서 사건과 인물에 대한 묘사가 예사롭지 않았다. 그는『폐허』라는 문학 동인지의 멤버이기도 하였다.

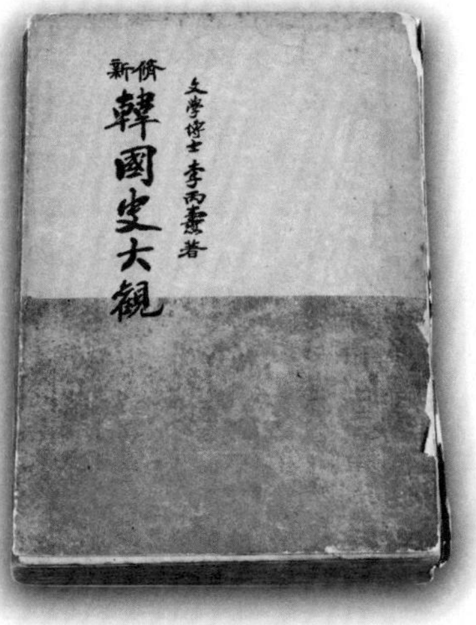

『신수 한국사대관』

3) 인문정신의 총화總和

오늘날의 학자는 대개 자신의 전공 한 가지에만 밝을 뿐이다. 그 밖에는 문외한이라고 보아도 좋을 정도로 지적 기반이 협소하다. 그러나 두계는 달랐다. 그는 인문과 예술의 여러 방면을 넘나든 풍부한 교양의 소유자였다. 두 가지만 간단히 예를 들어 설명하겠다.

첫째, 두계는 서양음악에 상당한 조예가 있었다. 그는 바이올린을 연주할 줄도 알았다. 두계의 4남 이동녕의 증언에 따르면, 이따금 식사 후에 부친이 바이올린을 가지고 오라고 말하였다고 한다. 그러면 자녀들이 모여들어 다 함께 동요 〈반달〉을 두계의 바이올린 연주에 맞추어 합창하였다. 이어서 두계는 바이올린 명곡을 연주하였다.[35] 두계의 손자 이영무의 회상에 따르면, 두계가 특히 애호한 곡은 〈솔베이의 노래〉와 〈유머레스크〉라고 한다.[36]

두계의 연주 솜씨는 널리 알려져, 일제강점기의 민족 지도자인 인촌 김성수 선생의 생일 축하연에서도 그는 좌중의 요청을 받아들여 즉석에서 바이올린을 연주해 여흥을 돋웠다.[37] 연주 솜씨가 상당한 수준에 이르렀음을 미루어 짐작할 수 있다.

두계는 일본 유학 당시에 오스트리아 비엔나 출신인 프리츠 크라이슬러Fritz Kreisler가 연주하는 바이올린 연주회를 관람하고 크게 감명했다고 한다. 그래서 학업을 마치고 귀국한 뒤에 개인 교습까지 받으며 바이올린을 익혔다.[38]

둘째, 두계는 청년 시절부터 동서고금의 인문 고전을 깊이 사랑하였다. 영시와 서양 철학에 대한 관심도 적지 않았다. 그는 생의 마지막까지도 영어와 프랑스어 공부를 중단하지 않았다.

그런 두계였으므로 17세기 조선에 표류한 네덜란드인 하멜의 여행기를 우리말로 번역하였던 것이다. 손자 이영무는 두계가 번역한 헨드릭 하멜의 『하멜 표류기』를 여러 번 읽었다고 술회하였다.[39] 과연 1934년에 두계는 『진단학보』 제1호부터 제3호까지 그 여행기를 실었다. 그는 불어와 영어판 번역본을 참고하였다. 1939년에는 『하

35 이운경(2020), 216쪽.
36 위의 책, 26쪽.
37 위의 책, 216쪽.
38 위의 책, 216~217쪽.
39 위의 책, 30쪽.

멜표류기』를 박문서관에서 단행본으로 출판하였다. 이는 해방 뒤인 1954년에 일조각에서 재간되었다. 두계는 청년 시절에 독일어도 공부하였으므로 네덜란드어도 어느 정도 해독할 수 있었던 것으로 짐작된다.[40]

이동녕은 부친이 항상 머리맡에 영어 단어장을 두었으며, 청소년 시절에 숙독한 『동몽선습童蒙先習』을 무척 아꼈다고 증언하였다.[41] 또 두계는 책에 손때가 묻을 정도로 중국의 고전 한시와 명문이 담긴 『고문진보古文眞寶』를 애독하였다.[42]

두말할 나위 없이 두계는 유학을 비롯해 한문고전에 조예가 깊었으며, 서지학과 고지도古地圖에 관해서도 지식의 깊이가 남달랐고[43] 일본어에도 능통하였다. 현대문학에도 이해가 깊어 『폐허』의 동인이었으며 해방 후에는 문인협회의 일원으로 활동하였다. 그는 참으로 다재다능한 교양인이었다. 따라서 두계의 역사 연구는 누구도 감히 따라갈 수 없는 폭과 깊이를 가지게 되었다.

4) 학문의 세계화와 근대적 과학에 매진

학자로서 두계의 장점은 여러 가지였으나, 필자가 보기에 특히 다음의 세 가지 점에서 두드러졌다. 그는 인문과학과 사회과학을 융합하고자 노력했고, 실증주의 역사학을 고도로 발전시켰으며, 학술 교류를 국제화하는 데도 선구적인 역할을 하였다. 아래에서는

---

40 위의 책, 248쪽.
41 위의 책, 251쪽.
42 위의 책, 248쪽.
43 위의 책, 251쪽.

그 점을 간명하게 기술한다.

(1) 인문과학과 사회과학의 융합

역사학자인 두계는 바람직한 역사학이 무엇인지를 항상 숙고하였다. 청년일 때는 사료史料의 엄밀한 분석에 치중하였고, 장년에는 제도사 연구에 치중하였다. 그리고 노년에 이르러서는 사회사 연구에 큰 매력을 느꼈다. 그가 추구한 사회사는 인문과학과 사회과학을 융합해야만 가능한 것이었다.

두계는 사회사에 관하여 의미심장한 발언을 했는데, 두 가지만 소개하겠다.

첫째, "사회역사(=사회사)에서 자연을 몰각하거나 고려치 아니하여서는 아니 된다."라고 주장하였다.[44] 역사를 연구할 때는 인문사회적 요인만 고려하는 것으로는 부족하며, 자연 또는 환경적 측면까지 포함해야 한다는 주장이다. 여기서 볼 수 있듯이 두계가 지향하는 사회사는 정치사, 경제사 등의 분야사로서의 사회사가 아니었다. 그는 '총체사total history'로서의 사회사를 머릿속으로 그렸던 것이다. 총체사가 서구 역사학계에서 각광받은 시기가 20세기 말이었다는 점을 감안하면 두계의 역사 인식이 얼마나 탁월했는지를 알 수 있다.

둘째, 사회사에 관한 두계의 정의가 매우 탁월했다는 점이다. 그는 다음과 같이 주장하였다. "사회의 역사는 의식적인 사람이 반성, 각오 또는 정열을 가지고 일정한 목적에 향하여 행동하는 것이

44 이병도(1971), 132쪽.

므로, 항상 새롭고 완성되어 있지 않다."[45] 사회사의 연구 목적과 방법은 무한히 새로워지고 풍부해질 것이므로 선불리 정의할 수 없다는 뜻이다. 이미 노년에 접어든 학자가 이처럼 유연하고 진취적인 시각을 유지하였다는 점은 그 자체로서 경이로운 일이다.

요컨대 두계는 새로운 역사학을 동경하며, 인문사회과학은 물론 자연과학과의 융합도 망설이지 않았다.

어떻게 노학자 두계에게 이와 같이 유연한 발상이 가능했을까. 두계가 청년 시절에 와세다 대학에서 받은 학문적 훈련이 큰 역할을 하였다. 당시에 그는 사학과 사회학을 복수 전공하였다. 일본인들은 두 학과가 서로 밀접한 관계에 있는 학문이라 하여 이를 한데 묶어 두었으므로 양자택일을 할 수가 없었다.[46] 필자도 독일 대학 시절에 경험한 복수전공 제도인데, 그 장점에 힘입어 두계는 학제 간의 대화를 당연한 것으로 받아들였다고 해석된다.

더구나 두계는 와세다 대학에 재학하던 시절에 다양한 분야의 학문에 눈떴다. 그의 회상에 따르면, "사학과 사회학에 관한 과목만도 많은데 또 지리학, 철학사, 심리학, 윤리학, 국가학, 경제학, 교육학, 교수법, 그 밖에도 영문학, 제2외국어 등이 있었다."[47] 범인에게는 지나친 학습 부담으로 인해 도리어 부작용이 생길 수도 있을 지경이었다. 하지만 두계와 같이 탁월한 인재에게는 한때의 부담이 오히려 학문적 토양을 더욱더 기름지게 만드는 촉진제 역할을 하였다.

---

45 위의 책, 132쪽.
46 이병도(1975a), 207쪽.
47 위의 책, 208쪽.

그러므로 두계는 훗날 '한국사회과학연구회'를 조직하여 독자적인 학술지를 간행하게 되었을 때도 그 명칭을 『사회과학』이라고 지었다. 이 논문집은 1957년 10월에 제1호가 나왔고, 그 이듬해(1958년) 3월에 제2호를 속간했는데, 두계는 서울대 대학원장으로서 학회의 회장이었다. 위원들의 면면을 보면 신태환 서울대 법대학장(경제학), 홍이섭 연세대 문과대 교수(역사학), 신기석 중앙대 법정대학장(정치학), 이건호 고려대 법대 교수(법학), 변시민 서울대 문리대 교수(사회학) 등 하나같이 당대 최고의 인문사회과학자들이었다. 각각의 학문은 독자성을 가져야 마땅하지만 서로 연대하지 않으면 훌륭한 연구 결과를 내지 못한다는 것이 두계의 학문적 신념이었다.

그가 학자로서 가장 고심한 주제는 무엇일까. 그는 국사학의 발전을 도모하는 데 심혈을 기울였다. 특히 과학적, 논리적, 실증적, 종합적 연구를 통해 한국사를 체계적으로 발전시키는 것이 두계의 소망이었다.[48] 이를 위해서 두계는 여러 가지 보조 학문이 발전해야 한다고 보았다. 문헌학을 비롯하여 역사지리, 고고학, 사회학, 인류학, 민속학, 언어학 등 모든 관련 학문을 총동원하려는 것이었다.[49]

요컨대 두계의 학문적 저변은 일반인의 상상을 초월할 만큼 넓고 든든하였다. 그리하여 그가 이룩한 학문적 성과는 거대한 피라미드처럼 안정적이다.[50] 그는 자신의 학문뿐만 아니라 이 땅의 청년 학자들이 대성하기를 바라는 뜻에서 학제 간 연구를 북돋웠다. 미국

48 이병도(1991), 44쪽.
49 위의 책, 44쪽.
50 위의 책, 46쪽.

록펠러 재단의 재정 지원을 얻어 학술지를 낼 수 있게 되자 『사회과학』을 창간한 것만 보아도 이를 충분히 알 수 있다. 이러한 학문적 지향은 노년에 갑자기 생긴 것이 아니었다. 그의 뜻을 헤아려 보면, 그가 청년기에 주도한 『진단학보』는 이미 그 자체로서 동아시아에 관한 학제 간 연구라고 불러도 좋은 것이었다. 거기에는 동아시아의 역사와 고고학, 민속학, 언어학, 문학 및 사회 연구가 망라되었다는 점을 상기할 필요가 있다.

(2) 근대적 실증사학자

두계는 노년에 이르기까지 나날이 역사 인식을 새롭게 가다듬어 '총체사'로서의 사회사를 추구하는 경지에 도달하였다. 그 점은 앞에서 이미 강조한 바이다. 하지만 한 사람의 연구자로서 총체사/사회사를 새로 서술하기에 그는 이미 노령이었다.

두계가 자신의 연구를 통해 후세에 남긴 가장 귀중한 유산은 무엇일까. 필자는 그가 진정한 의미에서 탁월한 근대적 실증주의자였다는 점을 강조하고 싶다. 청년 시절부터 두계는 문헌을 중시하면서도 문헌의 노예가 되지 않았던 보기 드문 역사가였다. 그는 문헌의 가치를 철저히 따져 역사의 진실을 탐구하였으므로 역사 기록을 무조건 신빙하는 기계적 실증과는 거리가 멀었다.[51] 아직도 일각에서는 실증주의라면 으레 문헌을 뒤져 필요한 증거를 찾는 단순한 작업으로 오해하는 경향이 있어 유감스럽다. 일찍이 두계는 다음과

51 두계는 늘상 말하기를, "역사는 사료 취급을 잘해야 하는 것"이라고 하였다. 그런 줄을 잘 모르는 "비전문가들은 4, 5차 사료를 가지고 이야기를 하니"라며 안타까워하였다. 이병도(1991), 255쪽.

같이 선언하였다.

역사는 … 사실事實의 기록으로써 그치는 것이 아니다. 사료와 사실을 검토하고, 비판하고, 사색하여 사회 생활의 각 상이한 시대 간에 존재한 인과적인 관련과 계기성契機性을 밝히는 동시에 그 이면 혹은 그 이외에 드러나 있지 않는 어떤 의의와 법칙과 가치를 발견하면서 항상 새롭게 관찰하여야 한다.[52]

인용문에서 보듯, 두계는 사료에 기록되었다고 해서 무조건 사실事實이라고 인정하지 않았다. 문헌을 존중하면서도 그것이 왜곡될 여지가 폭넓게 존재한다는 점을 항상 염두에 두었다. 두계의 역사학은 각 시대의 역사를 인과론적으로 파악하여 체계적으로 서술하는 방법을 추구하였다. 그러면서도 역사의 표면에 드러나지 않는 법칙과 의미를 발견하는 데 초점을 맞추었다. 이처럼 애써 발견한 역사의 성격에 관하여도 두계는 항상 새로운 해석의 가능성을 열어 두어 교조적 태도를 지양하였다.

물론 두계가 수긍할 수 있는 새로운 해석은 일정한 범위 안에 있었다. 그 점을 두계는 다음과 같이 설명하였다. "역사가 새롭게 고찰될 수 있도록 역사는 더욱 살쪄 가고 이해가 깊어 가는 것이다. … 〔그러나〕 객관을 몰각한 주관이거나 어느 한 편벽된 사관에 치우치거나 또는 사실을 고립적으로 표본으로 고찰한다면 그것은 잘못

52 이병도(1971), 132~133쪽.

이다."[53] 인용문에서 밝힌 것처럼 두계는 역사적 유물론처럼 이념적으로 심하게 치우친 해석을 거부하였다. 또 단편적인 사실을 지나치게 확대 해석하는 태도 역시 반대하였다.

이상에서 서술한 바를 종합해 보면, 그를 한국의 랑케라고 일컬어도 조금도 어색하지 않다.[54] 두계의 소신과도 일치하지만, 근대의 역사학은 냉엄하고 정확하며 과학적이었다.[55] 그것은 과학적 실증과 엄격한 객관성에 역점을 둔 것이라야 하였다.[56] 필자가 보기에 두계는 세계적으로도 탁월한 근대 역사학자 중 한 사람이었다.

(3) 학술 교류의 국제화

『진단학보』를 편집하던 시절 두계는 어려운 재정 사정을 무릅쓰고 창간호 300부 중 150부를 해외에 기증도서로 보내는 용단을 내렸다.[57] 가까운 일본을 비롯해 중국, 프랑스, 미국, 폴란드 등 구미 각국의 동양학 연구기관이나 학자들에게 발송했는데, 그 가운데서 파리 대학교의 샤를 아그노에르Charles Haguenauer 박사와 오스트리아 빈 대학교 대학원 출신인 알렉산더 슬라비크Alexander Slawick가 『진단학보』의 애독자로 자리 잡았다.[58]

슬라비크는 나중에 고려사를 연구해 박사 학위를 받았는데, 두계

53 위의 책, 133쪽.
54 이병도(1991), 252쪽.
55 위의 책, 152쪽.
56 위의 책, 163쪽.
57 이운경(2020), 15쪽.
58 이병도(1971), 39쪽.

의 「패수고浿水考」를 읽고 일본어로 쓴 서한을 보내올 정도였다.[59] 두계는 몇몇 서양인이 일제 침략으로 신음하던 한국인의 역사를 연구한다는 사실에 감격해 그들과 서신을 주고받으며 학술 교류를 이어 갔다.[60]

국제 교류는 우물 안 개구리 신세를 피하려는 노력의 결과였다. 더 나아가 두계의 역사 인식에 따르면, 세계사는 각 민족의 역사 또는 각 국가의 역사를 떠날 수 없으며, 심지어 향토사조차 무시하고서는 성립할 수가 없다.[61] 물론 그 역도 마찬가지다. 역사 연구는 어떠한 것이든 고립적으로 존재할 수 없는 것이다.[62] 따라서 진정한 역사가는 다양한 층위에서 역사를 연구하는 국내외 학자들과 서로 도움을 주고받아 마땅하였다.

두계는 이론적으로만 국제적 협력의 중요성을 말하지 않았다. 그는 평생에 걸쳐 교류 협력을 실천하였고, 세계 각국의 유명한 역사학자들이 두계의 존재를 인정하게 되었다. 1967년 6월, 미국의 명문 프린스턴 대학교는 두계에게 명예 박사 학위를 수여하였다. 안타깝게도 평생의 반려인 조씨 부인이 작고한 지 한 달쯤 지났을 때였다. 두계는 기쁘면서도 몹시 침통해했다고 한다. 대학 측은 아름다운 정원이 있는 영빈관에서 두계를 정중히 예우하였다.[63] 그보다 3년 전인 1964년에 미국 역사학회는 두계를 명예회원으로 영입하였으며, 하버드 대학교 옌칭 연구소에서는 그를 초청하여 강의를 열

59 위의 책, 40쪽.
60 위의 책, 40쪽.
61 위의 책, 133쪽.
62 위의 책, 133쪽.
63 이운경(2020), 241쪽.

었다.[64] 이탈리아의 동방학회에서도 그를 초청해 강연을 부탁하였다.[65] 일찍부터 서구 각 나라의 동양학자들에게 『진단학보』를 기증한 효과가 나타난 것으로 볼 수 있겠다.

돌이켜 보면, 일제강점기에도 두계는 일본인 학자들과 어깨를 나란히 했고, 과학적인 역사학 연구로 실력을 인정받고자 노력하였다. 두계는 모든 학문은 국제적이고 보편적인 성격이 있다는 강한 신념을 가지고 있었다. 그러므로 상대가 설사 적국의 학자라 하더라도 엄밀한 논리와 객관적 증거를 앞세워 얼마든지 설득할 수 있다고 믿었다. 근대적 학문은 국가와 인종을 초월해 어디서든 인류의 평화로운 공존공영에 이바지할 수 있다는 것이 두계의 확신이었다.

5) 실천적 지식인이자 큰선비로서의 삶

그는 참으로 비상한 인물이었다. 제7대 문교부장관직을 역임했고, 오랫동안 학술원 원장을 맡아 학계를 이끌었다. 또 민족문화추진회를 설립해 이사장으로서 복잡한 사무를 진두지휘하였다. 6·25전쟁 때는 국방부 정훈국 전사戰史편찬회의 위원장 직무를 훌륭히 수행하였다. 이와 같이 다방면에 걸쳐 사회활동에 종사했으나 현실정치에 깊숙이 간여하지는 않았다. 그는 단기적 차원에서는 한국의 정치와 사회를 비관하기도 하였으나 장기적으로는 진보와 발전을 믿었다. 그런 점에서도 두계는 대단히 독특한 인물이었다.

필자가 보기에 두계는 한국 근대의 실천적 지식인이면서도 근본

64 위의 책, 242쪽.
65 위의 책, 242쪽.

적으로는 큰선비였다. 필자는 두계의 특징을 다음의 두 가지로 설명하고자 한다. 첫째는 그가 유교적 금욕주의를 실천했다는 점이요, 둘째는 그가 수기치인修己治人의 이상을 품은 학문지상주의자였다는 사실이다.

두계는 유교적 가치인 성실과 진실을 실천하는 데 힘썼다. 시간을 금쪽같이 아낀 진정한 학자였으며, 매사에 과욕寡慾한 선비였다. 두계는 내성內省을 중시하는 검소하고 소박한 생활에 만족한 지식인이었다. 성리학적 금욕주의를 실천한 것으로 필자는 평가하고 싶다.

두계는 날마다 냉수 마찰 또는 온수 마찰을 게을리하지 않았다. 스물여덟 살에 늑막염을 앓고 나서부터 아침마다 세수한 후 그 물에 수건을 적셔 상체를 마찰하였다.[66] 여름에는 냉수로, 겨울에는 온수로 마찰했는데, 노년에는 전신 마찰을 했다고 한다.[67] 노년이 되자 두계는 한 시간 이상 계속해서 책상에 앉아 있지 않았다.[68] 척추 건강을 위해서 그처럼 세심하게 신경을 썼다.

또 건강을 지키려고 아침마다 산책을 즐겼다. 약 30분간 걸은 후 집으로 돌아와 아침식사를 하였다.[69] 아침에는 죽을 끼니로 삼았다. 술은 본래 즐기는 편이 아니었고 커피는 하루에 두 잔 정도만 마셔 음식 섭취에도 절제를 중시하였다.[70] 그는 늘 담담하고 욕심이 없어 평정심을 유지하였다. 그것이 장수의 비결로 짐작될 만큼

---

66 이병도(1971), 46쪽.
67 위의 책, 46쪽.
68 위의 책, 47쪽.
69 위의 책, 46쪽.
70 위의 책, 46쪽.

두계는 매사에 조심하였다.[71]

두계의 친구 중에는 그와 비슷한 생활습관을 가진 이가 적지 않았다. 해공 신익희는 아침마다 마당을 비로 쓸었는데, 하루의 건강을 위한 행동이라고 하였다.[72] 또 해공은 날마다 붓을 들어 정신통일을 기하였다.[73] 두계도 그러했고 해공을 비롯한 여러 친구도 사대부의 후예로, 유교적 금욕주의가 어린 시절부터 몸에 배어 있었다. 그들의 언행에는 공맹孔孟의 가르침이 근저를 이루었다.

유가儒家의 전통을 고스란히 물려받았으므로 두계는 학문지상주의學問至上主義의 길을 갔다. 그는 자신이 평생 학자의 길에 매진할 수 있었던 것은 부인의 내조 덕분이라며 감사의 마음을 숨기지 않았다. 결혼 당시 두계는 열다섯 살, 조씨부인은 한 살 위인 열여섯 살이었다. 부인은 진명여학교의 우등생으로 신학문의 유익함까지 잘 아는 현모양처였다.

부인이 헌신적으로 노력하여 두계의 학구적 생활을 뒷받침하였다. 두계 부부는 젊어서부터 서로 마음이 잘 맞아 선비 가문의 가풍을 유지하는 가운데 자녀들이 근대사회의 주역으로 성장하도록 힘썼다. 그들은 학문의 힘으로 세상의 주요 문제를 해결할 수 있다고 확신하였다. 학문이 아니면 문제를 해결할 수 없다는 믿음은 유학에서 비롯되었지만 근대적 인생관에 부합하는 것이었다. 두계 부부의 슬하에서 뛰어난 학자가 쏟아져 나온 것은 우연이 아니었다. 심지어 손자녀 중에도 학자가 압도적으로 많았다. 그러므로 두계는

71 이병도(1991), 23쪽.
72 이병도(1971), 66쪽.
73 위의 책, 66쪽.

인생의 진정한 행복이란 천생배필을 만나 시종일관 함께 인생의 파도를 헤쳐 나아가는 데 있다고 주장하였다.[74]

그는 개명한 근대적 지식인이었으므로 성별에 따라 남녀의 사회적 역할을 나누지 않았다. 가령 자신이 가장 존귀하게 여기는 학자라는 직업에 대하여도 남녀의 구별은 없다고 말하였다. 그럼 학자란 무엇을 하는 사람인가. 흥미롭게도 두계는 유가의 관점에서 이 문제를 바라보았는데, 우선 학자란 그 생활이 원래부터 화려하지 못하며, 지지부진하고 무미건조하다고 하였다.[75] 그러므로 학술에 관하여 특별한 의지와 취미를 가지고 계속하지 않으면 제 구실을 할 수 없다고 보았다.[76] 학자는 결코 남의 칭찬이 있든지 없든지, 세평이 어떠하든지 조금도 구애받지 말아야 한다는 것이다.[77]

그는 학자는 생활환경을 번잡하게 만들면 곤란하다고 하였다. 특히 여성으로서 학자가 되려는 사람은 가정생활을 간소하게 하는 데 유념해야 할 것이라고 하였다.[78] 또 학자는 자신의 전문 분야 외에는 지나치게 다방면에 걸쳐 호기심을 드러내지 말라고 경고하였다. 오직 전문 분야를 구심점으로 삼아 점차 그 탐구 범위를 넓히는 것이 당연하다는 충고를 아끼지 않았다.[79]

학문을 연구하는 데 있어 두계는 비판적 자세를 견지하였고, 독

74 위의 책, 52쪽.
75 이병도(1956), 317쪽.
76 위의 책, 317쪽.
77 위의 책, 317~318쪽.
78 위의 책, 318쪽.
79 위의 책, 318쪽.

창적인 성과를 지향하였다.[80] 무릇 학구생활에서 조그만 진리라도 발견하게 된다면 남이 알지 못하는 법열法悅을 느낀다며, 자기도 잊어버리고 모든 영광과 욕심도 잊어버리게 되는 그 순간이야말로 곧 학자 생활의 극치라고 하였다.[81]

손자 이웅무가 미국 유학을 떠날 때도 할아버지 두계는 말하기를, "학문을 할 때 남이 한 것을 뒤쫓지 말고 너의 독창적인 분야를 찾으라"고 당부하였다. 이웅무는 평생 할아버지의 말씀을 기억하며, 그것이야말로 "내가 벗어나기 어려웠던 계율 같은 것이었다." 라고 회상하였다.[82] 평일에도 두계는 강조하기를, "진리를 탐구하려면 적어도 오리지낼리티가 있는 것, 생명이 있는 것, 길게 남을 수 있는 자기의 견해라든지 학설을 발표해야 합니다."라고 하였다.[83] 이런 데서도 알 수 있듯, 두계가 추구한 것은 근대의 과학이었으나 그가 힘써 말한 학자의 태도와 삶의 방식에는 유가儒家의 향기가 짙게 배어 있었다.

물론 근대적 학자가 발견하려 애쓴 진리는 유가의 진리와 거리가 있었다. 그러나 두계가 구한 진리는 다분히 이중적이었다. 일면 그것은 근대적이었으나, 좀 더 깊이 생각해 보면 유가의 진리와 일맥상통하였다.

예컨대 "진리와 법칙은 현상에 나타나지 않고 자재自在해 있습니다. 이 보이지 않는 속에 보는 것이야말로 바로 진리 탐구입니

80 위의 책, 318쪽.
81 위의 책, 319쪽.
82 이운경(2020), 62쪽.
83 이병도(1991), 230쪽.

다."[84]라고 하였을 때 두계는 양복을 입은 성리학자와도 같았다. 그의 진리는 곧 성리학의 리理와 다를 바 없었다. 또 "정精해야 한다는 것은 진실해야 한다는 뜻이며, 치밀해야 한다는 뜻이며, originality가 있어야 한다는 의미입니다."[85]라는 두계의 표현은 어떠한가. 여기서 우리는 격물치지格物致知에 힘쓰는 도학자道學者의 모습을 떠올리게 된다. 끝으로, "대학의 근본 사명은 교육하는 일이며 연구하는 일이며 훌륭한 인격자, 지도자, 학자를 양성하는 일입니다."[86]라고 두계가 근대 대학의 목표를 설명한 데서도 유학자의 여운을 느낄 수 있다. 곧 그는 "훌륭한 인격자"로 대표되는 인재를 기르고자 하였는데, 이야말로 전통적인 양사養士와 일맥상통하였다. 요컨대 두계의 근대성은 전통과 단절되지 않고 서로 기맥이 통하는 것이었으니, 그는 현대의 굉유宏儒였다고 하겠다.

2. 두계의 역사적 소명

두계는 평생을 역사 연구에 바쳤는데 그것은 개인적 취미 생활도 아니었고, 복잡한 현실을 벗어나 과거로 도피하자는 것도 아니었다. 그는 역사적 성찰을 통해 뒤엉킨 현실 문제를 풀고자 하였다. 외세의 침략으로 나라를 잃은 이 땅의 젊은 지식인으로서 신지식을 통해 조국을 위기에서 구하고자 하였다. 스스로 언명했듯, 쓰다 박

84 이병도(1975a), 201쪽.
85 위의 책, 200쪽.
86 위의 책, 201쪽.

사 밑에서 한국사 연구를 시작한 것은 "우리의 패망"이 어디에서 비롯되었는지 알고 싶어서였다.[87] 내 나라의 역사를 제대로 연구하자는 책임감도 있었지만 일본인이 주도하는 한국사 연구를 수수방관할 수 없다는 애국심이 크게 작용하였다.[88]

오랜 역사 연구를 통해 두계는 한국의 현실을 객관적으로 진단하고자 노력하였다. 결과적으로 두계는 해방 이후에 빚어진 정치사회적 혼란에 대하여 남다른 시각을 갖게 되었다. 외세의 책임도 있으나 우리 자신의 과오가 더욱더 많다는 것이 두계의 분석이었다.

1945년에 조국 광복이라는 감격스러운 상황을 맞았음에도 이 땅은 남북으로 분열되었고, 사상의 혼란과 경제의 불안 그리고 정치적 모순에 휩싸였다. 민족의 일대 위기이자 난관을 어떻게 헤쳐나갈 것인가라는 문제가 시급한 해결 과제로 부상하였다. 이 문제에 대한 두계의 견해는 다음과 같았다.

> 이러한 〔해방 이후의〕 '과오'와 '혼란'이 타율적인 데 원인한 바도 있는 것이나, 그보다도 자율적인 원인이 더 크고 많다고 생각된다. 왜냐하면 그 타율적인 과오와 모순은 자율적인 '정기'와 '정의', '단결'로써 넉넉히 깨뜨리고 나갈 수 있기 때문이다.[89]

외세의 간여에 말미암은 바가 있다 하더라도, 민족 분단과 정치사회적 혼란의 최종 책임은 우리 자신에게 있다는 진단이었다. 우

87 이병도(1975), 178쪽.
88 위의 책, 178~179쪽.
89 이병도(1971), 25쪽.

리 민족이 역사를 통해 정기正氣를 발견하고 정의正義를 회복하여 서로 힘차게 단결하지 못한 것, 두계는 바로 그 점에 한국 현대사의 아픔이 있다고 보았다. 모든 문제의 근본적 해결책은 진정한 자성에 있다는 견해인데, 이러한 유가적 사유야말로 두계의 사상적 특징이었다.

이 절에서는 두계의 역사적 성찰을 다음의 두 가지 주제로 나누어 살펴보고자 한다. 먼저 두계가 20세기 한국사회의 근본 문제를 어디에서 찾았는지를 살피고자 한다. 이어서 역사가로서 두계가 스스로에게 부여한 사명이 무엇이었는지 알아보겠다.

1) 두계가 인식한 현대 한국사회의 근본 문제

두계는 우리 사회의 역사적 과제는 '근대화'의 달성이라고 인식하였다. 동시대의 대다수 지식인과 마찬가지로 두계는 한국이 민주화와 산업화에 성공하기를 기원하였다. 또 한국의 근현대사에 깊은 관심을 가지고 역사적 추이를 정밀하게 살폈다. 독립운동에도 남다른 애정을 가졌는데, 그는 1905년 일제가 을사늑약을 강요할 때 우리의 독립운동이 시작되었다고 보았다.[90] 까마득한 고대사부터 현대사에 이르기까지 연구 분야의 스펙트럼이 매우 넓었다.

오랜 연구 생활을 통해 그가 발견한 현대 한국사회의 문제점은 세 가지로 압축된다. 하나는 자신의 전통을 망각한 점이요, 또 하나는 부지불식간에 물려받은 고질적인 병폐였다. 근대인의 사회생활에 필수적인 공중도덕이 취약한 것도 치명적인 결함이었다.

---

90 위의 책, 328쪽.

(1) '내 것'을 모르는 문제

현대 한국사회는 지나치게 근대화에 매달린 채 자국의 전통을 함부로 무시하였다. 시민이나 지도층이나 무턱대고 서양문화를 모방하려 애썼으나 그 역시 쉬운 일은 아니었다. 그들은 전통문화의 단점은 물론이고 장점까지 다 도외시하고 말아 도무지 문화라고 할 만한 것이 별로 없었다. 두계는 그 점을 못내 안타까워하며, "우리는 우리 것을 너무 모른다."[91]라고 아쉬워하였다.

그런데 두계로 말하자면 동양고전 내지 한문에 대한 지식을 온축蘊蓄하고 학식이 도저到底한 실력자였다.[92] 그는 참다못해 외면당하고 있는 한문 서적을 한글로 번역하는 작업을 시작하려고 민족문화추진회를 발족하고, 고전 번역 사업에 착수하였다(1965년). 1972년에는 『조선왕조실록』의 번역 사업도 시작하여 21년간 작업한 끝에 실록의 번역을 완료하였다(12종 229책). 이어서 1974년에는 민족문화추진회의 부설기관으로 국역연수원을 열어 청년 학자들이 한문을 배울 수 있게 하였다. 1983년에는 고전국역후원회를 결성해 이러한 활동에 필수적인 재정적 기반까지 마련하였다. 3년 뒤인 1986년부터는 고전 국역의 활성화 방안을 시행해 '내 것'을 모르는 문제를 장기적으로 해결할 전망이 뚜렷해졌다. 두계는 민족문화추진회의 이사장으로서 작고하기 직전까지도 전통문화를 계승하는 데 앞장섰다.[93]

---

91 이병도(1991), 46쪽.
92 위의 책, 46쪽.
93 이운경(2020), 17~18쪽.

(2) 역사적 병폐

두계의 연구에 따르면, 역사적 경험으로 인해 현대 한국인은 몇 가지 특징을 갖게 되었다. 자연환경의 영향으로 한국을 포함한 동양은 서양에 비해 소극적이고 보수적인 성격이 두드러졌다. 그런 가운데서도 한국의 문화는 고립적이지 않아 발전을 거듭해 왔다고 하였다. 다만 구한말에 일제의 침략을 받은 뒤로 한국의 문화는 성장을 멈추고 말았다. 1945년에 일단 해방되었으나, 식민지 경험으로 인한 기형적 성격이 남아 있고 세계 정세를 바라보는 시야도 협소한 데다 공산주의 선동으로 말미암아 혼미한 상태를 벗어나지 못했다고 하였다.[94]

불행한 역사를 겪는 가운데 한국 사람들에게는 나쁜 습성이 생겼다고 지적한 것인데, 그는 다음과 같은 예를 들었다. 즉, 남의 일에 간섭하기를 좋아하고 남의 흉과 결점을 말하기 좋아하는 습성이 있어 외국인 앞에서도 자기의 이해관계로 제 동포를 중상하는 일이 있다는 것이다.[95]

두계는 역사 속에서 저절로 형성된 한국인의 약점으로 다음의 네 가지를 거론하였다.[96] 첫째, 협량한 성질이 있고, 둘째, 형식에 매달리는 습성도 문제라고 하였다. 셋째, 천박한 현실주의도 큰 결함으로 지적하지 않을 수 없고, 넷째, 매사에 꾸준히 노력하지 못하는 문제가 있다고 하였다. 그런데 이러한 병통은 선천적인 것이라

94 이병도, 『新修 國史大觀』, 보문각, 단기 4290년(1957), 5쪽. 〔이하 이병도(1957)이라 약칭〕

95 이병도(1971), 125쪽.

96 아래 서술은 위의 책, 284쪽을 참조.

기보다는 열악한 생활환경에서 자라난 습성이기 때문에, 만고불변의 민족성이라고 볼 수 없다는 것이 두계의 분석이었다. 그는 우리가 교육과 자각적인 수양의 힘으로 이를 얼마든지 시정하고 극복할 수 있다고 낙관하였다.

(3) '공중도덕'

현대사회는 근대화에 힘써 좋은 점이 많아졌으나 문제점도 적지 않았다. 두계는 일본사회를 예로 들어 이기주의의 팽배를 비판하였다. 섣부른 개인주의는 사회 통합을 저해하고 사회 분위기를 우울하게 만든다는 지적이었다. 두계는 현대 동서양 각국의 실정을 잘 알고 있었는데, 그의 눈에 비친 한국사회의 최대 약점은 공중도덕의 부재였다. 실제로 그가 생존한 1980년대 말까지도 한국의 길거리는 제대로 정돈되지 못했고, 거의 모든 면에서 실망스러운 수준이었다. 두계는 그런 사실을 명확히 인식하고, 지극히 단순하고 당연한 질서 지키기와 공중위생 등을 거듭 촉구하였다.[97]

워낙 공중질서가 문란했기 때문에, 두계는 자유민주주의가 제아무리 훌륭하다고 하더라도 우리에게 잘 맞지 않을 수 있다고 경고하였다. 꿀벌만큼의 공중도덕심도 없는 마당에 민주주의란 사치에 지나지 않는다는 질타였다. 두계는 다음과 같이 한탄하였다.

> 외래 신사조 중의 자유민주주의 사상을 〔우리 한국은〕 건국이념으로 삼고 있다. … (그러나) 우리나라는 선진국가와 달라 자유민주주의 토대

97 위의 책, 100쪽.

를 미처 마련하지 못한 채 그것을 받아들인 까닭에, 도리어 무절제, 무질서, 비협동정신이 농후하여진 것도 속일 수 없는 사실이라 하겠다. … 자유민주주의라는 꿀을 가득이 이 나라 안에 채우기 위하여 꿀벌에 비겨지는 너희(청년 시민)는 공중도덕이라 불리는 꽃송이를 숱하게 대하여야 할 것이다.[98]

두계와 같은 선각자들이 앞장서 공중도덕의 중요성을 일깨운 것은 정말 다행한 일이었다. 그들의 애타는 가르침과 노력에 힘입어 21세기의 한국사회는 세상 어떤 나라와 견주어도 가장 질서 있고 깨끗한 나라가 되었다. 지하의 두계도 크게 기뻐할 것이다.

하지만 20세기 중후반의 한국사회는 무질서하고 혼란하기가 이루 말할 수 없었다. 두계는 자신이 외국여행에서 직접 체험한 사소한 일까지 자세히 소개하며 공중도덕심을 일깨우는 데 성의를 보였다.[99]

(4) 공연한 소동

앞서 말한 현대 한국사회의 약점은 어느 날 갑자기 생긴 것이 아니라 오랜 역사 속에서 형성된 것이었다. 두계는 그렇게 인식하고, 그 역사적 연원淵源을 한국인의 조급한 성격에서 찾았다. 옛날 중국의 사서史書에도 기록되어 있듯, 고구려 때부터 우리 조상은 성

98 위의 책, 92쪽.

99 취리히 공항에서 두계는 50달러가 든 작은 상자를 분실했다가 공항 측의 성의로 되찾은 경험이 있었다. 그는 서양인의 공중도덕심과 친절함에 대하여 오래도록 감사한 마음을 가지고 있었다. 이병도(1975a), 231쪽.

질이 매우 급하기로 유명하였다.[100] 두계가 연구 조사한 바에 따르면 고대부터 한국인은 쉽게 당황해하며 불필요한 소동을 피울 때가 많았다. 전란이 일어나거나 가뭄이 들어도 민간의 소동이 대단하였다. 조선 후기에 이양선異樣船, 즉 서양 배가 해안에 나타나면 혼비백산해 멀리 도주하기 일쑤였다. 불온한 유언비어만 퍼져도 피난 보따리를 안고 멀리 피난하는 이들도 적지 않았다.[101]

이러한 사례를 일일이 지적한 끝에, 두계는 현대 한국인이 더 질서 있고 차분해지기를 소망하였다. 역사에 드러난 약점을 청산하고 영원히 슬기로운 민족으로 자라나기를 소망하였다.[102]

1958년경 두계가 미국에 갔을 때 어느 대학교수가 한국사 개설을 저술한 원고를 보여준 적이 있었다. 그 책자에는 한국인의 성격이 아일랜드인과 같아 성급하고 감격적이며 쉽게 흥분한다는 구절이 있었다. 그때만 해도 두계는 그런 견해에 동의하지 못하였다. 그러나 세월이 흐름에 따라 생각이 바뀌어 동의하지 않을 수 없게 되었다고 한다. 두계는 다음과 같이 기술하였다.

> 우리나라 사람들이 하찮은 일에 골을 내고 시비를 걸며, 무슨 일이 있으면 온통 떠들썩하여 공연한 소동을 일으키고, 또 무질서하고 성급한 행동으로 큰일을 저지르는 일이 가끔 있음을 보게 된다.[103]

---

100 이병도(1975), 214~220쪽.
101 위의 책, 214~220쪽.
102 위의 책, 214~220쪽.
103 이병도(1971), 94쪽.

앞에서 언급한 미국인 교수의 평가가 별로 틀리지 않았더란 것이다. 그것도 일반 서민만 그런 게 아니라 지배층까지도 두서없이 서두르고 당황하는 기질이 있었다고 하였다. 두계는 임진왜란 때를 예로 들며, "〔아무런 대비도 없다가〕 왜병 재침의 정보가 들어온 후에 조정은 비로소 당황하여 방비에 대한 논의를 날마다 계속하였다."[104]라고 하였다. 부끄러운 노릇이지만 우리에게는 이처럼 꽤나 오래된 병폐가 있다는 것이 두계의 판단이었다.

2) 역사가의 사명

그럼 역사가로서 두계가 할 수 있는 일은 무엇이었을까. 크게 보면 두 가지였다. 하나는 한국의 역사와 전통을 올바로 이해하는 것이요, 다른 하나는 시민과 지도층을 부지런히 계몽해 한국사회가 발전하는 데 필요한 동력을 제공하는 일이었다.

(1) 역사와 전통의 심층 분석

어떠한 연구 주제를 다루든지 두계는 허투루 대강 넘어가는 법이 없었다. 그는 철두철미한 학자였다. 가령 3·1운동에 관해 언급할 때도 철저한 사료 분석을 통해서 "우리 역사를 꿰뚫고 흐르는 어떤 전통적인 사회성격이 있는데 그 일반성이라고 할까 그것과 어떠한 관련성이 있는가에 유의"[105]하라고 당부하였다.

두계는 크고 작은 사물을 모두 역사적 관점에서 바라보았다. 그

104 위의 책, 96쪽.
105 이병도(1991), 202쪽.

가 보기에 한국인은 무슨 일에 대해서든 논의는 무성했으나 실천이 따르지 못하는 경우가 적지 않았다. 차일피일 여러 가지 핑계를 대며 일처리를 미루다가 막상 사건이 일어나면 하나도 제대로 처리하지 못하고 낭패만 입는 일이 되풀이되었다는 뼈저린 지적이었다. 앞으로는 그러한 과거의 습관에서 벗어나고, 실행에 옮겨야 할 일은 바로 착수하여 기회를 놓치지 말아야 한다는 것이 두계의 조언이었다.[106]

조선 후기에는 인심이 해이해져 하층사회, 특히 농촌사회에 유리걸식하는 이가 많았다. 경제가 황폐해져 사회가 붕괴 전야에 처했던 것이 어김없는 사실이었다. 두계가 직접 경험한 구한말의 사정은 굳이 누군가 필설筆舌로 묘사하지 않아도 그 자신이 피부로 실감한 바였다.[107]

임진왜란이 일어나기 직전에도 지도계급이 분열해 아무리 좋은 방법이 제시되어도 혼란을 수습하기 어려웠다. 그때 율곡 이이는 군사를 길러 왜란에 대비하자고 하였으나, 조정의 명사들 중에는 평화 시에 병사를 기르는 것은 양화養禍라고 강변하며 반대하기에 급급하였다. 두계는 그런 사실을 낱낱이 밝히며, 이른바 지식계급이 무사안일주의에 빠져 국가를 도탄에 빠뜨렸다고 비판하였다.[108]

그런데 문제는 임진왜란 때나 구한말에만 그러한 폐습이 존재한 것이 아니라는 점이다. 두계는 1950년 6·25 전쟁 때도 우리 군대는 훈련되지 않았고 적의 침공을 방비하지 않았으며, 일반 국민도 방

106 이병도(1971), 97쪽.
107 위의 책, 26쪽.
108 위의 책, 111쪽.

심한 상태였다는 점을 상기하였다.[109]

(2) 한국인의 이상

역사를 살펴보면 외부의 침략은 빈번한 편이었으나 한국인은 거의 항상 독립을 잃지 않았다. 두계는 그런 사실에 주목하고 수나라와 당나라에 대한 고구려의 끈질긴 항쟁을 높이 평가하였다. 무려 70년이란 긴 세월에 걸쳐 고구려인들은 온갖 악조건을 무릅쓰고 끝끝내 버티어 마지막에는 힘이 다할 때까지 강적에게 저항하였다.[110]

고구려를 무너뜨린 것은 당나라와 연대한 신라였다. 특히 신라의 태종무열왕(김춘추)이 조정을 잘 이끌어 상하가 한데 뭉쳤고, 영명한 임금과 신하들이 유능한 지도계급을 구성했다는 점을 높이 평가하였다.[111] 두계는 고구려와 신라의 역사에서 치열한 투쟁의식과 공명정대한 민족정기를 발견하고, 그런 힘으로 오늘에까지 우리가 민족사회를 유지해 온 것이라고 결론지었다.[112]

요컨대 한국의 유구한 역사를 다년간 연구한 결과, 두계는 한 가지 중요한 사실에 착목하였다. 즉, 한국인은 자신들의 영토를 침해하거나 생활을 위협하거나 자유와 평화를 파괴하는 자에 대하여는 그것이 외적外敵이든지 내적內賊이든지 정의의 깃발 아래 단연히 배격하고 응징하였다는 것이다.[113]

그러므로 현대 한국사회는 눈앞의 소소한 이해관계를 초월하고

109 위의 책, 110쪽.
110 위의 책, 323쪽.
111 이병도(1975a), 60쪽.
112 이병도(1971), 280쪽.
113 위의 책, 280쪽.

소아小我를 희생하여 민족아民族我를 구출하고 살리는 데 집중해야 한다고 주장하였다.[114] 두계는 이와 같은 교훈을 자신의 역사 연구를 통해 얻었다. 그가 역사에서 발견한 귀중한 지혜는 민중의 자각과 불타는 애국심을 붇돋우는 것으로, 길이 우리 국민의 귀감이 될 것이다.[115]

역사와 전통에 관한 심층 연구를 통해 두계는 한국인의 영원한 이상을 발견하기에 이르렀다. 다름 아닌 자유, 독립, 평화 및 정의의 정신이 그것으로, 한국인은 어느 나라 사람보다도 향토를 사랑하고 현실을 즐기며 평화를 애호하는 성격을 가졌다고 하였다.[116] 이러한 발견은 범상한 역사가가 도달할 수 있는 바가 아니라는 점에서 특별한 가치와 의미가 있다.

이상에서 확인하였듯이 두계는 심오한 연구 분석을 통해 현재 및 미래의 한국사회를 일깨우는 중요한 발견에 도달하였다. 바로 이런 학문적 발견을 목적으로 두계는 평생 역사 연구에 종사하였던 것이다. 일찍이 그는 말하기를, “역사를 전 사회적全社會的 입장에서 보아야 하죠.”[117]라고 하였다. 또 부연 설명하기를, “역사는 사회사적으로, 정치사라든지 경제사라든지 한편으로 기울어지느니보다도 사회사적으로 해야 되겠다는 점을 절실히 느끼고 있습니다.”[118]라고 하였다. 현대 용어를 빌리면 ‘총체사’를 지향한다는 이야기인데, 이는 과학적이고 체계적인 역사 서술을 바탕으로 역사적 흐름을 일

114 위의 책, 280쪽.
115 위의 책, 336쪽.
116 위의 책, 279쪽.
117 이병도(1991), 270쪽.
118 위의 책, 309쪽.

목요연하게 정리하는 것이 바람직하다는 뜻이었다. 그래야만 한 사회의 역사적 성격과 구조를 정확히 인식할 수 있다는 견해였다.

물론 두계에게 가장 중요한 것은 연구 결과의 신빙성이었지, 표면에 내세운 이론이나 방법이 아니었다. 그래서 그는 자신이 반대하는 유물사관에 입각한 연구라도 역사적 진실을 증명하는 데 충실한 연구는 높이 평가하였다.[119]

(3) 시민과 지도층의 계몽

두계는 역사 교육의 중요성을 실감했고, 그래서 다음과 같이 주장하였다. 즉, "역사를 꿰뚫고 있는 정신, 그러니까 우리 역사 속을 면면이 흐르고 있는 우리의 민족정신을 가르쳐야 합니다."[120] 그 자신과 같은 역사가는 힘껏 연구한 결과를 시민 그리고 사회를 이끄는 지도층과도 공유하는 것이 옳다는 신념이었다. 그것은 내실 있는 근대화를 위한 생각이었다.

우리 역사에 면면이 흐르는 정신에 더하여 외래의 새로운 형식의 민주주의를 절충 융합하여야 현대 한국은 근대화에 성공한다고 보았다. 역사적 지식을 통해 사회 지도층에 해당하는 중심체가 굳게 대동단결하여 대중을 정도正道로 인도하는 경우라야 근대화가 성공할 것이라고 전망하였다.[121] 2020년대의 한국에서는 두계처럼 생각하는 역사가가 과연 몇이나 될지 모르겠으나, 산업화와 민주화에 성공한 조국 건설을 목표로 삼은 두계는 역사 교육에도 큰 의미를

119 위의 책, 318쪽.
120 위의 책, 272쪽.
121 이병도(1971), 26쪽.

두었다.

바로 그런 점에서 8·15 해방 이후에 두계가 이끈 진단학회의 활동에 주목하고자 한다. 정치사회적 변화에 따라 일선 학교에서 국사와 국어를 가르칠 교원 양성이 시급하였다. 그러자 진단학회는 '임시 중등교원양성소'를 설치하고 단기간에 집중 강의를 시행하여 큰 성황을 이루었다.[122] 또 학회 차원에서 국사 교본(교재)을 편찬하였고, 일제 말기에 폐간된 『진단학보』를 속간하였다.[123] 아울러 회원들을 중심으로 연구 발표를 이어 나갔다.[124] 학회는 제2의 전성기를 맞이하였다. 더구나 미군정 아래에서 서울대학교가 설립되자 진단학회의 중요한 구성원들이 교수진으로 선발되어 각 학과의 기초를 마련하고 후진을 지도하는 데 앞장섰다.[125]

그런데 뜻하지 않게도 1950년에 6·25 전쟁이 일어났다. 진단학회는 다시 휴지기 아닌 휴지기에 들어갔고, 두계는 국방부 정훈국에 소속한 전사편찬회에 들어가 집필의 책임을 맡고 전란지戰亂誌를 편찬하였다.[126]

그 후 서울이 수복되자 두계를 포함한 학회의 주요 인사들이 모두 돌아와 진단학회의 활동을 다시 강화하는 동시에, 미국 록펠러 재단의 원조를 얻어 한국사 편찬을 계획하기에 이르렀다.[127] 3~4인이 전공 영역을 집필하기로 하였고, 마침내 『한국사』(7책)를 완간하

122 위의 책, 87쪽.
123 위의 책, 87쪽.
124 위의 책, 87쪽.
125 위의 책, 87쪽.
126 위의 책, 87쪽.
127 위의 책, 87쪽.

기에 이르렀다. 그 과정에서도 두계는 중심 역할을 마다하지 않았다.[128] 이 책들은 교양 시민과 청년 대학생들에게 한국사에 관한 풍부한 지식을 제공하는 저수지 역할을 하였다.

(4) 역사에서 찾아낸 지도이념

두계는 단편적인 역사 지식을 일반에 보급하는 데는 관심이 별로 없었다. 그는 우리 역사에서 찾아낸 중요한 역량을 되살리는 데 마음을 썼다. 그러므로 한국사에서 지도이념 또는 최고의 정신과 최고의 이념을 발견하여 시민 및 지도층을 계몽하고자 노력하였다.

두계가 주목한 것은 공동체 정신이었다. 그의 연구에 따르면, 민족은 역사 공동체이며 여기에 다른 요소가 들어오더라도 금세 융화하여 혼연일체를 이루는 특징이 있었다. 그 점이 한국사의 특징이었다. 결과적으로 한국의 역사는 항상 전체와 개체가 자유롭고 평화스러운 발전을 도모하는 가운데 서로 협동하고 돕는 역할을 하였다. 이것이 두계가 많은 역사 저술을 통해 강조한 바였다. 일찍이 두계는 한국사에 일관되게 존재한 '최고 이념'에 관하여 다음과 같이 주장하였다.

> 나는 연래 사학적 또는 사회학적 입장에서 이를 고찰하여 본 결과 … 원고遠古 이래 공동체적 생활을 통하여 나타난 협동정신과 타협주의를 추출할 수가 있었다.[129]

---

128 위의 책, 87쪽.
129 위의 책, 26쪽.

즉, 우리 역사의 힘은 각계각층의 협동정신과 타협주의에 있다고 보았다. 이러한 '최고 정신' 또는 '최고 이념'은 표현을 달리하면 곧 '공동체 정신'이었다.[130] 때로 거기에 부침이 있었던 것은 피할 수 없는 일이었다. 그럼 그와 같은 흥망을 결정하는 요인은 무엇이었을까. 그것은 '정열'의 유무라는 것이 두계의 발견이었다.[131] '최고 정신'과 같은 이념은 "실상 정열을 기다려 작용할 수 있는 까닭이다."[132]라는 것이 두계의 설명이었다.

(5) 대아정신과 소아정신

두계는 공동체 정신을 강조한 셈인데, 그는 나라를 살리는 이 정신에 두 가지가 있다고 분석하였다. 하나는 '대아정신大我情神'이요, 또 하나는 '소아정신小我情神'이다.[133] 대아정신은 민족 혹은 국가의 통일과 발전을 지도원리로 삼는 것이요, 소아정신은 두말할 것도 없이 개인, 가족 혹은 당파의 이익을 위하는 정신이라는 것이다.[134] 바로 이 두 가지 정신의 상호 작용과 상호 조화를 원만하게 이룰 때 민족정기가 활발해지며, 그 본질인 국가의 통일과 발전이 가능하다고 하였다.[135]

두계가 연구한 바로는, 한국이 아득한 고대부터 현대까지 멸망하

---

130 이병도(1955), 11쪽.
131 위의 책, 11쪽.
132 위의 책, 11쪽.
133 이병도(1971), 27쪽.
134 위의 책, 27쪽.
135 위의 책, 27쪽.

지 않고 유지 발전해 온 것은 결코 우연도 기적도 아니었다.[136] 그것은 뿌리 깊은 문화의 전통과 자주적인 민족정기가 그 저력으로 작용한 덕분이었다.[137]

역사를 정밀하게 분석해 보면, 전란이 발생했을 때 한국인의 생활은 국가를 중심으로 운영되었고 평화가 오면 생활의 중심이 개인으로 옮겨졌다.[138] 두계는 이것이 한국 정신의 특색이라고 확신하였다. 요컨대 지도층의 거짓 없는 애국심과 국민 모두의 마음에서 우러나온 줄기찬 애국정신이 상호 긴밀하게 융합하면 비로소 전체가 대아정신으로 하나 되어 큰 열매를 맺는다는 것이다.[139]

(6) 두레와 계

한국인의 공동체 정신을 발현하는 기구로 두계가 가장 주목한 것은 두레와 계였다. 두레는 근로단체이자 유흥단체이면서 경기단체라고도 할 수 있는 것이었다.[140] 두계는 이러한 두레가 원시공동체 시절부터 존재해 왔고, 한국인의 정체성을 이루고 있다고 판단하였다.[141]

그에 비해 '계契'의 출발은 비교적 늦은 편이었다. 고려 무신란이 일어나기 몇 해 전에야 비로소 계라는 조직이 발생했다고 하였

136 이병도(1975a), 250쪽.
137 위의 책, 250쪽.
138 이병도(1971), 28쪽.
139 위의 책, 28쪽. 위와 유사한 서술이 이병도(1957)의 586~587쪽에도 나온다.
140 이병도(1971), 193쪽.
141 위의 책, 193쪽.

다.[142] 본래 계는 동호인 또는 마음이 통하는 동지들 사이에 친목을 도모하기 위하여 조직되었다.[143] 그런데 조선시대에 이르러 다종다양한 계가 나타나서 한국인의 생활에 반드시 필요한 존재가 되었다.[144] 한마디로 두레와 계는 우리나라의 고유한 사회조직으로서 한국인의 공동체 정신을 구현하는 우수한 장치였다.

(7) 한국인의 역사적 성격

두계는 폭넓고 깊이 있는 연구 생활을 바탕으로 한국인의 역사적 정체성을 다음과 같이 명료하게 포착하였다. 첫째, 평화를 애호하는 성격이며, 둘째, 불의不義 부정不正에 항복하지 않고 투쟁하는 정신의 소유자이며, 셋째, 권력이나 재물보다 문화를 존중하고 애호하는 정신을 가지고 있어 소중화주의小中華主義를 구현했다고 보았다.[145]

역사에 나타난 한국인의 그와 같은 특징은 1960년대 초반에 일어난 4·19 학생 혁명과 5·16 군사 쿠데타에서도 유감없이 증명되었다는 것이 두계의 주장이었다.[146] 불의를 참지 못하고 부정을 배격하는 정신이 혁명과 군사 정변으로 구체화되었다는 말이다.

곰곰 생각하면, 1945년 8월에 성사된 우리의 해방과 독립도 순전히 다른 나라의 선물로 볼 것이 아니라 민족정기의 발로인 3·1운동과 그 정신을 계승한 독립투사들이 지불한 값비싼 희생의 대가로

142 위의 책, 102쪽.
143 위의 책, 102쪽.
144 위의 책, 102쪽.
145 위의 책, 282~283쪽.
146 이병도(1975a), 109쪽.

보아야 한다고 하였다.[147]

이상에서 살핀 것처럼 두계는 자신의 연구 결과를 통해 동시대의 한국 시민과 지도층을 일깨우고 고무 격려해 국가와 민족이 당면한 문제를 해결하고자 심혈을 기울였다.

3. 두계의 현실 비판: 역사적 교훈을 따르라!

역사가로서 두계는 현실 문제를 수수방관하지 않았다. 때로는 정책을 비판했고, 조언을 아끼지 않았으며, 자신이 앞장서 문제 해결에 뛰어든 적도 있었다. 인류의 기나긴 역사를 염두에 두었을 때, 현대 한국사회가 당면한 현안을 제대로 풀지 못하고 좌충우돌하는 것이 어쩌면 당연한 일이었다. 두계는 안타까운 마음을 다잡으며 다음과 같은 말로 스스로 위로하였다.

〔우리가 추구하는〕 민주주의나 근대 과학은 최근 3백 년의 연륜을 거듭해 온 데 지나지 않는다. 그러고 보면 우리는 아직 영아기, 즉 베이비후드babyhood를 벗어나지 못하고 있다.[148]

근대 문명이라는 것 자체가 아직 완숙기에 이르지 못했는데 후발 산업국가인 한국의 현실은 어떠하겠는가. 20세기 후반에는 아직도

147 위의 책, 113쪽.
148 위의 책, 238쪽.

모든 것이 초보 수준에 머물러 있었다. 두계는 그처럼 냉철한 판단력으로 한국의 현실을 살펴보았다. 노숙한 역사가답게 그는 상당한 인내심을 가지고 현실 문제를 대했는데, 그 점은 다음과 같은 발언에서도 확인할 수 있다.

> 사람의 생활에는 원래 과오過誤와 결점이 많다. 그러나 과오를 과오로, 결점을 결점으로 알아 다시 그것을 되풀이하지 않고 자기의 현실을 보다 나은 상태로 향상하려는 데서 진보 발달이 생긴다. 여기서 위대한 문화가 발생하는 것이다. 즉 인류는 역사를 갖고 역사를 토대로 삼아 자기 보전, 자기 발전, 자기 완성의 길에 매진하고 있는 것이다.[149]

역사적 사유란 본디 위와 같은 것이다. 마음에 여유를 가지고 매사를 분석하며, 사물의 성격을 제대로 이해하기 위해 끊임없이 역사적 사례를 떠올리는 것이다. 역사를 통해 자신을 보전하고, 발전시키고, 나아가 완성에 이르도록 매진하는 것이다. 바로 여기에 두계다움이 있다고 말해도 좋을 것이다. 아래에서 필자는 역사가 두계가 당대 한국사회의 어떤 점을 비판했는지를 간단히 소개할 생각이다. 아울러 한국과 불가분의 관계인 일본에 대해서는 어떠한 견해를 가졌는지도 살펴보겠다.

1) 한국사회 비판

두계의 관심사는 다양하였으나 필자는 그 가운데서도 다음의 일

149 이병도(1971), 131쪽.

곱 가지 주제에 주목하기로 하였다. 학원 민주화 문제를 시작으로 민족 주체성의 확립에 관한 의견, 베트남 파병에 대한 우려, 문화 기관의 자율성에 대한 강조, 북한의 미래와 통일문제 그리고 물질 문명에 대한 비판적 견해를 순서대로 설명하겠다.

(1) 학원 민주화

1960년 4월 19일에 일어난 학생혁명의 결과로 허정許政이 이끈 과도정부가 수립되었다. 그때 두계는 문교부 장관으로 발탁되어 3개월 남짓 교육행정을 총괄하였다. 두계가 장관으로 재직하는 동안 장관실은 마치 대학의 교수회의실과도 같았다. 그는 격식을 따지지 않고 자유로운 분위기를 만들어 주요 의제를 누구나 서슴없이 토론할 수 있게 하였다.[150] 짧다면 매우 짧은 기간이었지만 두계는 평소 생각대로 몇 가지 사업을 적극적으로 추진했는데, 한마디로 말해 각급 학교를 민주화하는 것이었다.

우선 그는 학교를 병영兵營처럼 만들어 학생들을 통제해 온 학도호국단을 해체하였다. 또 대학의 총장과 학장을 정부에서 임명하지 않고 교수들이 직접 선거하여 뽑는 제도를 만들었다. 아울러 초중등학교에서는 교원이 자유롭게 단체를 구성하도록 허락하였다. 교원들이 다양한 교원단체를 설립하고 활동할 권한을 인정한 것이다. 이는 얼마 후에 교원노조로까지 발전하였는데, 5·16 군사 쿠데타로 인해 안타깝게도 폐지되고 말았다.[151]

150 이운경(2020), 304쪽.
151 이병도(1991), 21쪽.

사리 분별이 미숙한 중고등학생들이 청사 안으로 들어와 시위를 벌이더라도 두계는 너그럽게 상대하는 편이었다. 그러나 만약에 지나친 언행이 거듭되면 일체 응하지 않고 엄하게 나무랐다. 두계는 전통적인 선비들이 그러했듯이 실로 외유내강한 성품이었다.[152] 요컨대 문교부 장관으로서 두계의 활동을 평하면, 학교의 자율권을 중시하는 바탕 위에서 학원의 민주화를 위해 노력했다고 하겠다.

(2) 민족 주체성의 문제

20세기 후반 한국사회의 가장 중요한 화두는 근대화였는데, 그 과정에서 자연스럽게 제기된 문제가 바로 '민족 주체성'의 소중함이었다. 외래 사조가 물밀듯 쏟아져 들어왔으므로, 수용자인 우리의 주체성을 똑바로 확립하자는 사회적 요청이 생긴 것이다.

이 문제에 관하여 두계는 숙고하였는데, 그의 분석에 따르면 종래의 주체성 논의는 다음의 두 가지로 나뉘었다.[153] 첫째는 보수적 관점으로, 민족의 전통과 문화에 대한 긍지를 갖자는 주장이다.[154] 둘째는 과대망상적인 경향으로, 외국의 문화를 과소평가하고 자국의 문화적 성취를 과대평가하는 관점이다.[155]

두계는 이 두 가지 경향을 비판하고, 자기 나름의 진보주의적인 관점을 제시하였다. 즉, 정의와 자유와 평화 및 평등을 기초로, 현실에 적합한 한국인의 주체성을 발견하자는 것이었다.[156] 우리 역

152 위의 책, 55쪽.
153 이병도(1971), 343쪽.
154 위의 책, 343쪽.
155 위의 책, 343쪽.
156 위의 책, 343쪽.

사 속에서 발견한 보편적 가치인 정의, 자유, 평화 및 평등의 정신을 바탕으로 민족의 주체성을 강화해야 한다는 주장이었다. 두계의 주체성론은 인류 보편의 가치를 우리 역사에서 재발견한 것이었다는 점에서 큰 의의가 있다고 생각한다.

(3) 베트남 파병

1960년대 초반에 미국은 베트남 전쟁에 본격적으로 개입하였다. 이를 계기로 박정희 군사정권은 베트남에 한국군을 파견하는 문제를 적극적으로 검토하였다. 두계는 우리 역사 속에서 강대국의 요청에 따라 몇 차례 대규모 파병이 있었던 사실을 잘 알고 있었다.

그는 역사적 경험을 토대로, 정부가 파병 문제를 가볍게 결정해서는 안 된다는 점을 분명히 밝혔다.[157] 파병에 따른 이해득실을 정밀하게 검토하기를 정부에 요구하였다. 당시 미국의 베트남전 개입을 찬성하는 동맹국이 하나도 없다는 사실도 강조하였다.[158] 아울러 피를 대가로 한 경제 발전은 명분이 없는 일이므로 신중하게 처리해야 옳다고 하였다.[159]

만에 하나라도 베트남 파병으로 말미암아 우리나라에 손실이 초래된다면 그것은 온 국민의 비극이요, 그 결과에 대해 정치가는 역사 앞에 책임져야 한다고 강조하였다.[160] 더구나 국내의 의견도 통일되지 않아 찬반양론이 심하게 대립하고 있었다. 그런 마당에 파

157 위의 책, 128쪽.
158 위의 책, 128쪽.
159 위의 책, 128쪽.
160 위의 책, 128쪽.

병 문제로 국력을 심하게 분산시키고, 막대한 인명 희생까지 각오하면서 우방을 돕는다는 것은 명분이 부족한 일이었다.[161] 요컨대 두계는 베트남 파병을 반대했던 것인데, 집권 세력은 두계의 충고를 외면하였다.

(4) 문화활동의 자율성

두계는 노년을 군사 독재 아래서 보냈다. 민주주의자였던 그에게 독재 정권이 탐탁할 리가 없었다. 한편으로 그는 무기력하고 부패한 기득권에 대항하여 청년 장교들이 들고 일어선 것을 다행으로 여겼으나, 다른 한편으로 군인의 독재 정치에는 비판적이었다.

군사정권은 정치와 경제를 마음대로 휘두르는 데 그치지 않고 문화와 예술까지 멋대로 조종하려고 하였다. 그들은 대한민국학술원과 예술원까지도 정치적 수단으로 이용하려는 경향을 보였다.

이에 두계는 학계를 대표하여 군사정권의 처사를 반박하였다. 그는 다음과 같이 정권의 잘못을 타일렀다.

> 만일 〔문화예술까지〕 정치 도구화되면 선진국에 대하여 그런 욕치辱恥〔부끄러움〕가 없는 일이다. 어느 국가를 선진국 또는 대국으로 만드는 것은 그 나라의 빛나는 역사와 문화의 발달 여하에 주로 달려 있다.[162]

당시에 독재 정권은 고도성장, 즉 급속한 산업화를 통해 한국을

161 위의 책, 128쪽.
162 이병도(1956), 315쪽.

선진화할 수 있다고 맹신하였다. 그리고 그러한 정책을 줄기차게 추진하려면 정치적 안정이 필수적이라는 논리로 감히 학술과 문화까지 정권의 시녀로 삼고자 하였다. 그에 반발하여 두계는 세상의 역사를 살펴보면 경제보다 중요한 것이 역사와 문화라는 점을 밝힌 것이다.

독재 정권은 학자와 예술인을 정권의 하수인으로 만들기 위해 재정 지원이라는 카드를 만지작거렸다. 그러한 비열함에 두계는 당연히 분노하였다. 그는 "재정이 문화활동을 얼마나 제약하고 있는가는 우리가 모두 잘 알고 있는 바"[163]라고 말하면서 정권의 안위를 위해서가 아니라 국가의 진정한 발전을 위해서 문화계 전반에 대한 넉넉한 재정 지원과 자율적인 운영권을 허락하라고 요청하였다.

다른 한편으로 그는 학계와 예술계도 우물 안 개구리 신세를 벗어나 국제적 연대 속에서 새로운 문화 창달에 힘써야 한다고 충고하였다.

> 문화계-문화인의 발전 향상을 〔스스로〕 도모할 것은 물론이지만 국제적으로도 긴밀한 연락을 가져 인류문화 발전을 위한 진실한 일원이 되어야만 한다.[164]

두계는 여덟 번이나 학술원장에 뽑힌 학계의 거물이었다. 그는 한국의 학자와 예술가들이 분발하여 세계 속의 한국문화를 창달하

---

163 위의 책, 316쪽.
164 위의 책, 316쪽.

기 바란다는 소망을 끝까지 버리지 않았다.

(5) 북한의 암울한 미래

두계는 분단국가의 지식인으로 살았으므로 그의 뇌리에는 항상 북한이라는 암 덩어리가 자리해 있었다. 그는 자나 깨나 민족의 진로를 고뇌하였으며, 북한이라는 부정적 존재의 앞날을 근심하였다.

세계사를 연구하며 두계는 한 가지 명백한 진리를 체득하였다. 역사에는 반드시 진로가 뚜렷하고 방향이 명백한 대조류가 있는데, 그것은 처음에는 비록 단순하고 획일적인 모습을 가진 사회라도 점차 다양성을 추구한다는 것이다.[165] 아무리 고립과 폐쇄를 중시하는 사회라도 종국에는 타협과 개방으로 나아간다는 뜻이다.[166] 그러므로 모든 나라는 독재에서 민주주의로 변화하며, 억압에서 자유주의로 지향을 바꾸기 마련인데,[167] 이러한 변화를 지적하며 두계는 다음과 같이 선언하였다.

> 이는 역사의 발전법칙이요, 인간 사회의 자기 목적을 추구하는 진화 경향이다.[168]

그렇다면 북한 공산주의자들은 두계가 확신한 역사법칙에 언제까지나 역행할 수 있겠는가. 그럴 리가 없지 않은가. 그는 남북이 계

165 이병도(1975a), 116쪽.
166 위의 책, 116쪽.
167 위의 책, 116쪽.
168 위의 책, 116쪽.

속 접촉하고 우리가 자부자강自富自强에 성공하는 날, 북한 지도자들도 역사법칙에 순응하게 될 것이라고 내다보았다.[169] 그리고 "그때에야 비로소 숙망宿望의 통일을 논의할 단계가 되지 않나 생각한다."[170]라고 결론지었다. 요컨대 두계는 북한이 공산주의를 포기하고 남한에 흡수통일 되는 날이 오고야 말 것이라고 확신하였다.

(6) 통일 문제

그렇다면 통일을 이룩할 때까지 우리가 할 일은 무엇일까. 두계는 "통일 문제는 오늘날의 국제정세와 일련의 관계를 갖고 있기 때문에 항상 주위의 여건, 변화에 주의를 게을리해서는 안 될 것이다."[171]라고 하였다. 원칙적으로는 언젠가 통일되겠지만, 그날을 하루라도 앞당기려면 미국과 일본, 중국 및 러시아 등과 협력해야 하므로 국제관계를 소홀히 하지 말라고 당부한 것이다.

따지고 보면 우리는 처음부터 국토 분단의 비극을 겪지 않아도 되었을 것이다. 두계는 해방 직후에 우리가 "자율적 정기로 통일을 추진했어야"[172] 한다며 지난날을 아쉬워하였다. 그는 한국인에게 분단의 책임이 있다고 보았는데, 다음의 두 가지 아쉬운 점이 있다고 하였다. 첫째는 "민주주의 생활화를 이루지 못한 과오"[173]이며, 둘째는 "타협과 협조에 인색하고 법을 법대로 준수하지 아니한 데

169 위의 책, 117쪽.
170 위의 책, 117쪽.
171 이병도(1971), 112쪽.
172 위의 책, 338쪽.
173 위의 책, 338쪽.

서"[174] 문제가 커졌다고 진단하였다.

일제강점기에 민족이 수난을 겪느라 민주주의를 체험하지 못한 것은 어쩔 수 없는 일이었으니, 전자는 부득이한 문제였다고 하겠다. 그러나 좌익과 우익이 서로 타협하거나 협조하지 못한 문제는 어떻게 할 것인가. 두계는 우리가 원래부터 타협하고 협조하는 '국민성'을 결여한 것은 아니라고 판단하였다.[175] 우리 역사에는 타협과 협조의 미풍이 얼마든지 존재한다고 하였다. 문제는 그 규모가 협소해 '소협동체'를 넘지 못한 점이라고 보았다.[176]

두계는 장차 민족 분단을 넘어 통일에 이르기 위해서는 서로 협조하고 단결하는 정신으로 주체성을 확립해야겠다고 제안하였다.[177] 1919년에 온 민족이 3·1 독립 만세를 부르던 혁명의 정신으로 해방 뒤에도 한데 뭉쳤다면 민족 분단이라는 비극을 무난히 벗어날 수 있었을 것이라며 아쉬워하였다.[178] 두계의 말을 다시 헤아려 보면, 3·1 정신을 되살리면 통일은 언제든지 가능하다는 뜻이다.

(7) 물질문명 비판

20세기 후반 한국사회의 과제는 근대화였고, 두계는 누구보다 그 점을 잘 알고 있었다. 그런데 1960년대부터 이 땅에서 급속도로 전개된 산업화에 대하여 그는 우려하는 마음을 떨치기 어려웠다. 그의 발언을 직접 소개한다.

---

174 위의 책, 338쪽.
175 위의 책, 339쪽.
176 위의 책, 339쪽.
177 위의 책, 340쪽.
178 이병도(1975a), 114쪽.

오늘과 같은 이익이 도덕에 우선하는 듯한 급변하는 변화의 시대를 맞아 무릇 정신문화가 물질문명을 선도하지 못하고 공업 입국立國으로 상징되는 근대화 과정에서 오히려 정신세계가 소외당해 가고 있는 듯한 아쉬움을 느끼고 있는 것도 사실이다.[179]

근대화 과정에서 도덕이 실종되고 물질 중심의 사고방식이 한국사회를 병들게 하고 있다는 사실이 큰 문제였다. 물질이 인류 생활을 유지하고 발전하게 만드는 중요한 요소라는 점은 두계도 인정하였다. 그러나 물질 또는 자본 중심의 사고방식은 직간접적으로 인류사회에 위험과 해독을 끼치는 점이 한두 가지가 아니라는 사실을 그는 간과하지 않았다.[180]

그렇다면 해법은 무엇일까. 물질의 악용과 남용을 삼가는 마음이 요구된다고 하였다.[181] 진리와 미를 탐구하는 마음, 가치와 실리를 창조하는 마음이 필요하였다.[182] 나아가 평화와 정의를 추구하고, 자유와 질서를 존중하며, 겸애와 협조를 추구하는 마음을 길러야만 물질문명의 해독에서 벗어날 수 있을 것이었다.[183] 두계가 바라는 근대화는 물질문명과 정신문명의 조화로운 관계를 회복하는 데 있었다. 그는 한국의 근대화가 다음과 같은 방향으로 나아가기를 촉구하였다.

---

179 위의 책, 182쪽.
180 위의 책, 239쪽.
181 위의 책, 239쪽.
182 위의 책, 239쪽.
183 위의 책, 239쪽.

정신과 물질이 표리表裏하고 병행하면서도 정신이 항상 주체가 되어야 인류 세계의 전도前途와 문화의 발전에는 큰 광명이 올 것이다.[184]

2) 일본의 역사적 과오

본래 두계는 서양사를 연구할 생각이었다. 그러나 조국이 일제의 침략으로 신음하고 있는 터라, 우선 조국의 역사부터 연구하지 않을 수 없었다고 하였다. 그 점은 이미 제1절에서 말한 바와 같다. 두계로서는 끝끝내 방심하지 못한 것이 바로 일본의 역사적 진로였다. 그들은 과연 과거의 죄악에서 벗어나 한국과 평화롭게 공존할 것인가라는 질문이 언제나 두계의 마음 한끝을 사로잡았다.

그는 마지막까지도 마음을 놓지 못하였다. 해방 이후에도 일본은 과거의 잘못을 철저히 뉘우치지 않았기 때문이다. 그들은 과거에 한국과 한국인에게 저지른 숱한 과오를 솔직하게 인정하지 못하였다. 이는 한일 양국의 미래를 해치는 일이므로 두계는 항상 걱정이 끊이지 않았다.

(1) 역사 속 한일관계 회고

본래 문화란 그것을 형성하는 요소가 복잡하기 마련이다. 그렇다 할지라도 일단 민족의 풍토와 성격이라고 하는 큰 구도 또는 용광로에 들어가면 민족 특유의 문화를 구성한다.[185] 그러므로 한국과 일본은 모두 중국문화를 적극적으로 수용하는 가운데서도 서로 다

184 위의 책, 249쪽.
185 이병도(1956), 30쪽.

른 민족문화를 갖게 되었다. 예컨대 한국문화는 일본이나 중국보다도 현실주의적 성격이 크게 두드러졌다는 것이 두계가 얻은 연구 결과였다.[186]

(2) 일본의 과대망상증

일본에서는 이따금 과대망상에 빠진 자들이 일어나서 역사를 혼란에 빠뜨렸다. 16세기 말에는 도요토미 히데요시가 동아시아를 홀로 지배하겠다며 조선을 침략하였다.[187] 또 구한말에는 일본에 군국주의자들이 등장해 영토 확장이라는 망상에 사로잡혀 '대동아공영권'을 내세우며 전선을 확장하다가 결국 패망의 길로 접어들었다.[188]

동아시아의 평화를 소망하며 두계는 과대망상증 환자가 다시는 일본 정계에 등장하지 않기를 바랐다. 부디 일본에 거시적 안목으로 현실을 냉정하게 판단하는 지도자가 나타나 과거의 불행한 전철을 밟지 않기를 기원하였다.[189]

한국의 역사에는 과대망상증 환자가 존재하지 않았다. 한국인은 침략 행위를 원하지 않고, 조상으로부터 물려받은 구토舊土를 회복하는 것 또는 기존의 판도를 보존하는 것으로 만족하였다.[190] 한국인의 주요 관심사는 문화적인 것이었다. 그들은 자기 자신을 질

186 위의 책, 30쪽.
187 이병도(1971), 123쪽.
188 위의 책, 123쪽.
189 위의 책, 123쪽.
190 위의 책, 135쪽.

적으로 개선하려는 욕구가 훨씬 강하였다.[191] 과거에 한국은 중국을 통하여 인도와 서역의 문화를 수입할 때도 대단히 적극적이었다.[192] 한국의 역사에서 보이는 이른바 사대주의도 문화 수용이라는 점에서 능동적이고 활동적인 것이었다.[193]

그러한 한국과는 달리 일본은 평소에는 한국의 문화를 수용하고 한국으로부터 경제적 이익을 얻으려고 힘썼다. 그러다가도 갑자기 태도를 바꾸어 한국을 침략할 때가 적지 않았다.[194] 그러나 한국은 그런 일본을 군사적으로 응징하기보다는 그에게 은위恩威를 겸행하며 관계 회복에 힘써 왔다.[195] 자연히 일본에 대한 한국의 교린정책은 대체로 수동적인 편이었다.[196] 위에서 설명한 것과 같은 양국 관계의 불균형은 오랜 역사 속에서 드러난 근본 문제였다.

(3) 양국 관계의 역사적 전개

고대 일본은 이웃인 한국에게서 인적·물적 자원을 지원받았다. 가령 7세기 후반에 고구려가 멸망하자 많은 고구려인이 일본으로 이주하였다. 그들의 집단 망명으로 일본 사회는 직간접적으로 커다란 문화적 이익을 얻었다.[197]

예컨대 일본 음악에는 '고려악'(고구려 음악)이니 '백제악'(백제 음악)

191 위의 책, 135쪽.
192 위의 책, 168쪽.
193 위의 책, 135쪽.
194 위의 책, 135쪽.
195 위의 책, 135쪽.
196 위의 책, 135쪽.
197 이병도(1956), 25쪽.

이니 '신라악'(신라 음악)이니 하는 것이 존재하였다.[198] 물론 나라奈良 시대에는 '백제악'만이 세력을 얻었다고 하지만 고대 이후 일본의 궁정 음악에는 항상 한국의 영향이 남아 있었다.[199] 물론 한국의 문화적 영향이 음악이라는 한 분야에만 국한되지는 않았다.

그러나 한일 양국 관계는 순탄하지 않을 때가 더 많았다. 규모가 크든 작든 일본이 한국을 침략하는 일이 여러 차례 반복되었다. 그런 점에서 17세기 이후에 도쿠가와 막부德川幕府(에도 막부)가 장기적으로 조선과 평화적인 관계를 맺은 것은 예외적인 일이었다. 두계는 한일 양국이 도쿠가와 막부-조선의 평화 공존을 모범으로 삼아 정상적 교류를 회복하기를 바랐다.[200]

역사적으로 볼 때 한일관계를 가장 암울하게 만든 사건은 제국주의 세력의 등장이었다. 이른바 '문호 개방' 이후 일제는 메이지 유신을 부르짖으며 근대화를 서둘렀다. 그 과정에서 일본의 제국주의자들은 한국을 침략하여 마침내 일제강점기라고 하는 치욕을 한국사회에 강요하였다.[201]

(4) 한국의 변화 그리고 양국의 미래

두계는 일제강점기에 일본인이 자행한 무단정치를 직접 목격하였으며, 그러한 억압 정치 아래서 한국인이 다시 깨어난 사실을 뚜렷이 기억하였다. 즉, 한국인은 압제에 굴복하기는커녕 불굴의 정신

198 위의 책, 26쪽.
199 위의 책, 26쪽.
200 이병도(1971), 122쪽.
201 위의 책, 169쪽.

을 키웠고, 민족의 교육열과 향학向學의 기운이 오히려 왕성하였다는 것이다.[202]

그러므로 1945년에 8·15 해방을 맞이한 한국사회에서 교육열은 하늘을 찌를 기세로 비등하였다고 증언하였다.[203] 이와 함께 두계는 문화적으로도 한국사회에 비약적인 발전이 있었다고 회상하였다.[204] 나날이 학술이 발전하고, 예술인들의 꾸준한 노력이 성과를 맺는 가운데 문예 진흥 정책도 갖춰져 한국의 문화예술은 하루가 다르게 발전하고 있다고 하였다.[205] 두계가 누누이 밝힌 대로 본래 한국인은 문화적 성취 욕구가 남달랐는데, 해방 이후에 다시 한 번 문화의 전성기를 맞이한 것이다. 오늘날 우리는 누구나 'K-컬처'를 말하는데, 20세기에 그 싹을 틔워 착실히 성장해 온 것이다.

한국은 문화적으로 전보다 성숙해졌으므로 일본과의 불행한 관계를 다시는 되풀이하지 않기를 두계는 염원하였다. 1960년대 초에 한일 양국이 국교를 정상화하게 되었을 때 두계는 다음과 같이 말하였다.

온 국민은 옷깃을 여미고 스스로의 자세를 올바로 가다듬어 의연한 몸가짐으로 나아가야 할 것이다.[206]

한 나라의 운명은 국민이 가진 자주독립 정신이 얼마나 강한가

202 위의 책, 169쪽.
203 위의 책, 169쪽.
204 이병도(1975a), 249쪽.
205 위의 책, 249쪽.
206 이병도(1971), 125쪽.

에 달린 것이다.[207] 두계는 우리 역사를 깊이 연구한 학자로서, 우리 조상은 적에게 할 수 없이 굴복한 뒤에도 마음속으로 항상 그날의 치욕을 잊지 않고 불굴의 정신을 품고 있다가 기회가 오면 눈부시게 재기해 원수를 갚고야 마는 전통을 지켜 왔다는 점을 여러 차례 강조하였다.[208] 두계의 말대로 후세에는 장차 한일 양국의 왜곡된 악연을 보란 듯 청산할 날이 올 것이다.

4. 유학의 현대화를 선도한 거유

두계는 근대적 훈련을 받은 역사학자였으나 전통사상인 유교 또는 유학에 관해 긍정적 인식을 가지고 있었다. 조선시대에 하나의 생활 양식으로 굳어진 유교에 대해서는 비판하였으나 그 이론적 토대인 유학에는 인류의 미래를 밝힐 희망적 요소가 있다고 확신하였다. 즉, 전통적인 정신문화를 긍정했던 것이다. 두계는 유교 사상이 17세기부터 일부 서양 선교사들에 의하여 유럽에 소개되어 계몽주의 사상에 상당한 영향을 끼친 점을 높이 평가했고, 20세기에도 서구의 동양학자들이 유학의 사상적 가치를 높이 평가하고 있다는 점을 강조하였다.[209]

1896년에 태어난 두계는 어려서 가정에서 한문을 수학했으며, 그 영향으로 그의 학문적 태도에는 정밀과 깊이를 중시하는 유학자적

207 위의 책, 124쪽.
208 위의 책, 168쪽.
209 위의 책, 113쪽.

모습이 스며 있었다.[210] 일찍이 두계의 후배인 과학자 안동혁安東赫은 "내가 보기에 그에게는 옛 선비의 틀이 굳게 박혀 있다."라고 하였다.[211] 친지들의 눈에 비친 두계는 고풍古風의 선비였다. 두계 자신은 시체時體(현시대)의 사람으로 처신했으나, 친지들은 그에게서 온화하고 착실한 군자君子를 떠올렸다.[212] 그는 학술의 근대화를 선도한 거유巨儒였다.

1) 근대화에 앞장선 유교적 가정

두계의 손자 이영무는 조부를 생각할 때면 "떠오르는 것이 단정하게 앉으셔서 선비 학자 모습을 풍기면서 글 쓰시는 모습이다."[213]라고 회상하였다. 이영무는 미국에서 유학하던 시절에 어려운 일이 생길 때마다 "조부님이 사랑방에서 글을 쓰시는 모습을 떠올리며 인내심을 길렀다."[214]라고도 말하였다. 두계의 유풍儒風이 손자에게까지 큰 영향을 주었다고 짐작할 수 있는 부분이다.

두계는 일제강점기에도 보통학교에 다니는 자녀들에게 이순신 장군을 비롯해 세종대왕, 퇴계 이황 및 율곡 이이의 언행을 본받으라고 가르쳤다. 그는 구한말에 헤이그에 파견되어 끝까지 사명을 다한 밀사密使 등에 관한 이야기를 들려주며 자녀들이 충의忠義의 인물이 되기를 바랐다.[215] 두계는 자신이 한 사람의 선비로 사는 데

---

210 이병도(1991), 10쪽.
211 위의 책, 10쪽.
212 위의 책, 15쪽.
213 이운경(2020), 307쪽.
214 위의 책, 307쪽.
215 위의 책, 71쪽.

그치지 않았고 가족들에게도 충성과 효도라는 유교적 가치를 전달하기 위해 노력하였다.

평생 두계가 선비답게 살 수 있었던 것은 유교적 가치관을 공유하는 배우자 조씨부인의 내조 덕분이었다. 그 점에 대해 두계는 다음과 같이 말한 적이 있다.

> 나로 말하면 재미가 없고 항상 수불석권手不釋卷(손에서 책을 놓지 아니함)하는 학자인만큼 이런 남편에게서 오순도순 재미를 바랄 수야 없지만, 그래도 아내는 불평 하나 안 하고 나의 연구를 격려하고 보살폈다.[216]

부인은 선비가 학문에 힘쓰면 세상을 긍정적으로 변화시킬 수 있다는 신념을 가지고 내조에 힘쓰는 한편, 자녀들에게도 학문에 종사하기를 힘껏 권유하였다. 부인은 자녀들에게 타이르기를, "너희들도 열심히 연구해서 그중에 노오벨상 수상자가 하나 나와서 우리의 가문과 나라를 빛내기 바란다."[217]라고 하였다. 과연 두계와 조씨부인 슬하에서 자란 5형제는 모두 박사가 되었고, 슬하의 딸들과 며느리 및 사위들까지도 박사학위를 취득하였다.[218] 그들이 공부한 내용은 물론 근대적 학문이었으나, 학문적 성취를 대하는 두계 가족의 태도는 다분히 유교적이었다.

두계는 자신의 부인이야말로 "개화기에 있어서 전형적인 현모양

216 이병도(1971), 71쪽.
217 위의 책, 72쪽.
218 이병도(1991), 7쪽.

처"[219]라고 보았다. 20세기 후반에 서울특별시에서 조씨부인을 '장한 어머니'로 뽑아 표창장을 전달하려고 한 일이 있었다. 부인은 한사코 거절했으나 두계는 부인의 공을 내심 인정했으므로 "억지로 나가게 한 일이 있다."[220]라고 회상하였다.

두계와 조씨부인은 유교적 가르침에 따라 "서로의 경애"[221]를 몸소 실천하였다. 두계는 부인의 부덕婦德을 높이 평가해, 이러한 "전통적인 도덕은 가정에서 직접 행동을 통한 교육에 의해서만 달성할 수가 있다."[222]라고 말하기도 하였다. 이와 같이 두계는 조씨부인과 더불어 유교적 가치관을 신봉하며 학문과 실천을 중시하였고, 그 결과 자손들이 근대적 학문에 종사하여 큰 성과를 얻었다.

두계는 유가적儒家的 생활 태도를 견지하였다. 그는 다음의 세 가지를 좌우명으로 삼았는데, 하나같이 금욕적인 것이었다. 첫째, 그는 아침에 세수할 때마다 자기 자신을 돌아보았다.[223] 구체적으로 말해 그것은 다음과 같은 질문이었는데, 하나같이 물욕物慾에서 벗어난 청고淸高한 선비의 자기 수양에 가까웠다.

"어제 무슨 새로운 지식을 들은 것이 있는가. 또 무슨 새로운 아이디어를 구상해 본 일이 있는가. 어떤 새로운 발견이라도 한 것이 있는가."[224]

둘째, 두계는 항상 타인과 더불어 산다는 점을 한시도 잊지 말라

219 이병도(1971), 73쪽.
220 위의 책, 73쪽.
221 위의 책, 74쪽.
222 위의 책, 74쪽.
223 위의 책, 44쪽.
224 위의 책, 44쪽.

고 자책하였다. 속뜻을 헤아려보면, 남도 잘하고 잘 살기를 바라는 용의用意와 용심用心을 가져야 된다는 의미였다.[225] 그런 점에서 두계는 석복惜福(복을 아낀다는 뜻)을 강조하였다. 그는 집안의 오랜 전통에 따라 경사가 있을 때나 가운이 흥해 갈 즈음에는 더더욱 조심해 마지 않았다.[226]

두계는 물질적 생활에 있어 질박함을 추구하였고, 마음가짐에 있어서도 항상 조심하고 꺼리는 태도가 석복이며, 이것은 살아가는데 긴요한 생활 태도라고 강조하였다.[227] 이러한 마음가짐으로 구십 평생을 하루처럼 지냈으므로 그에게는 조선 선비의 검소한 생활이 몸에 배어 있었다. 두계는 겨울에도 냉방에서 잠을 청했으며 여름에도 애써 더위를 견디며 지냈다. 또 식사를 할 때도 잡곡을 위주로 검박하게 생활하였다.[228]

셋째, 두계는 유학자의 꼿꼿한 기상을 가지고 "고해苦海를 낙해樂海로 꾸며 보라."[229]라고 스스로를 채찍질하였다. 그는 인생의 낙이 부귀영화에 있지 않고 도리어 안빈낙도安貧樂道에 있다고 믿는 편이었다.[230] 그러므로 하찮아 보이는 일이라도 희망을 품고 한 번 시작하면 끝까지 꾸준히 성실히 실천하기를 바랐다.[231] 앞에서 소개한 것처럼 그는 석복의 정신을 실천했는데, 거기서 한 발 더 나

225 위의 책, 45쪽.
226 위의 책, 68쪽.
227 위의 책, 68쪽.
228 이운경(2020), 307쪽.
229 이병도(1971), 44쪽.
230 위의 책, 45쪽.
231 위의 책, 45쪽.

아가 가령 사회사업처럼 의미 있는 일을 통해 자신의 복을 이웃에게 나누어 주는 실천 행위가 필요하다고 말하였다. 두계는 이를 겸복兼福(共福)이라고 불렀는데, 자손들이 석복과 겸복에 힘쓰기를 당부하였다. 물론 이와 같은 일은 어느 정도 재산이 있어야만 가능한 일이었다.[232]

이상에서 살핀 것처럼 두계는 유교적 가치가 담긴 세 가지 좌우명을 정하고, 날마다 실천에 힘썼다. 그리고 그중 일부는 자손에게도 실행하기를 당부하였다.

2) 두계의 유학사 연구

일본 유학을 마친 다음에 두계가 가장 먼저 착수한 것은 유학사 연구였다. 당시에 일본 학자들이 한국의 유학사를 연구하고 있었으나 왜곡된 학설이 많았다. 또 그들이 무차별로 인용하는 조선 유학자들의 학설 가운데는 적지 않은 모순이 있었다. 그래서 두계는 모순과 왜곡을 시정하려고 독자적인 유학사 연구를 진행하였다.[233]

연구가 어느 정도 진척되자 두계의 학술적 관심은 좀 더 명료하게 정리되었다. 그는 그 점을 다음과 같이 기술하였다.

> 나는 … 유학사를 중심으로 중국 유학사상과 저쪽에서 오는 소위 서학사상, 서양 카톨릭교를 중심으로 하는 사상, 기타 과학서적들이 들어와서 서양사상과의 접촉면이 대단히 관심거리였어요. … 첫째는 서양사상

---

232 이병도(1975a), 233쪽.
233 위의 책, 211쪽.

을 전혀 배척하는 것, 또 하나는 많이 참고를 하고 거기에 지대한 관심을 가지고 있으면서도 비판적으로 나가는 것, 끝으로 하나는 무조건 거기에 심취 내지 도취하는 것이었어요.[234]

즉, 조선 후기에 유학자들이 서학西學의 도전에 직면하여 어떠한 태도를 보였는지를 깊이 연구하는 데 관심을 기울였다. 서학을 전면 거부하는 유학자, 관심은 있어도 비판적인 유학자, 서학에 심취한 유학자 들을 깊이 연구한 것이다. 그중에서도 두계는 서학을 수용한 유학자들에게 주목하였다. 이 문제는 조선 후기에 자발적인 근대화가 어느 정도 가능하였는지를 가늠하기 위한 것이었다.

이 문제를 깊이 연구한 결과, 두계는 아래와 같이 좀 더 구체적인 설명을 제공하였다.

〔서학에 관심을 가진 유학자도 세 갈래로 나뉘는데, 첫째는〕 취미나 호기심에 의해 서학의 서적을 완독하는 정도〔였고, 둘째는〕 … 정약종과 같이 거기에 심취해서 완전히 개종하거나 경도하는 측〔이요, 끝으로 셋째는〕 서학을 유학의 원리에 따라 해석하는 측〔이 있었다.〕 … 그중에 지구자전설을 성리학적으로 설명하는 유자儒者의 견해는 아주 재미있다.[235]

이러한 설명에서 보듯, 조선 후기의 유학자 중에는 서학을 적극적으로 수용하는 이들도 존재하였다. 그들은 서학과 성리학을 적절

234 이병도(1991), 198쪽.
235 이병도(1975a), 190쪽.

히 융합하려 노력하였고, 두계는 그 부분에 특별한 관심을 표하였다. 여기서도 짐작되듯, 그 자신이 유학자이기도 했던 두계는 유학의 전통을 말살하기보다는 서구의 근대적 사상과 융합하는 데 마음을 썼다.

그러므로 두계는 유학의 보편적 가치에 관하여 다음과 같이 주장하였다. 인용문이 다소 길지만 그의 뜻을 정확히 이해하기 위하여 모두 인용한다.

나의 유학사 및 유학 연구의 목적은 유교, 유학에서 추구하는 인격완성의 방도로서 수기치인修己治人(자신을 먼저 닦고 남을 다스림)이라든가 진기진물盡己盡物(자신의 실체를 다 궁구한 다음에 다른 사물과 사물의 그것을 다 파악함)과 또 성기성물成己成物(자기 인격을 이룩한 다음에 역시 객체의 특성과 발전을 이룩함) 등은 참으로 숭고한 가르침이요, 소아小我를 확대해서 우주아宇宙我에 일치시키려는 거대한 사상이라고 봅니다. 수기修己만 한다든지 진기盡己, 성기成己만 해서는 독선獨善이지 겸선兼善, 공선共善은 되지 못하는 것이 아닙니까? 자기를 완성한 다음에는 객체의 발전을 각각 이루게 하여야 된다는 것입니다.[236]

인용문에서도 감지하듯, 두계는 전통의 학문이자 전통의 교양인 유학 사상을 깊이 간직하면서 동시에 서양의 근대적 학문을 이해하였다고 볼 수 있다.[237]

---

236 이병도(1991), 263쪽.
237 위의 책, 189쪽.

(1) 유교의 근본사상

두계의 정의에 따르면, 유학은 인류사회의 평화와 질서 및 번영을 위하여 자못 적절한 진리를 내포하고 있다.[238] 무엇보다도 유학은 인간성, 즉 인도주의人道主義의 가치를 가장 먼저 발견하고 그 실천을 강조하였다.[239] 유학의 근본개념은 흔히 '인仁'이라고 하는데, 이를 간단히 해석하면 두 사람(二人)이다. 이는 부부夫婦를 염두에 둔 것이라고 하는데, 사랑이라는 뜻을 내포한다.[240] 두계는 사랑으로 요약되는 유교적 가치를 온전히 달성하려 할 때 타인의 힘에 의존하지 말고 스스로 노력하여야 마땅하다고 보았다.[241]

그는 서양의 인도주의와 비교함으로써 유학의 인도人道가 무엇인지를 명확히 정의하기도 하였다. 서양에서는 겸선兼善을 강조하여 동물에까지 인도가 미치기를 강조하는데, 유학자가 신봉하는 고매한 인도주의는 그 이상이라고 하였다. 즉, 유교의 인도주의는 종국적으로 "주관主觀 세계의 완성에서 전全 객관客觀 세계의 완성에까지 지향하는 것"[242]이라고 정의하였다. 요컨대 성리학은 객관적이고 우주 보편에 적용되는 완벽한 인도주의를 추구한다고 확신한 것이다.

(2) 유학사의 빛나는 별들

두계의 연구에 따르면 세종, 세조 및 성종 때는 조선의 문예부흥

238 이병도(1971), 114쪽.
239 위의 책, 117쪽.
240 위의 책, 117쪽.
241 위의 책, 118쪽.
242 위의 책, 119쪽.

기에 해당하였다. 문물이 고루 발달하여 태평성세를 이루었다는 평가이다.[243] 세종 이후 조선에서는 많은 인물이 쏟아져 나왔는데, 그 중 대표적인 선비로 조광조, 서경덕, 이황, 이이, 윤휴, 박세당, 김정희, 김정호 등이 있었다. 아래에서는 그들에 관한 두계의 견해를 지면 관계상 최대한 간략히 소개하겠다.

세종은 조선을 유교적 국가로 만드는 데 크게 이바지하였다. 특히 사학史學에 소양이 깊었고 견해가 높았는데, 조금이라도 사필史筆이 부정하거나 불공평하여 사실과 다름이 있으면 묵과하지 않았다.[244]

조선 전기의 문화적 융성기에 배출된 큰선비로는 개혁가 조광조가 대표적이다. 조광조는 '출치出治의 근본'(정치가 나오는 근본)은 바로 왕의 마음에 있다고 믿어 중종을 철인왕으로 만들고자 심혈을 쏟았다. 그는 철인哲人 군주론과 소인小人, 군자君子의 구별을 되풀이하여 강조하였다.[245]

16세기에는 학자들이 유난히 많이 나왔는데, 그중에서도 '조선의 주자朱子'라고 불리는 퇴계退溪 이황李滉이 가장 빛났다. 이황은 조정을 떠나 한가한 전원으로 돌아가 자연과 학문을 유일한 벗으로 삼아 고요히 진리를 탐색하여 정적靜的 세계를 발견하였다.[246] 퇴계의 벗인 하서河西 김인후金麟厚는 퇴계를 평하기를, "부자夫子(즉 이황) 영지수嶺之秀(영남의 수재) 이두문장李杜文章(이백과 두보의 문장) 왕조필王趙筆(왕휘지와 조맹부의 글씨)"이라고 하여 퇴계의 문필을 격찬

---

243 이병도(1975a), 241쪽.
244 이병도(1971), 354쪽.
245 이병도(1975a), 243쪽.
246 이병도(1971), 376쪽.

하였다.[247]

화담花潭 서경덕徐敬德 역시 당대의 거유巨儒였다. 후배인 율곡 이이는 옛 선비의 품격을 평하기를, 정암靜庵 조광조가 가장 높고 퇴계가 그다음이며 화담이 또 그다음이라고 하였다. 그중에서 정암과 화담은 자득自得(스스로 깨침)의 아름다움이 있는데, 퇴계는 주희에게 의양依樣(의지하고 본받음)한 장점이 있다고 하였다.[248]

(3) 율곡 이이의 경세론經世論

두계의 연구 내용을 보건대 그가 가장 깊은 애정을 느낀 조선 전기의 학자는 누구였을까. 아마 율곡栗谷 이이李珥일 것이다.

이이가 활동하던 때는 국가 경제가 파탄 나고 학문도 사변적인 이학理學에만 기울어지고 있던 시기였다.[249] 그러나 회생의 희망이 영영 끊어진 것은 아니어서, 위로는 선조의 학식이 풍부하였고, 아래로는 뛰어난 신하가 많았다.[250] 당시에 민생의 가장 고질적인 문제는 두 가지로, 공물 방납의 폐단이 하나요, 또 하나는 족징族徵, 인징隣徵이었다.[251] 이이는 이러한 현상을 타파하고 유자일류儒子一流의 이상세계를 건설하려고 노력하였다.[252]

이이는 항상 제도를 갱신하고 개혁하기를 주장하여 국가사회 및 민족을 부패에서 건지고 사회의 붕괴를 막으려고 동분서주하였

247 위의 책, 385쪽
248 위의 책, 398쪽.
249 위의 책, 388쪽.
250 위의 책, 421쪽.
251 위의 책, 425쪽.
252 위의 책, 389쪽.

다.[253] 이이는 사상적 기반도 넓어 일찍이 불서佛書를 읽어 고루한 선비와는 근본이 달랐다.[254]

그러나 선조 8년(1575)에 조정이 동인과 서인으로 갈라서고 나랏일이 날마다 기울었다. 실망한 율곡은 관직을 버리고 한양에서 멀리 떨어진 시골로 들어가 천석泉石(자연)에 은서隱棲(숨음)하였다.[255]

그런데 율곡의 사상적 지향점을 보면, 그는 왕이 철인의 수양을 쌓아 훌륭한 정치를 시행하는 이른바 왕도정치王道政治를 이상으로 삼았다. 그는 중종 때의 개혁가였던 정암 조광조와 유사하였고, 실제로 조광조를 본받으려 힘쓰기도 하였다. 이이는 선배 정치가로 조광조를 따랐고 선배 학자로 퇴계 이황을 숭배하였다.[256] 그러면서도 자신은 점진주의와 실천주의 노선을 걸으려 하였다.[257] 이이는 실사實事와 실용에 관한 학문에도 힘써 당면한 현실 문제인 민생, 재정, 국방, 교육, 사회 문제를 해결하려고 많은 정책을 개발하였고, 자신이 얻은 방책을 선조에게 누차 진언하였다.[258]

만약에 선조가 그러한 의견을 수용하여 일대 개혁을 단행하여 시폐時弊를 바로잡고 군사력을 키워 중흥을 이루었다면 임진왜란은 물론이고 병자호란의 치욕도 면할 수 있었을 것이다.[259] 두계는 몸소 일제강점기를 겪은 지식인이었으므로 이이의 실패가 더욱더 뼈

253 위의 책, 389쪽.
254 위의 책, 390쪽.
255 위의 책, 393쪽.
256 위의 책, 395쪽.
257 위의 책, 396쪽.
258 이병도(1975a), 244쪽.
259 위의 책, 245쪽.

저리게 다가왔을 것이다.

(4) 이이와 이황

이이의 선배인 이황은 나아가 벼슬하기보다 물러나서 입언수후立言垂後(저술 문자를 후세에 남김)하는 것이 선비의 본분이라고 주장하였다.[260] 하지만 이이의 생각은 달라서 입언수후가 유일한 사명이라고 보지 않았다. 이이는 선비가 온전히 사명을 완수하려면 수기修己는 물론이고 치인治人과 입언立言을 모두 실천해야 한다고 주장하였다.[261] 즉, 선비라면 겸선兼善에 힘써야 하며 정치를 등한하게 여기면 아니 된다고 부르짖은 것이다.[262] 이이는 겸선兼善(共善)에도 세 부류가 있다고 하면서 국정을 책임진 대신大臣과 실무에 능통한 간신幹臣 그리고 국가를 위해 몸 바친 충신으로 구별하였다.[263]

이황과 이이는 다른 학문을 대하는 태도에도 차이가 있었다. 이황은 평소 온후溫厚 관대寬大한 인품을 가졌으나, 유학 이외의 학문에 대해서는 지극히 각박하고 냉엄하였다.[264] 그러나 이이는 다른 학문에 대해서도 관용적인 입장을 취하였다.

(5) 조선 후기의 신경향

17세기 후반부터 조선의 유학자들은 종전과는 다른 학문적 태도를 보였다. 후세가 실학자라고 부르는 선비들까지도 나타났다. 새

---

260 李滉, 『退溪集』, 49권, 「李晦齋 行狀」.
261 이병도(1971), 397쪽.
262 위의 책, 418쪽.
263 위의 책, 420쪽.
264 위의 책, 398쪽.

로운 흐름을 나타낸 학자 중에서도 두계의 관심을 가장 많이 끈 이들은 백호白湖 윤휴尹鑴와 서계西溪 박세당朴世堂이었다. 그들은 반反주자학파의 2대 거벽巨擘이었다.[265]

유학의 새로운 흐름을 이어받은 학자가 여럿이지만 두계는 완당阮堂 김정희金正喜에게 큰 매력을 느꼈다. 김정희는 학예에 특출할 뿐 아니라 시사時事에도 통달하였다. 19세기 후반에는 서양의 함선이 조선의 바다에 자주 출몰하였는데 그때마다 조야朝野가 시끄러웠다. 그러나 김정희는 그러한 비겁함과 고루함을 비웃고, 사태를 냉정하게 판단하였다. 즉, "달리 깊이 근심할 필요가 없다. 근심은 서양 함선에 있는 것이 아니요, 우리가 공연히 소동을 일으켜 농사를 그만두고 숨어버리는 지경에 있다. 위로 방백方伯에서 아래로 주현州縣의 수령과 서리까지 덩달아서 하나도 백성을 어루만지고 진정시킬 뜻이 없다."[266]라고 하였다. 두계는 이런 점을 예로 들어, 김정희가 박학다식한 것은 물론이고 세상 이치를 달관하였다고 평가하였다.[267]

그 밖에 두계는 고산자 김정호에게도 깊은 애정을 느꼈다. 김정호라면 으레 지도를 만드는 데 독창적인 재주가 있었다고 알고 있지만 두계는 거기에 머물지 않았다. 그는 김정호가 『기하학원본』을 학습한 사실을 예로 들며, "이런 것을 보면 〔김정호가〕 서양사상의 영향을 받은 것이 많지요. 이렇게 〔서학의 수용이〕 차차 발전해 나가다가 중간에 딱 끊어지고 마는데 이것은 천주교 박해와도 깊은 관

265 이병도(1975a), 140쪽.
266 이병도, 『韓國儒學史』, 아세아문화사, 1987, 454쪽.
267 위의 책, 454쪽.

계가 있지요."[268]라고 말하였다. 두계는 19세기 후반의 조선 사정을 분석한 결과, 천주교 박해 사건이 되풀이되는 바람에 조선에서 서학의 흐름이 끊긴 사실을 안타까워하였다.

끝으로, 두계가 유학사 연구를 통해 한 가지 독특한 연구 결과를 얻었다는 사실을 강조하고 싶다. 그는 19세기 후반에 등장한 동학이 유학 및 천주교와 긴밀한 관계라는 점을 밝혀냈다. 알다시피 동학을 일으킨 이는 철종 때 경주 사람인 최제우다. 두계의 주장에 따르면, 최제우는 유교의 고급한 사상적 요소인 천인합일天人合一에 더하여 민간에 널리 유행하던 기도 방식을 가미해 동학을 만들었다.[269] 또 표면상으로는 서학(천주교)을 배척한다고 하였으나, 실은 천주교의 자극과 영향을 받아 성립된 종교라고 두계는 판단하였다.[270] 이와 같은 두계의 역사적 통찰은 후세에게 큰 가르침이 될 것으로 믿는다.

3) 두계가 소망한 유교의 혁신

두계가 유교적 전통을 무비판적으로 옹호한 것은 아니다. 그는 유교적 관습이 낳은 폐단도 정확히 알고 있었다. 예컨대 명절마다 온 국민이 가정에서 행하는 제사만 해도 허례허식이 극심하여 사회적으로 부작용이 크다고 지적하였다. 또 유교사상이 형식에 치우쳐 알맹이 없는 도덕규범이 적지 않았고, 족보를 지나치게 존중한 나머지 문벌門閥을 앞세우는 사회풍조가 등장하였다. 결과적으로 19

268 이병도(1991), 198쪽.
269 이병도(1975a), 246쪽.
270 위의 책, 246쪽.

세기에는 세도가문이 정치를 좌우하는 폐단을 낳았다.[271]

하지만 유교사회에 여러 가지 문제점이 있었다고 하더라도 유교의 중심적 가치관에는 보편타당성이 있다는 것이 두계의 신념이었다. 낡은 가부장적 윤리라고 비판하기 쉬운 충忠과 효孝라도 새롭고 넓은 의미에서 재해석한다면 도리어 세상에 유익한 것이라는 주장이었다. 즉 효를 가족에 대한 봉사와 협동정신으로 보고 충을 국가사회에 대한 봉사와 협동정신으로 이해한다면, 이것을 가부장적 윤리의 폐단이라고 비난할 수 없다는 것이다.[272] 이른바 유교의 도덕적 가치는 본질적으로 사랑인데, 구체적으로는 어버이에 대해서, 나라에 대해서, 그리고 친구에 대해서 사랑하기를 강조한 것이었다.[273]

오랜 세월이 흐르는 동안에 유교가 이미 낡아버렸다고 생각하지 말고 새로운 유교적 지향점을 발견하자는 것이 두계의 제안이었다. 유교야말로 인간성을 새롭게 자각하고, 인간의 존엄함과 인간다운 삶의 목적을 널리 밝혀, 전 세계 인류의 생활과 문화에 위대한 기여와 공헌을 하도록 힘쓰자는 뜻이었다.[274] 이쯤에서 우리는 두계가 곧 개신유학자였다는 사실을 재확인하게 된다.

17세기 이후에 유교는 서양 선교사를 통해 서양의 계몽사상에 영향을 주었다.[275] 두계는 그 점을 중시하고, 유교도 혁신 운동을 통해 거듭날 수 있다고 보았다. 새로운 눈으로 유교 경전을 자유롭게

---

271 이병도(1956), 31쪽.
272 이병도(1975a), 251쪽.
273 이병도(1991), 273쪽.
274 이병도(1971), 120쪽.
275 위의 책, 114쪽.

비판하고 해석하며, 유교 내부에서 혁신운동이 일어나야 된다고 주장하며, 그는 다음의 세 가지를 강조하였다.[276]

첫째, 유교 경전에 대한 자유로운 비판과 해석이 허락되어야 한다는 것이다.[277] 과거에 조선의 유교 또는 유학이 별다른 진보와 발달을 목격하지 못한 까닭은 경전에 관해 교조적인 해석에 갇혀 있었기 때문이다. 두계는 그러한 잘못을 일깨우며 장차 자유로운 비판과 토의가 일어나고, 독창적인 연구 분위기가 조성되기를 촉구하였다.[278]

둘째, 근대의 서양 철학과 마찬가지로 유교를 학문적으로 깊이 연구하여 체계를 세우자는 주장이다. 과거의 방식으로 유교를 연구하지 말고 새로운 학문적 방법을 바탕으로 분석하자는 견해이다. 유교에는 종교적 요소도 있고 정치사상적 요소도 있으며, 그 밖에도 극히 광범위한 내용이 담겨 있다.[279] 그러므로 현대 서양인들이 개발한 과학적 방법으로 유교를 분석하고, 또 서양의 각종 사상과 비교해 새롭게 연구하면 많은 성과가 기대된다는 것이었다.[280]

셋째, 유교 사상 중에서도 현대에도 불변의 가치를 가진 부분을 골라내어 현대 서양의 사상과 절충할 필요가 있다는 것이 두계의 판단이었다. 그는 유교의 현대적 변용이야말로 가장 중요한 과제라고 평가하였다.[281] 유교 사상 가운데서도 군주 중심의 봉건주의적

---

276 위의 책, 114쪽.
277 위의 책, 115쪽.
278 위의 책, 116쪽.
279 위의 책, 116쪽.
280 위의 책, 116쪽.
281 위의 책, 116쪽.

윤리라든가 이미 문제점이 드러난 허례허식 등은 과감하게 폐지하거나 제거하자고 하였다. 그 반면에 유교의 장점으로 손꼽히는 인도주의를 비롯하여 수양주의, 교화주의, 실천여행實踐勵行을 강조하면서 진보를 추구하는 학문적 성향은 높이 평가하고 실천에 더욱 힘쓰자고 하였다.[282]

이상에서 살핀 것처럼 두계는 궁행躬行(몸소 천함)의 유학자로서 동서고금의 지적 유산을 모두 존중하였다. 그는 유학의 바탕 위에서 근대화를 추구한 보기 드문 석학이었다. 세종과 조광조, 이이, 김정희 등의 지적 전통을 물려받아 범사에 실사實事와 실용을 앞세워 장차 한국이 가장 민주적이고 경제적으로도 성공한 문화국가로 자리매김하기를 바랐던 것이다.

5. 마치는 말: 요약과 전망

항간에는 두계를 일컬어 '친일파'라고 비방하는 이도 간혹 있으나 어불성설이다. 우리가 이 글에서 살핀 것처럼 그는 평생을 역사 연구에 바쳤는데 그것은 어찌해서든 잃어버린 나라를 되찾고, 문화적으로 융성한 근대국가를 만들기 위해서였다. 그러므로 그는 일제강점기에 총독부가 한국인에게 창씨개명創氏改名을 강요했을 때도 끝

282 위의 책, 117쪽.

까지 뜻을 꺾지 않았다.[283] 그 때문에 두계의 차녀 이운경은 불이익을 받기도 하였다. '창씨'를 하지 않았다고 하여 당사자의 성적이나 소망을 무시하고 한국인과 일본인이 공학共學하는 무학여고에 입학하도록 강요하였다.[284]

아래에서는 이 글의 각 장에서 다룬 바를 요약하고, 나아가 '두계학斗溪學'의 미래를 전망하고자 한다.

1) 요약

우리는 제1절에서 두계가 20세기를 대표하는 '태산북두泰山北斗'였음을 다방면에 걸쳐 확인하였다. 우선 그가 한국 역사학을 근대적 역사학의 반열에 올려놓았다는 점을 알 수 있었다. 두계는 탁월한 역사학자였을 뿐만 아니라 동서양의 고전을 깊이 이해한 이로 인문정신의 총화라고 불러도 손색 없는 지성이었다. 두계는 감히 누구도 따르기 어려운 광대한 학문적 토대를 가졌는데, 한국의 학자들이 세계 각국의 학자와 협동하고, 그런 가운데 근대적 학문을 발전시키도록 심혈을 기울였다. 두계는 그 자신이 탁월한 실증주의 역사학자였을 뿐만 아니라 문화 정책과 교육 행정 등 실무에도 밝았다.

제2절에서는 두계의 역사적 소명을 검토하였다. 그는 한국의 역사와 전통을 올바로 이해하기 위해 꾸준히 노력하였고, 그 결과 한국인의 몇 가지 중요한 특성을 발견하였다. 한국인의 이상이라든가 역사에 드러난 장단점이 바로 그것이었다. 두계는 이러한 역사

283 이운경(2020), 82쪽.
284 위의 책, 308쪽.

지식을 일반 시민과 지도층에게 정확히 알리는 데도 최선을 다하였다. 역사 연구는 사회 발전의 원동력을 제공할 때 비로소 사회적 책무를 다한다고 보았기 때문이다.

제3절에서는 두계가 당대의 현실 문제에도 깊은 관심을 가졌다는 점을 알아보았다. 그는 결코 상아탑에 안주하는 고답적인 역사 교수가 아니었으므로 국가와 민족의 당면과제를 직시하였다. 두계는 민족 분단과 통일 문제를 비롯해 여러 가지 현안에 관해 깊이 있게 분석하고 자신이 역사 연구에서 얻은 통찰과 지혜를 제공하였다. 그는 일제강점기의 뼈저린 아픔을 잊지 못했으므로, 한일 양국의 바람직한 미래를 열기 위해서도 적잖이 고심하였다.

끝으로 제4절에서는 두계다움의 본질이 유학의 현대화라는 그의 평생 화두에 있었다는 사실을 재발견하였다. 그는 유교의 역사적 과오를 정확히 지적하는 한편, 다른 한편으로는 전통 사상인 유학에는 미래의 인류사회를 위한 희망의 싹이 숨어 있다고 판단하였다. 그리하여 유교 경전에 대한 자유로운 비판과 새로운 해석의 필요성을 강조하였고, 유교를 과학적으로 체계화하는 데 관심을 가졌다. 아울러 유교 사상 중에서 미래 가치가 있는 부분에 주목하여 근대의 서양 사상과 융합하기를 권장하였다.

이상에서 설명한 것처럼 두계는 전통 사상인 유학의 토대 위에 장차 근대적 학문을 꽃피우고자 평생을 바쳤다. 그의 탁월한 재능과 헌신적인 노력에 힘입어 현대 한국의 문화적 성취가 가능하였다고 보아도 지나친 말이 아니다.

2) '두계학'의 미래 전망

두계가 이룩한 학문적 성취와 그가 염원한 문화 한국의 미래를 앞당기려는 노력이 있어야 할 것인데, 필자는 이를 '두계학'이라고 부르고자 한다. 돌이켜 보면 구십 평생에 걸쳐 그가 우리 사회에 끼친 공적은 매우 뚜렷하였다. 그러므로 두계를 존경하는 역사가의 한 사람으로서 감히 다음의 세 가지를 제안하고자 한다. 필자의 단견短見을 질타하고 바로잡는 가운데 해당 분야에 관한 논의가 활발해지기를 희망한다.

첫째, 역사가로서 두계는 탁월한 실증주의자였다. 그의 사료 비판은 엄격하면서도 사료의 행간을 읽어 새롭고 독특한 역사상을 형성하는 토대가 되었다. 더구나 노년에는 '총체사'라고 불리는 새로운 사회사 연구를 지향하였다. 이미 노령이었던 두계가 총체사의 서술을 직접 시도할 겨를은 없었으나, 그가 도달한 역사 인식은 동시대를 훨씬 앞서 있었다. 그런 점에서 두계의 실증사학을 포함해 동서양의 사학사를 한층 더 깊이 연구할 계기가 마련되기를 소망한다.

둘째, 두계는 청년 시절부터 영어, 불어, 독일어 등 서구의 언어를 무기 삼아 자신의 교양을 전방위적으로 확대·심화하였고 동양의 지적 전통에도 조예가 깊었다. 그는 광대무변廣大無邊한 학문적 토대 위에서 동서양의 여러 석학과 활발히 교류하였다. 그 시절은 아직 '세계화'의 바람이 일어나기 한참 전이었으나, 두계는 '세계인'으로서 동서양의 문화를 호흡했던 것이다. 만약 우리가 두계가 물려준 학문의 전통을 계승하기에 힘쓴다면 과연 어떻게 하는 것이 좋을까. 학자 개인의 입장에서든, 학술기관의 처지에서든 깊이 유념할 바가 있을 것이다.

셋째, 두계는 유학의 일대 쇄신과 현대화를 소망하였다. 오늘날 유학을 새로운 방법으로 연구하는 흐름이 분명히 존재하지만, 아직도 서양사상과의 융합이라든지 과학적 연구 방법의 확립이라는 면에서는 부족한 점도 상당히 많을 것으로 짐작한다. 만약 두계가 우리와 함께 오늘을 살고 있다면 그는 유학의 외연을 크게 확장하여 사서삼경四書三經의 테두리를 벗어날 것도 같고, 서양 철학과의 관계도 새롭게 정립하려고 노력하지 않을까 짐작한다.

요컨대 지금 우리는 20세기의 거성巨星 두계를 이따금 기리는 것으로 만족할 일이 아니다. 그의 뜻을 되살려 미래의 연구 과제를 힘껏 개발함으로써 우리 세대의 지적·문화적 토양을 더욱더 기름지고 풍성하게 가꾸는 데 많은 노력을 기울여야 마땅하겠다.

참고문헌

『民族文化』 제11집, 민족문화추진위원회, 1985.
『社會科學』 제1호(1957), 제2호(1958), 한국사회과학연구회.
李丙燾, 『國史와 指導理念』, 일조각, 단기 4288년(1955)
이병도, 『내가 본 어제와 오늘』(박영문고 60), 박영사, 1975.
이병도, 『斗溪雜筆』, 일조각, 단기 4289년(1956).
이병도, 『斗室餘滴』, 박영사, 1975.
이병도, 『成己集』, 정화출판문화사, 1983.
이병도, 『新修 國史大觀』, 보문각, 단기 4290년(1957).
이병도, 『풀뭇간의 쇠망치』, 휘문출판사, 1971.
이병도, 『韓國儒學史』, 아세아문화사, 1987.
이운경 외, 『두계 가족 이야기: 斗溪 李丙燾 박사 추념 가족 글 모음』, 지식마을, 2020.
진단학회 편, 『歷史家의 遺香: 斗溪 李丙燾 先生 追念文集』, 일조각, 1991.

정치발전론의 시각에서 해석한 두계의 학문과 교육

노찬백

1. 두계와 사회과학

그동안 역사학계를 중심으로 두계斗溪 이병도李丙燾(1896~1989) 선생의 연구 업적과 사관史觀에 대해서 많은 연구가 있었다. 학술 자료의 연구, 서술과 평가에 있어서 과학성과 엄격성을 중시했던 두계의 학풍을 생각한다면 조심스러운 측면도 있지만, 한편으로 그의 방대한 학문 세계를 다양한 관점에서 이해하려는 노력도 필요하다고 여겨진다. 그런 시도로서 '사회과학social science'의 관점에서 두계를 새롭게 조명해 보는 글을 쓰게 되었다. 그러면 역사가인 두계가 어떻게 사회과학과 연결될 수 있는가?

두계가 사회과학 관련 학술단체의 활동을 주도했다는 오래된 학술 자료가 남아 있다. '한국사회과학연구회韓國社會科學研究會'에서 1957년 10월에 『사회과학社會科學』[1]이라는 학술지를 발간했는데, 이 연구회의 회장은 이병도(역사학)이고 상임위원은 신태환(경제학), 홍이섭(역사학), 신기석(정치학), 이건호(법률학), 변시민(사회학) 등이었다. 어느 학술단체에서나 회장의 역할이 중요한데, 역사학자가 사회과학 학술단체의 회장이 되어 이를 주도했다는 사실이 특별하다. 이 학술단체에서 발행한 『사회과학』 제1호(창간호)에는 다섯 편의 논문이 게재되었다.[2] 그중에 「고려말기高麗末期의 대

1 韓國社會科學研究會, 『社會科學』 第1號, 檀紀 4290年(1957) 10月 發刊.

2 『社會科學』 제1호에 게재된 다섯 편의 논문은 「高麗末期의 對日關係: 麗末倭寇에 關한 研究」(申基碩), 「星湖 李瀷 研究」(韓沽劤), 「韓國의 인프레-슌과 農家經濟

일관계對日關係」(신기석), 「성호星湖 이익李瀷 연구研究」(한우근), 「조선면업정책李朝綿業政策의 변천과정變遷過程」(고승제) 등 세 편의 논문은 지금의 학문 분류에 따르면 한국사 분야에 속한다. 이에 더하여 사회과학에 관련된 네 권의 구미歐美 도서에 대한 서평도 게재되었다.[3] 두계가 회장을 계속 맡았던 1958년에 발간된 『사회과학』 제2호에도 한국사 관련 논문 세 편[4]이 게재되었고, 제1호와 마찬가지로 외국의 학술서에 대한 상세한 서평이 게재되었다.[5] 이처럼 역사학자인 두계는 왜 사회과학 관련 학술단체의 대표가 되었고, 한국사 관련 논문을 '사회과학'이라는 제목의 논문집에 게재하게 했는가?

1948년에 간행된 『사회과학대사전社會科學大辭典』[6]은 그 내용으로 보아 유물사관 또는 사회주의적 경향에 근거하여 집필된 것으로 보인다. 이 사전의 끝부분에는 '사회운동일지'가 1920년 4월부터 1930

에 關한 分析」(劉鎭舜), 「李朝綿業政策의 變遷過程」(高承濟), 「都市學生의 職業觀念: 社會的 照査研究」(李萬甲) 등이다.

3 『社會科學』 第1號 書評. 「H. E. Barnes: An Introduction to the History of Sociology」(邊時敏 서평); 「N.S.Timasheff: Sociological Theory, Its Nature and Growth」(李萬甲 서평); 「James Maritain: Man and State」(白相健 서평); 「Charles Haguenauer: Origines de la Civilisation Japonaise-Introduction à l'etude de la prehistoire du Japon」(李基文 서평).

4 「閑人考: 高麗初期의 地方統制에 關한 一考察」(千寬宇), 「新羅 惠恭王代의 政治的 變革」(李基白), 「李朝綿業의 衰頹過程」(高承濟).

5 『社會科學』 제2호(1958年 3月)에는 다섯 편의 국문 논문과 한 편의 영문 논문이 게재되어 있다. 그 논문들은 「刑法 第十三條와 目的行爲論」(李建鎬), 「閑人考: 高麗初期의 地方統制에 관한 一考察」(千寬宇), 「Korea's Contacts with "The Western Regions" in Pre-Modern Times」(Koh Byong-ik), 「新羅 惠恭王代의 政治的變革」(李基白), 「李朝綿業의 衰頹過程」(高承濟), 「韓國政黨의 性格糾明」(趙孝源) 등이다.

6 李錫台 篇, 『社會科學大辭典』, 文友印書館, 1948.

『사회과학』 제1호

『사회과학』 제2호

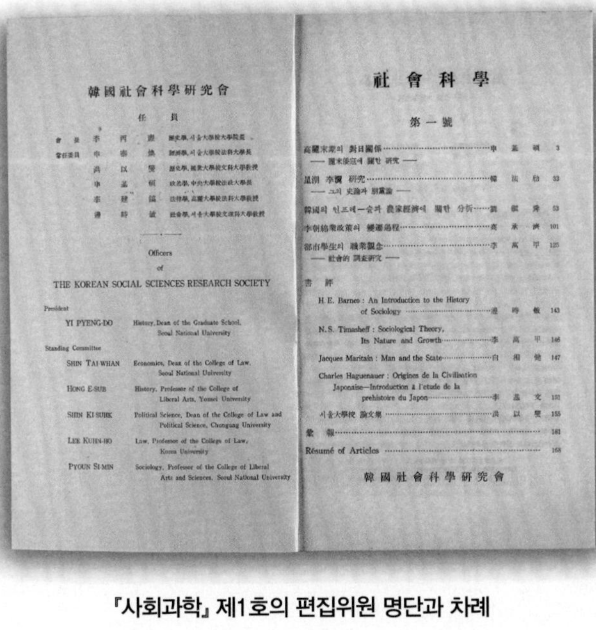

『사회과학』 제1호의 편집위원 명단과 차례

년 12월까지 날짜별로 상세하게 기록되어 있는데, 이 사전에서 표방하는 '사회과학'이란 지금 일반적으로 말하는 사회과학과는 분명히 다른 것이었다. 그렇지만 1954년에 발간된 『사회과학사전社會科學辭典』[7]에는 이 사전을 감수한 세 명의 명단에 두계가 포함되어 있다.[8] 앞에서 언급한 사회주의 계열의 『사회과학대사전』과 달리 이 사전은 일반적으로 사회과학에서 주로 사용하는 용어를 설명하는 사전으로 편집되었다.[9] 이렇게 공통적으로 '과학적' 연구를 표방하고 동일하게 '사회과학'이라는 용어를 사용하면서 좌우로 갈라진 당시 학계에서 역사학자로서 두계가 융합하고자 했던 '사회과학'의 경향이 어떤 것이었는지를 짐작할 수가 있다.

두계의 사회과학에 대한 관심과 경향을 파악할 수 있는 단초는 그의 대표 저술인 『국사대관國史大觀』의 시작이라고 할 수 있는 『조선사대관朝鮮史大觀』(1948)에서 볼 수 있다. 그는 이 책의 서술을 "역사歷史는 과학科學이다."라는 조금 과격한 문장으로 시작한다. 그 후 1년 만에 이 책의 제4판을 내면서 서명을 『국사대관國史大觀』

7 尹景燮(發行人), 『社會科學辭典』, 宣文社, 檀紀 4287年(1954).

8 이 사전의 표지 상단에 監修 3인("文學博士 李丙燾, 國立서울大學校 法科大學長 高秉國, 中央大學校 經商大學長 崔虎鎭")과 추천 3인(俞鎭五, 陳承錄, 吳宗植)이 나열되어 있다.

9 "本書는 敎育法施行令에 規定된 社會科學系의 一般敎養科目 중에서 政治學, 法學, 經濟學, 社會學, 哲學 等을 中心으로 가장 主要하다고 생각되는 것을 收錄한 것이다." 『社會科學辭典』, 5쪽. 한편 이 사전의 내용은 대부분 사회과학 관련 용어와 인물에 대한 설명이지만 甲申政變, 甲午更張, 史禍 등 역사적 사건, 檀君, 栗谷, 李瀷, 丁若鏞, 孫秉熙 등 韓國史 관련 인물에 대한 설명이 있는 것이 특징이다. 앞서 소개한 사회주의 계열의 『社會科學大辭典』의 차례를 보면 李瀷, 丁若鏞에 대한 설명이 있고 1948년에 간행된 사전인데 1947년에 피살된 呂運亨에 대한 항목이 있는 것이 눈에 띈다.

(1949)으로 변경했고, 이 책은 “사람의 고귀高貴한 점은 문화文化의 창조創造와 진보進步에 있다.”[10]라는 문장으로 시작한다. 그 후 지속적으로 수정 보완되고 개정된 『국사대관』의 ‘역사연구의 대상과 목적’에 관한 서술에 문화와 가치value의 중요성을 강조하는 설명이 추가되었고, 그 표현 또한 약간 완화되었지만 근본적으로 사회과학적 관점은 일관되게 내재되어 있었다.[11]

1950년대 구미의 정치학계에서는 국가의 법, 행정, 통치구조, 정치윤리에 집중하는 정적靜的인 연구 경향에서 탈피하여 인간의 역동적인 정치 활동을 연구하겠다는 행태주의Behavioral approach가 유행했다.[12] 인간의 정치 활동도 자연과학적 물체things처럼 간주하여 가치 중립적으로 연구해야 한다는 경향이 나타났다. 이 시기의 정치학자들은 수학, 심리학, 사회학, 생물학 등 자연과학의 여러 학문을 정치학에 통합적으로 받아들이면서 인간의 활동에 관한 인과관계를 과학적으로 서술하고 정확하게 예측하려는 강력한 학문적 의욕을 갖고 있었다. 다른 한편으로 이와 병행하여 정치학은 본질적으로 인간의 활동을 연구대상으로 삼으므로 인문학적 가치라는 측면을 고려해야 한다는 여론도 있었다. 이러한 견해를 종합 수렴하면서 정치학에서 과학적 행태주의가 점차 수정되어 가면서 발전

10 이병도, 『國史大觀』, 同志社, 檀紀 4282年(1949) 12月, 1쪽.

11 두계는 「大學을 가려는 젊은이들에게」라는 글(1963)에서 다음과 같이 말하였다. “眞理와 法則은 現象에 나타나지 않고 自在해 있습니다. 이 보이지 않는(無) 속에서 보는 것(有)이야말로 바로 眞理探求입니다. 그러므로 실상은 全無나 眞無에서 有를 찾는 것이 아니라 假無에서 有를 찾는 것입니다. 人文科學이나 自然科學도 마찬가지인 줄 압니다. 첫 階段은 현상 파악입니다. 이같이 reality를 잘 觀察하는 것이 學問의 階段이 되는 것입니다.” 『斗室餘滴』, 博英社, 1975, 201쪽.

12 申正鉉, 『政治學: 科學과 思惟의 전개』, 法文社, 1993, 111~127쪽.

했다.

두계도 1950년대와 1960년대에는 역사학 연구에서 그러한 과학적 연구 방법에 대한 확신을 표명했으나 점차 이를 완곡하게 수정해 나갔다. 그렇지만 그는 역사학자로서 과학적 연구 태도에 입각하여 정확하고 엄격하게 문헌과 자료를 대한다는 의지를 여전히 가지고 있었다. 그의 이러한 연구 경향이 그가 역사학을 사회과학과 협력해야 하는 분야로 보게 했던 것으로 여겨진다. 이러한 의지는 앞서 소개한『사회과학』제1호 편집후기에서 두계가 이러한 사회과학적 학술활동의 목적이 "오로지 우리 한국의 현실과 전통을 과학적으로 인식하자는 데 있으며"[13]라고 천명한 말에서도 거듭 확인된다.

현재 정치학 분야에서는 수학, 통계학의 기법을 중시하는 경향도 있지만, 동시에 한국의 역사, 문화, 철학에 관한 자료를 정치학의 관점에서 연구하는 경향도 함께 발전하고 있다. 그러면서 그동안 역사학의 연구대상이었던 조선시대의 정치와 사상에 관하여 상당한 연구 성과를 얻게 되었다.[14] 비단 정치학뿐만 아니라 행정학, 경제학, 사회학 분야에서도 역시 마찬가지로 국사학계의 기존 학술 성과를 활용한 연구가 활발하게 진행되고 있다. 이렇게 사회과학 분야에서 역사학의 학술적 성과를 활용하는 경향과 학문적 협동에

---

13 韓國社會科學硏究會,『社會科學』第1號, 檀紀 4290年(1957), 10月, 143쪽, 斗溪의 編輯後記.

14 정치학 분야에서 그런 연구를 전문으로 하는 학회로 한국동양정치사상사학회, 한국정치외교사학회가 있고 한국정치사상학회는 한국과 서양의 정치사상을 전문으로 다루는 학술지를 발간하고 있다. 행정학 분야에는 한국행정사학회, 한국행정학회 행정사연구회가 있다.

관해서는, 위의 사례에서 보듯이, 두계는 분명 선구적인 역할을 담당했다고 할 수 있다. 서로 다른 학문을 하는 학자들이 만나고 협동하는 통합적인 연구 분위기가 지금 더욱 필요하다는 생각이 든다.[15] 정치학 분야를 사례로 본다면, 현대 정치학에서 선거와 투표에 관한 연구에서는 정교한 수학적 통계 기법들이 더욱 중시되어 지금이 분야의 정치학은 수학이라고 해도 과언이 아닐 정도가 되었다. 그렇지만 이와 동시에 정치이론과 정치사상, 정치사, 정치철학 분야에서는 서양의 그것을 주된 연구대상으로 하던 것에서 점차 조선시대의 사상과 역사를 정치학적 개념으로 분석하는 경향도 발전하고 있다.

두계가 한국전쟁 기간 중 서울대학교 도서관장으로서 규장각 도서 가운데 『조선왕조실록』, 『승정원일기』 등 귀중 도서를 부산으로 피난시킨 일은 잘 알려져 있다.[16] 그때 두계가 맡았던 중요한 역할은 '대한민국국방부정훈국전사편찬회大韓民國國防部政訓局戰史編纂會'의 위원장으로 활동하면서 방대한 분량의 『한국전란이년지韓國戰亂二年誌』(1951년 7월 1일~1952년 6월 30일) 발간을 주도했다는 것이

15 현재 '(사)한국사회과학협의회'라는 학술단체가 있는데 그 연혁을 보면 "1976년 4월 1일 한국사회과학협의회 설립. 1976년 4월 제1대 고병익 회장 취임"이라고 되어 있으나 그 이후에 역사학자가 회장에 취임한 적은 없다. 협의회 구성에 있어서도 정치학, 경제학, 행정학, 교육학, 사회학, 인류학, 사회복지학, 심리학, 언론학, 여성학 등 "15개의 주요학회가 참가"하고 있으나 역사학 관련 단체는 없다(http://www.kossrec.org). 이렇게 역사학이 사회과학 분야와 결별한 데에는 사회과학 분야에서 계량적·수학적 분석 경향이 강화된 것이 한 요인으로 작용했을 것이다.

16 한영우, 「이병도-문헌사학의 정통」, 최종고 외, 『상아탑을 쌓아라: 서울대 학문의 개척자들』, 경인문화사, 2019, 71~72쪽.

『한국전란이년지』

다.[17] 이러한 활동은 두계가 한국전쟁 과정에 참여했음을 의미하며, 역사학자로서 이념적으로 대한민국 체제에 대한 지지와 수호의 뜻을 분명하게 표명한 행동이었다.[18]

1951년 10월에 쓴 「민족정기론民族正氣論」[19]이라는 글에서 두계는 한국전쟁에 대해 "오늘의 전쟁이야말로 누구보다도 우리가 바야흐로 사느냐 죽느냐, 우리의 민족民族 국가國家가 일어나느냐 쓰러지느냐의 생사生死 흥망의 관두關頭에 선 심각한 전쟁이다. 이 민족적 국가적 위기에 처하여 이것을 타개하고 극복할 유일한 무기는 오직 공명정대公明正大한 민족정기民族正氣의

17 두계는 『韓國戰亂一年誌(1950-1951)』, 『韓國戰亂二年誌(1951-1952)』, 『韓國戰亂三年誌(1952-1953)』의 編纂委員長을 담당하였다. 一年誌 副委員長은 金庠基, 二年誌와 三年誌 副委員長은 李寬求가 담당하였다.

18 두계가 1982년 2월 『國會報』에 게재한 「時事雜論」에 이런 내용이 있다. "요즈음의 周邊情勢를 살펴보면 共産主義는 斜陽길에 들어섰다고 보아야 하겠다. 歷史의 發展樣相은 閉鎖에서 開放으로, 獨裁에서 民主主義로, 不自由에서 自由로 흐르고 있는데, 共産主義는 이를 逆行하고 있으므로 그 生命이 오래가지 못할 것은 뻔한 일이다. 그래서 그것이 자꾸 變質되어 감을 볼 수 있다." 이병도, 『成己集』, 正和出版文化社, 1983, 266쪽.

19 『斗溪雜筆』에 수록된 「民族正氣論」은 『戰時科學』 第2號 10月號(1951. 10)에 게재된 것이라는 설명이 부기되어 있다. 이병도, 『斗溪雜筆』, 一潮閣, 1956, 105~112쪽.

『한국전란일년지』

『한국전란삼년지』

맹렬한 발동發動에 있는 것이다."[20]라고 역설했다.

이 전란戰亂은 실상 자유주의自由主義 대對 적색제국주의赤色帝國主義의 큰 전쟁戰爭이므로 비단 한국韓國뿐만 아니라 온 자유국가自由國家의 진영이 소련공산蘇聯共産 뿔럭에게 먹히느냐 않느냐의 흥망관두興亡關頭에 선 세계사적世界史的 의의意義를 지니고 있는 것이다.[21]

두계의 이러한 의식과 발언을 고려한다면 역사학자로서 두계가 생각하는 '사회과학'이라는 개념은 유물사관에 입각한 사회주의적 용어가 아니라 인간을 대상으로 하는 학술활동에 과학적 연구 방법을 적용하려는 일반적인 사회과학적 학문적 경향을 의미하는 것이

20 이병도, 『斗溪雜筆』, 111~112쪽.
21 이병도, 『國史와 指導理念』, 一潮閣, 檀紀 4288年(1955), 59쪽.

었음을[22] 거듭 확인하게 된다. 그렇다면 두계의 학문에 스며든 사회과학의 경향을 어떻게 파악할 수 있을까? 그리고 두계 연구에서 이런 차원의 분석은 왜 필요할까?

『국사대관』의 결론 부분을 보면, 두계는 국가의 통합성을 강조하면서도 동시에 개인의 자유와 다양성을 아울러 강조하는 자유주의 국가관을 가지고 있음을 분명히 알 수 있다.[23] 역사가라면 나름대로 자신이 이상적으로 생각하는 국가관에 입각하여 역사를 서술하기 마련이다. 그 역사가가 가진 국가관의 정체성을 정확하게 이해해야 그가 역사를 서술 평가하는 경향성의 특징을 파악할 수 있다. 앞으로 두계 연구에 있어서 정치학 분야에서 접근한다면 '두계의 국가론'이 중요한 연구 주제가 될 것으로 생각한다.

또한 두계가 역사가인 만큼 민족 개념을 어떻게 생각했는지를 파악하는 것이 중요하다. 민족이라는 개념은 그 내포內包가 다양한데, 두계는 이를 어떻게 이해하고 한국의 역사를 서술했는지를 살펴보아야 한다. 민족이라는 개념을 분석할 때에는 사회과학적 관점

---

22 唯物史觀의 관점에서 서술된 『社會科學大辭典』(文友印書館)의 '社會科學' 항목을 보면, "社會科學이란 社會科學의 合法則性(이것은 客觀的으로 存在한다)을 究明하는 科學이고, 그것은 社會現象의 種別에 따라 經濟學, 政治學, 法律學 등에 나뉘이고, 또 그들의 史的研究인 經濟史, 政治史 等을 包含한다."라고 하면서 이런 "社會科學의 合法則性"을 否認하는 論點에서는 (1) "社會現象은 自然現象에 비해 複雜多岐하다"는 점, (2) "社會現象의 成立에는 人間의 意志, 個性이 參加한다"는 점, (3) "自然法則은 永久的인 法則이지만 社會法則은 歷史的法則인 點에서 兩者는 區別된다는 점을 論據로 삼는다."라고 설명한다. 『社會科學大辭典』, 306~307쪽, '社會科學' 항목.

23 국가와 개인의 관계에 대한 두계의 생각은 『國史大觀』의 결론에 해당하는 부분에 상술되어 있다. 그의 국가관은 정치공동체를 중시하면서도 또한 自由主義, 多元主義를 전제로 한 것이다.

이 유용하다. 두계는 사회과학적 관점에서 민족과 국민의 차이에 대해 서술한 적이 있었고,[24] 또한 역사학자로서 민족에 대해 정치精致한 이론을 가지고 있었다. 이러한 두계의 민족에 대한 이론은 그 핵심에 합리성과 포용성이 전제되어 있는데, 그런 민족 개념이 자유주의 국민 국가 이론을 구성하는 데 부합한다는 점이 중요하다. 이런 점에서 '두계가 강조하는 민족' 개념에 대한 연구도 심층적으로 진행될 필요가 있다.

결국 민족과 국민 그리고 국가라는 개념은 역사학자와 정치학자가 공통적으로 관심을 갖는 연구 주제인 만큼 두계를 연구함에 있어서 두 학문 사이의 협동적 연구가 절실하다. 이렇게 협력해야만 두계의 학문에 대한 정확한 이해에 도달할 수 있다. 다만, 두계 학술의 본령이 역사학이기 때문에 역사학계가 주도적인 역할을 해야 할 것이다. 이처럼 사회과학적 관점에서 두계를 보는 것도 그의 역사관 이해에 일조할 수 있을 것으로 기대한다. 이 글에서는 두계 연구를 위한 사회과학이나 여타 분야에서 찾을 수 있는 유용한 접근법과 개념을 제안하고, 이어서 두계의 민족과 국가 개념의 특징을 살펴보려고 한다. 그러면서 두계가 우리의 역사 연구를 통해서 찾아낸 중심적 가치가 무엇이었는가에 대해서 서술하려고 한다. 그러므로 이 글은 한 편의 단일 논문이라기보다는 두계에 관해 사회과학 분야에서 참고 의견을 내는 일종의 연구 제안서라고 할 수 있다.

24 이병도, 『斗溪雜筆』, 105~107쪽.

2. 두계와 유학

역사학 분야에서 일반에 잘 알려진 두계의 연구 업적은 대표적인 국사 교과서라고 할 수 있는 『국사대관』이다. 이와 더불어 두계가 역주한 『삼국사기』와 『삼국유사』는 1950년대부터 1970년대까지의 학생들에게는 역사학 전공이 아니어도 필수적인 교재였다. 두계의 이런 저술만을 기억하는 사람이라면 두계를 역사학자로 생각한다. 그렇지만 두계가 지금의 학문 분류상 철학 영역이라고 할 수 있는 유학儒學의 학설사를 저술한 것 또한 주목할 필요가 있다.

두계가 태어난 1896년에 조선의 국운은 쇠퇴하고 있었지만 유학의 학술은 여전히 발전하고 있었다. 1910~1920년대에 이르러서는 활판 인쇄로 간행된 현대적인 사서삼경의 교재들을 일반인이 구할 수 있었고, 근대적 교육 기관에서도 『논어』, 『맹자』를 교양으로 교육했다. 그 시대에는 두계가 "그들의 학문과 기상은 천 길의 절벽을 대한 듯하다."라고 칭송했던 간재艮齋 전우田愚(1841~1922) 선생과 면우俛宇 곽종석郭鍾錫(1846~1919) 선생이 활약했다.[25] 이들은 여전히 이理와 기氣에 대한 토론을 지속하며 조선의 유학을 이끌었다. 이러한 시대에 젊은 시절을 보낸 두계는 근대적인 학문을 하면서도 어릴 때부터 시작한 한문과 유학에 대한 학습을 중단하지 않았다.

두계의 『한국유학사韓國儒學史』의 원본은 순한문으로 간행된 『자료資料 한국유학사초고韓國儒學史草稿』인데, 1959년에 서울대학교

25 退栗의 학문을 각각 계승한 艮齋와 俛宇 두 분의 主氣와 主理에 대한 서술이 두계의 『韓國儒學史』, 亞細亞文化社, 1987의 마지막 부분이다.

문리과대학 국사연구실에서 낸 것으로 되어 있다. 이 책은 손으로 직접 쓴 유인본油印本으로, 삼국시대부터 1920년대까지 유학의 개념과 학설 변천을 시대별 또는 학자별로 서술한 관념적인 철학서이다. 역사학이라고 하면 대체로 실록實錄과 같은 역사적 사실에 관한 사료史料를 주로 취급하는 것으로 알고 있는 일반인에게 이 책은 역사 연구에서 철학적 지식도 겸비해야 함을 알게 해주는 저술이다. 또한 이렇게 난해한 철학서가 당시 국사학과의 학습 교재였다는 사실이 놀랍다.

『자료 한국유학사초고』

이 책은 나중에 활자본으로 순한문 그대로 『한국유학사략韓國儒學史略』이라는 제목으로 간행되었고, 다시 그것을 최종적으로 1987년에 한글로 낸 『한국유학사韓國儒學史』라는 책을 지금의 독자들이 이용하고 있다.[26] 이 책은 유학을 전공하는 철학과 연구자들은 물론

26 두계의 『韓國儒學史』에 대한 姜晉哲 선생의 상세한 서평 「斗溪先生의 稟性과 學問의 一面」이 1988년에 『歷史學報』 118집에 게재되었고 그것이 『歷史家의 遺香』(一潮閣, 1991)에 실려 있다(120~129쪽). 그중에 두계의 유학사 저술이 나온 과정이 상세히 설명되어 있다. "李박사의 儒學史는 이번에 初刊된 것이 아니라 옛날에 未定稿本(漢文本)으로 나온 것을 다시 改修 補完해서 定稿本으로 고친 것이다. 序言에서 보는 바와 같이 저자가 이 저술의 원고를 시작한 것은 지금으로부터 반세기 전인 1930년대—저자의 나이 40대의 일이었다고 한다. 일제치하의 그 어려운 연구조건 아래서 저자는 奎章閣에 소장된 諸家의 文集을 열람하고 先

정치학, 행정학 분야의 연구자들도 주로 조선시대의 성리학 이론과 정치사상을 알기 위해 참고하고 있다. 조선의 건국이 이념적으로 성리학 이론에 입각하여 주도되었다고 하는 말이 있는데, 일면 보수적인 성리학의 어떤 요소가 정치 변혁의 근거로 작용했는지를 알기 위해 여말선초麗末鮮初를 연구하는 학자들이 더욱 두계의 이 책을 정독하고 있다. 삼봉三峯 정도전鄭道傳에 관한 서술 부분을 보면, 그의 성리학적 인식이 반영된 저술로는 「불씨잡변佛氏雜辨」, 「심기리편心氣理篇」, 「심문천답心問天答」 등이 있지만, 삼봉의 성리학 이론에 관한 저술로 알려진 「학자지남學者指南」은 일실逸失되어 그 내용을 알 수 없다고 한다.[27] 그런데 두계는 이 책의 일부를 권근權近의 『입학도설入學圖說』에서 찾아내서 소개하고 그 특징을 서술했다. 『입학도설』 후집後集 서두序頭에 나오는 〈십이월괘지도十二月卦之圖〉를 정도전이 작성했다고 설명했으며, 실제로 이 도표의 뒷면에 정도전이 이를 작성했다는 기록이 있다.[28]

儒들의 傳記와 學說을 抄出하는 작업을 계속하면서 韓國思想史硏究에 몰두했다. 해방 당시에 이미 거의 다 정리가 되어 있던 儒學史硏究의 원고를 저자는 1959년에 「資料 韓國儒學史草」(등사본 100부)라는 형태로 출간했다. 이리하여 儒學史는 세간에 첫 선을 보이게 되었는데, 그후 이 草稿에 다소 손질을 해서 『韓國儒學史略』(漢文本, 1986)이 나왔고, 마침내 이번에는 더욱 체제를 갖추어 定稿本의 刊行을 보게 되었다. 50여 년 전에 쓰기 시작한 원고가 이제야 定稿本으로 발간되기에 이르렀다는 사실 하나만으로도 저자가 얼마나 周到한 用意를 이 저술에 기울였는지 가히 짐작할 수 있을 것이다"(121~122쪽).

27 한영우, 「해제」, 민족문화추진회 역, 『국역 삼봉집』, 민족문화추진회, 1977, 19쪽.

28 이병도, 『韓國儒學史』, 107~109쪽. 이 圖說은 『斗溪李丙燾全集 제9권 朝鮮時代의 儒學과 文化』 370쪽(원전은 『白性郁博士頌壽紀念論文集』, 1959)에 설명되어 있다. 이에 대한 상세한 설명은 부남철, 「정도전의 꿈과 정치」, 박홍규 외 5인 공저, 『정도전의 꿈과 종로: 과거와 미래의 만남』, 신서원, 2025, 14쪽 참고.

정도전에 관한 근대적 연구는 진단학회의 『진단학보震檀學報』 제2권(1935년 4월)과 제3권(1935년 9월)에 정도전에 관한 논문이 게재되면서 시작되었다.[29] 그러면서 1973년 11월에 국사학계에서 정도전의 정치사상을 본격적으로 세상에 알린 『정도전사상鄭道傳思想의 연구硏究』(한영우)가 간행되었을 때 정치학계에서는 경이로운 눈으로 이 저술을 주목했다. 그 후 정치학과에서 정도전에 관한 다수의 저술과 논문이 나왔지만 조선시대의 정치사상 연구를 촉발한 것은 국사학과였다. 이런 학문적 역량은 어디에서 비롯되었을까? 이에 대한 하나의 대답은 두계의 『자료 한국유학사초고』를 가지고 공부할 수 있었던 국사학과의 종합적 교육과정이었을 것이라고 짐작된다.

두계의 『국사대관』을 보면, 한국사 연구에서 정치이념과 정치체제, 행정조직, 지방행정, 특정 집단의 정치적 경쟁과 갈등 등에 관해 서술하기 위해서는 정치학과 행정학, 법학의 개념들에 대한 이해가 필요했을 것이라는 생각이 든다. 또한 조선은 성리학 이념의 왕국이었기 때문에 유교, 성리학 이론에 대한 심오한 철학적 이해가 없이는 학파들의 계승과 발전 그리고 그들의 대립과 분열의 이유를 알 수 없다. 국왕과 국가의 지지를 받았던 세속적인 유교와 융합하면서 그 존속을 도모했던 불교에 대한 이해는 물론, 이에 더하여 경제학적, 사회학적 지식 등이 종합적으로 필요했을 것이다. 역사학 연구를 위해서는 여러 학문에 대한 지식이 이렇게 종합적으로 필요한데, 이에 대해 두계는 어떻게 생각했을까?

---

29 李相佰, 「三峯人物考: 戊寅難雪冤記를 中心으로 하야(一)」, 震檀學會, 『震檀學報』 2卷, 1935; 李相佰, 「三峯人物考: 戊寅難雪冤記를 中心으로 하야(完)」, 『震檀學報』 3卷, 1936.

학구태도學究態度에 있어서는 —내 경험에서 하는 말이지만— 자기 전문학외專門學外에, 너무 다방면多方面으로 걸치지 않도록 유의해야 하겠다. 물론 전문학도가 되는 데는, 학문의 범위를 송곳 끝같이 뾰죽하고 좁게 들어가서는, 그야말로 기형적畸形的인, 편견적偏見的인, 불구적不具的인 학문이 되기 쉽다. 될 수 있는 대로 자기 전문으로 중심으로 해서 그 전문에 관련된 여러 부문에 걸치도록 하는 것이 좋겠다. 즉 자기의 연구분야를 다각도로 관찰하기 위해서는 박학博學이면 좋겠다는 것이다. 좀 더 말하면, 자기 전문을 구심점求心的으로 하여 범위範圍를 넓히도록 하는 것이 당연한 일일 것이다.[30]

두계는 분명하게 자신의 전공인 역사학을 중심中心과 구심점求心點으로 삼고 연구의 필요에 따라 연관聯關 학문으로 범위를 넓혔다고 말했다. 이런 점에서 보면, 두계는 역사학을 중심으로 하면서 앞에서 언급한 사회과학과 유학을 그의 역사 연구에 특별하게 가까운 분야로 본 것으로 여겨진다. 이런 관점에서 다시 그의 『한국유학사』를 보면, 시대별로 역사적 맥락과 사건과의 연관성 속에서 그에 관련된 유학자의 이론을 서술한 특징이 있음을 알게 된다. 그런 사례로, 두계가 여말의 정치적 변동에 있어서 유학자들의 유불儒佛 인식, 천주교 도입기에 있어서 영혼의 존재에 대한 유학자들의 다양한 관점과 논쟁을 서술한 것은 그 당시의 정치가 왜 그렇게 흘러갔는지, 그 시대의 중심적 인물이 왜 그렇게 행동했는지를 이해하려고 할 때 결정적으로 도움이 된다.

30 이병도, 「女流學者가 되려는 분에게」, 『斗溪雜筆』, 318쪽.

또한 두계는 조선시대 유학자 중에서도 율곡栗谷에 대한 관심이 특별했다. 율곡에 관한 논문을 썼고, 율곡선생기념사업회에서 낸 『국역 율곡전서정선栗谷全書精選』에서 「율곡선생론栗谷先生論」이라는 제목으로 서문序文을 썼고, 『율곡栗谷의 생애生涯와 사상思想』이라는 단행본도 냈다.[31]

한편으로 이런 연구가 가능했던 것은 두계가 조선시대의 유학자와 동일하게 한문을 일상日常과 학문의 언어로서 자유롭게 사용할 수 있었기 때문일 것이다. 유학에 대해 이런 수준의 능력과 지식을 가지고 있었기 때문에 민족문화추진회民族文化推進會 창설을 주도하여 한국의 고전들을 국역하고 한학漢學을 후세의 학자들이 공부할 수 있는 제도화된 교육 기관을 운영할 수 있었다. 말이 많고 까다로운 한학자들도 두계의 민족문화 부흥 의지에 적극적으로 동참했다. 고전번역과 후세대 학자들에게 사서삼경을 비롯한 고전을 교육하는 기관을 함께 운영할 수 있었던 것 역시 두계의 한학과 학문 수준에 대한 그들의 존경심이 있었기 때문에 가능했다고 생각해 본다.

또한 두계의 연구 성과 중에는 고려시대의 도참圖讖 사상에 관한 저술이 있다. 사회과학 분야에서도 고려시대의 정치사상을 연구할 때 반드시 참고하는 저술로 알려져 있다.[32] 고려에서의 정치

---

31 이병도, 「해제」, 『국역 율곡집 1』, 민족문화추진회, 1968, 1~6쪽. 이 책의 '편집위원'이 "김윤경 박종화 이병도 조연현 최현배 한갑수 홍이섭 성락훈"으로 표기되어 있다. 두계는 『國譯 栗谷精選』(栗谷先生記念事業會, 檀紀 4283年)의 서문에 해당하는 「栗谷先生論」에서 율곡에 대해 "1. 그의 時代와 生涯. 2. 그의 思想系統과 本領. 3. 性理學說. 4. 立志論. 5. 經世哲學과 時務論. 6. 餘論"으로 구분하여 상술하였다(1~56쪽).

32 이병도, 『高麗時代의 硏究』, 乙酉文化社, 1948.

적 결정의 변수로 도참이 중요한 작용을 했기 때문이다. 유학에 대해서는 대학이나 서당과 같은 전통적인 학습기관에서 학습하면 일정한 연구가 가능하지만, 고려시대의 도참에 대해서는 대부분 난해하다고 생각하고 있어서 아직 정치학계는 이 주제에 접근하지 못하고 있다. 일반적으로 '한국의 정치사상사'라고 하면 적어도 삼국시대 이후 조선 말기까지 정치와 행정에 관련된 주제를 연구할 수 있어야 하는데 특히 고려시대에 대해서는 도참 때문에 접근하지 못한다고 실토하고 있다. 그렇다고 해서 정치사상 연구가 조선시대에 머무른다면 한국의 전체적인 사상적 전개를 말하기 어렵다. 따라서 고려시대를 관통해야 한다는 의지는 갖고 있지만 연구하기 어려운 영역으로 남아 있는 것이 현실이다. 이런 점에서 두계가 고려의 태조太祖, 문종文宗, 의종毅宗과 그들의 도참 신앙에 대해 연구해 놓은 것은 지금의 연구자들에게 결정적인 지침이 될 수 있다. 또한 두계의 이 책은 고려시대뿐만 아니라 조선 초기의 도참에 대해서도 부록으로 설명하고 있어서 중요한 참고 문헌이다.[33]

두계의 학술에 있어서 또한 중요한 것은 불교에 대한 그의 관심이다. 두계가 개인과 전체 또는 공동체 사이의 대립적 관계를 이해하는 데 있어 개인이 더 큰 자아로 확대되어 전체와 조화롭게 합치合致되는 대자아大自我의 최고 단계에 대해서 유교적 개념과 문장으로 설명한 것이 있다. 두계는 불교의 '천상천하유아독존天上天下唯

33 이병도, 『高麗時代의 硏究』, 341~424쪽. 조선시대까지를 포함하여 우리의 圖讖에 대해 전반적으로 서술한 두계의 글은 「圖讖思想의 發展」, 『成己集』, 84~123쪽에 있다.

我獨尊'을 그런 뜻이라고 풀이한 바 있다.[34] 두계가 조선의 대표적인 유학자 율곡에게 스며든 불교적 사유에 대해 지적한 것이 여러 건이 있다. 격물치지格物致知와 물격지지物格知至의 논리가 들어 있는 『대학大學』의 '물격物格'에 대한 해석에 있어서 퇴계와 율곡의 견해가 달랐다. 물격에 대해 퇴계는 "물리物理가 스스로 그 극처極處에 이른다."라고 해석했고 퇴계의 문인인 정경세鄭經世는 이를 "손님〔이치〕을 청하니 손님이 찾아온다(請客而客來)."라고 풀어서 설명했다.[35] 이에 물격에 대해서 율곡의 문인文人 김장생金長生이 "물리가 본시 극처에 있는데 어찌 사람의 격물을 기다린 후에야 극처에 이르겠습니까?"라고 질문하자 율곡은 이렇게 설명해 주었다. 유학사에서는 유명한 질문과 대답이기에 두계가 이 주제를 설명하기 위해 해석한 것을 율곡에 관한 그의 책에서 인용해 본다.

비유해 말하면 암실 중에 책은 서가에 있고 옷〔衣〕은 의가衣架 위에 있고 상자箱子는 벽 아래에 놓여 있으나 암흑으로 인해서 그 물건들을 볼 수 없으므로 책과 옷과 상자의 소재를 지적해 말하지 못할 것이다. 그러다가 등불을 가져다가 비추어 볼 때 바야흐로 책과 옷과 상자가 각각 그 자리에 있음을 분명히 보게 된다. 이치는 본래 극처極處에 (자재自在해)

34 "佛教에서는 意慾을 無明 혹은 惑 또는 業이라 하여 역시 消極的인 見地에 있어서는 이것을 切斷하고 克服함으로써 佛聖의 자리에 이른다고 하나 積極的인 견지에서 본다면 도리어 이것을 漸次 擴大시키어 小慾을 大慾으로 小我를 大我로, 바꿔 말하면 小宇宙를 大宇宙에 一致시킴으로써 眞如의 道를 大覺하려는 것이라고 할 수 있다. 釋迦의 이른바 「天上天下唯我獨尊」은 決코 小我를 意味한 것이 아니라 大宇宙로 擴大된 大我를 말한 것이다." 이병도, 『斗溪雜筆』 110쪽(이 글은 1951년 10월 『戰時科學』 제2호에 게재됨).

35 이병도, 『栗谷의 生涯와 思想』, 瑞文堂, 1973, 94쪽.

있으므로 (사람의) 격물格物을 기다려서 비로소 극처에 도달하는 것이 아니다. 이치가 스스로 알아서 극처에 이르는 것도 아니다. 나의 앎〔知〕에 명암이 있으므로 지至·부지不至가 있는 것이다.[36]

율곡의 이런 설명을 두계는 '등조비유燈照比喩'라고 했는데 위의 비유와 같은 말이 『대반열반경大般涅槃經』 권26에 실려 있다고 했다.[37] 또한 율곡의 "「이통기국理通氣局」설이 화엄철학의 영향이었다는 것"도 지적했다.[38] 두계는 이렇게 율곡 유학 사상의 심층에 내

36 이병도, 『栗谷의 生涯와 思想』, 95~96쪽. 物格에 대한 退栗과 그 계승자들의 논쟁에 대해서는 부남철, 『대학중용과 용학보의』, 지식마을, 2023, 457~463쪽 참고.

37 두계가 『大般涅槃經』 권26에서 찾아서 해석한 것이다. "「세존은 비유하면 闇中에 먼저 諸物이 있는 것과 같다. 보려고 하기 때문에 등불로써 비춘다. 만일 본시 아무것도 없다면 등불이 무엇을 비추겠는가?」". 경전의 이 말을 두계는 보충 설명하여 "다시 말하면 본시 물건〔本性〕이 있기에 보려고 하는 「因緣」이 생기고, 因緣이 있기에 燈으로써 物을 비추니 이 燈照를 「了因」이라고 한다. 그러므로 因緣은 즉시 了因이라고도 한다. 어쨌든 율곡의 학설 중에는 불교의 그림자가 많이 나타나고 있는 것을 看過하여서는 아니 된다." 이병도, 「修養 및 敎育論」, 『栗谷의 生涯와 思想』, 96쪽.

38 이 외에도 두계가 율곡의 불교적 사유 패턴을 볼 수 있는 사례들을 설명한 것이 있다. 율곡이 스물세 살 때 퇴계를 방문했을 때 퇴계는 "「敬은 主一無適(정신을 하나로 통일시켜 放心치 아니하는 것)이라야 되겠는데 만일 사물이 일제히 와 닥칠 때에는 어떻게 이에 應對할 것인가가 문제라」"(『栗谷의 生涯와 思想』, 89쪽)는 의문을 제시했는데 나중에 율곡이 이에 대해 "「主一無適은 敬의 要法이요 酬酌萬變(多邊應待)는 敬의 活法이다. 사물상에 있어 하나 하나를 궁리해서 각각 그 당연한 법칙을 알면 임시임시 應待하더라도 마치 거울〔鏡〕이 물건을 비추듯이 心中이 흔들리지 않고 東應西答(동으로 응하고 서로 대답)하여 心體가 自若할 것이니 그것은 평소에 사리를 잘 판단해 두었던 까닭이다."라고 의견을 서신으로 보냈다고 한다(『栗谷의 生涯와 思想』, 90쪽). 두계는 여기에서 율곡이 사용한 "鏡照比喩"도 "불교의 觀照思想과 관련성이 있다."라고 했다. 이병도, 「佛敎觀」, 『栗谷의 生涯와 思想』, 118쪽.

재한 불교적 사유와 그 영향을 찾아내서 설명했다.[39] 불교계에서는 그 도입 초기부터 국왕의 불교에 대한 지지를 획득하기 위해서 유교적 요소를 흡수했다. 이런 사례 중 하나로 원광법사圓光法師의 '살생유택殺生有擇'이라는 말이 있다. 이것은 불교의 근본 사상이 될 수 없는 말인데, 이렇게 유교적 가치가 혼합된 개념의 출전을 불경에서 찾으려고 한다면 가능하지 않을 것이다. 두계는 불살생不殺生을 계율로 삼는 불교의 정신과 모순되는 이런 것을 정당화하는 "불가佛家의 그럴듯한 해석"을 찾았다고 했다. 신라 경덕왕景德王 때의 명승名僧 대현大賢의 『범망경고술기梵網經古述記』에서 '살생계殺生戒의 조條를 해석'한 데에서 그 근거를 찾은 것이다.[40]

유불儒佛이 혼합하여 존속했던 한국사상사의 다양성을 이해하기 위해서는 유교와 불교 그리고 도참 등에 대한 종합적 연구가 필요

---

39 그렇다고 해서 두계가 율곡에게 스며든 불교적 사유를 비판한 것은 전혀 아니다. 오히려 두계는 儒佛을 겸했던 牧隱 李穡이나 陽村 權近을 그 시대의 자연스런 思潮로 보는 맥락에서 율곡을 배워야 할 이상적인 모델로 여겼던 것으로 생각된다. 성리학의 道心과 人心에 대해 "既曰 道心 則非人心 既曰人心 則非道心"라고 한 栗谷의 설명에 대해 "참으로 明快한 論理라 하겠다."(「儒教의 中道哲學과 辨證法的 倫理」, 『成己集』, 182쪽)라고 적극적으로 공감하는 두계의 표현에서 그런 느낌을 받았다. 유학은 물론 불교에 대해서 잘 알았던 율곡처럼 두계도 학문적으로 유불을 동시에 잘 알았다. 다만 두계는 현대적 학문을 접했으므로 유학을 불경과의 관련성에서 논할 뿐만 아니라 추가적으로 이런 것을 서양철학과의 관련 개념과 비교하면서 설명한 것이 조선시대 유학자들과 다르다. 두계가 율곡의 理氣論을 스피노자Spinoza의 神(本體)과 諸現象에 대한 이론과 비교하면서 설명한 것이 또한 흥미롭다(『栗谷의 生涯와 思想』, 66쪽).

40 이병도, 『國史와 指導理念』, 89~90쪽에 이에 관한 설명이 있다. "「(여러 사람을 爲한) 憐愍心을 가지고 惡衆生을 죽이면 이 因緣으로 말미암아 菩薩戒에 있어 違反됨이 없고 도리어 많은 功德을 生하니, 이는 煩惱를 闕하고 뜻이 즐거운 까닭으로 많은 功德을 낳은 것이라」 하였다. 즉 殺人行爲에 있어, 그 動機가 善하면 그 結果도 좋다는 것이다."

하다. 그런 점에서 불교와 도참 등 한국사상에 영향을 준 다양한 요소에 대한 이해를 가지고 유학에 대해 서술한 두계의 유학사 연구가 더욱 소중하다. 그가 평생 해온 연구의 성과인 『한국유학사』의 초판이 1987년에 간행되었고[41] 두계는 1989년에 작고하였으니 단행본으로는 이 책이 마지막이 되었다. 이 책은 두계의 한국 유학에 관한 학술적 업적이지만, 한편으로 두계의 학문에 있어서 유교적 사유가 자리 잡는 데 영향을 준 것으로 여겨진다. 후술하겠지만, 『국사대관』에서 가장 중요한 대목인 결론 부분에서 개인과 국가를 논함에 있어서 그 대립의 관계를 '대아大我'라는 개념을 제시하여 높은 차원으로 승화된 공동운명의 관계로 설정한 바가 그런 것이다. 공동체를 '확대된 자아'로 보는 관점이 바로 유교적이다.[42] 이런 유학은 두계의 학문뿐만 아니라 학문에 임하는 자세에도 영향을 주었다. 두계는 1983년 5월에 "팔십 이후에 발표 혹은 미발표의 글을 모

---

41 姜晉哲 선생은 두계가 말년에 『韓國儒學史』를 집필하는 과정에 대하여 다음과 같이 썼다. "斗溪는 이 저술을 집필하는 과정에서 그가 이용할 수 있는 文集이나 기타 자료는 거의 완벽하게 널리 읽고 조사해서 이 책을 엮은 것으로 알고 있다. 九旬을 넘긴 斗溪가 옛날에 초록한 자료의 글귀를 다시 확인하기 위해 수차 奎章閣文庫를 방문했다는 이야기는 알 만한 사람은 다 알고 있다. 누가 읽어도 이 저술의 내용은 백 살을 바라다보는 노인의 필치로 여겨지지 않을 만큼 신선한 감각을 풍겨 주고 있는데, 그것은 바로 이 저서 속에 老衰를 단호히 거부하는 저자의 왕성한 학문정신이 깊이 침투되어 있기 때문일 것이다."(『歷史家의 遺香』, 128쪽)

42 두계가 유학을 "小我를 확대해서 宇宙我에 일치시키는 거대한 사상이라고 봅니다."라고 설명한 부분은 「斗溪先生과의 對話」, 『歷史家의 遺香』, 263쪽에 있다. 두계는 이런 유학적 논리를 개인과 국가 간의 대립적 혹은 제로섬zero-sum의 관계를 극복하고 개인의 자유 보존을 전제로 하면서 또한 개인과 국가를 공동운명체로 동일시하는 이론을 구상하는 데에 참고했을 것이다. 이와 같은 맥락에서 유학의 핵심 개념인 '仁'을 개인이 주체가 되어 그 개인이 점차, 가족, 국가, 천하로 확대되는 '자기확대' 논리로 설명한 부남철의 『논어정독』(푸른역사, 2010) 중 21쪽을 참고할 만하다.

아서” 낸 책의 제목을 『성기집成己集』이라고 하였다. 이러한 유교적 서명書名에 대해 두계는 이렇게 설명했다.

책명冊名을 성기成己라고 했는데, 이에 대해서는 변명 겸 설명을 붙일 필요가 있다. 성기成己라는 말은 중용의 「성기成己」 「성물成物」 즉 「주체主體의 이룩함」과 「객체客體의 이룩함」—의 전자를 취한 것이다. 성成은 문법상 과거완료형도 될 수 있고 진행형 미래형도 될 수 있다. 나는 물론 진행형의 뜻으로 사용한 것이지만, 중용에서 의미하는 바 기己主體와 물物(客體)은 모두 현재實在(實體)를 지칭하는 것으로, 철학적인 내용이 된다. 그러나 나는 그런 의미의 기己가 아니라, 자기自己의 학문을 일컫는 말로 취하였다. 즉 나의 이른바 「성기成己」는 자기 학문을 이룩하려는 욕망에서 차용한 것이라고 보아주면 좋겠다. 나의 이룩코자 하는 학문은 아직도 많이 남아 있기 때문이다. 아아 인생은 짧고 학문의 길은 이렇게도 먼가를 탄식치 아니할 수 없다.[43]

그렇다고 해서 두계가 조선시대 유학자의 가치관으로 학문과 세상을 본 것은 아니었다. 그는 역사학자로서 유학을 연구한 것이다. 그 과정에서 두계는 유학자를 학술적 연구대상으로서 분석하였다. 성리학에서 발견한 “자아의 확대형으로서 공동체를 보는 관점”과 “개체의 주체성과 전체와의 조화를 추구하는 사유와 논리”를 그의 학문에 적극 활용했다.

43 이병도, 「自序」, 『成己集』, 5~6쪽.

3. 두계의 민족 개념

정치학에서 가장 많이 쓰는 용어 또는 개념은 '권력'일 것이다. 정치학 개론은 이 개념에 대한 설명으로부터 시작한다. 단순하게 정치를 설명하자면 그것은 다만 '권력의 획득, 유지, 확대에 관한 일'일 뿐이라고 말하기도 한다. 그러면 국사 연구에서 핵심적인 개념은 무엇인가? 두계는 국사의 의의를 이렇게 설명했다.

> 국사國史는 말할 것도 없이 과거 우리 민족民族이 어떻게 발전하여, 즉 어떠한 경로를 밟아 오늘의 현실에 이르렀는가를 연구하는 학문이다.[44]

두계의 설명에서 보는 바와 같이 민족이라는 말은 국사 연구에서 중심 개념일 터인데, 문제는 민족 개념을 어떤 관점에서 보는가에 따라 역사 서술의 방향이 달라진다는 점이다. 민족 개념의 내포에서 중점을 두는 요소가 각자의 소신이나 추구하는 목적에 따라 다르기 때문이다. 두계 역시 그의 민족에 대한 관점이 그의 국사 연구와 서술의 출발점이며 방향 축으로 작용했다.

두계의 민족에 대한 관점을 이해하기에 앞서, 민족 개념과 일반적으로 혼용되고 있는 국민과 국가라는 개념을 살펴야 하는데, 이 세 가지 개념이 혼용되는 데에는 나름대로 이유가 있다. 그것은 민족, 국민, 국가라는 개념이 하나의 축으로 연결되어 있기 때문이다. 프랑스 대혁명을 촉발한 에마뉘엘 시에예스Emmanuel Sieyès가

44 이병도, 『國史와 指導理念』, 9쪽.

프랑스 "제3계급은 하나의 나시옹nation이 되어야 한다."라고 선언했을 때, '나시옹'이라는 개념은 법률적으로 권리에 있어서 평등하게 하나가 되는 국민이며, 또한 그런 국민으로 구성된 국가를 의미하는 개념이었다.[45] 민족이라는 개념의 내포에 대한 이해는 각 나라의 역사 발전 과정과 상황에 따라 다르다. 그렇지만 여전히 이러한 세 가지 개념이 유기적으로 연관되어 있음은 분명하다. 민족을 말할 때 인종적 요소의 단일성과 우월성을 강조하면서 다른 민족에 대해 배타적인 사람의 국가관은 어떤 것일지 쉽게 상상할 수 있다. 한편으로 다양한 민족으로 하나의 정치공동체를 구성한 국가에서는 개별 민족의 자율성을 허용하거나 용인하는 수준이 어느 정도일지에 대해서도 짐작할 수 있다. 이렇게 민족에 대해서는 그 이해와 느낌에 있어서 다양하면서 양극단의 경향이 있는 것도 현실이다. 한편으로 사회주의 또는 유물사관에서는 민족을 자본주의와 연계하여 보는 특징이 있고,[46] 지금은 민족의 자존과 특수성을 강조하는 사례도 있다. 이렇게 민족에 대하여 다양한 관점이 있는데, 두

---

45 Murray Forsyth, Maurice Keens-Soper and John Hoffman, *The Political Classics: Hamilton to Mill*. Oxford University Press, 1993. p.57~62.

46 사회주의 유물사관에 입각하여 편찬된 『社會科學大辭典』(文友印書館), 231쪽의 '民族'에 관한 설명이다. "民族의 端初는 資本主義의 最初階段과 同一하다. 諸種族間의 商業的互相關係는, 民族의 統一運動을 喚起한 것이다. 階級的推進力인 近代뿌르조아지-는, 封建的經濟制度를 깨트리고. 封建諸侯의 모-든 障壁을 없이하는 대신에, 民族이란 이름으로써의, 人間統一體를 만든 것이 近代資本主義社會이다. 그러므로 資本主義의 發展過程은 同時에 民族의 形成過程이었던 것이다. 따라서 民族은 資本主義와 같이 發生하고 發展하며, 消滅하는 運命에 놓여져 있는 것이다. 民族은 이러한 歷史的變化法則에 支配되는 것이다. 스타린은 『民族이란 言語, 嶺土. 經濟, 生活, 及文化의 共通性으로써 顯現된, 傳統的心理等의 共通性에 依하여 統一된 人間의 歷史的으로 築造된 永續性 있는, 共通性이다』라고 規定하였다."

계는 국사를 서술함에 있어서 민족을 어떻게 정의했는가? 물론 두계도 민족을 보는 양극단의 이해가 존재함을 잘 알고 있었다.

> 세간에는 흔히 그 의의를 잘 파악치 못하고 그저 막연히 풍성학루격風聲鶴唳格으로 〔민족을〕 부르짖는 이도 있고 또는 민족정신民族精神이라면 곧 편파적인 국수적國粹的인 배타적인 것으로 오도誤導하는 이도 있을지 모르겠다. 그러면 차제에 민족정신 즉 민족정기란 무엇인가? 그 본질을 밝히고 겸하여 우리의 그것이 무엇인가를 논하여 둘 필요가 있다.[47]

두계는 민족을 "한 지역에서 오랜 역사를 통하여 언어 풍속 기타의 전통을 같이 해온 공동체共同體라 하겠다."[48]라고 규정했다. 그리고 이런 민족 개념과 더불어 민족 정신과 민족 정기正氣라는 개념을 함께 논의했다. 민족의 영혼이라고 할 수 있는 정기를 설명하기 위해 두계는 '민족아民族我'라는 새로운 개념을 제시했다. 이것은 두계가 정치공동체에서 개인과 단체(민족이나 국가)와의 관계를 설정하기 위해 이론적으로 설정한 개념으로서, 두계의 민족관과 국가론을 이해하는 데 핵심적으로 중요한 개념이다. 두계는 개인을 소아小我, 민족이나 국가를 대아大我라는 용어로 구별하면서 그 둘의 관계를 설명했다. 정치학에서도 개인과 국가의 관계는 중요한 연구주제인데, 이념적 경향에 따라 개인을 우선으로 하기도 하고 국가를 우선으로 하기도 한다. 극도로 국가의 전체성과 단일성에 중점

47 이병도, 『斗溪雜筆』, 105쪽.
48 이병도, 『國史와 指導理念』, 11쪽.

을 두면 전체주의나 파시즘이 되고, 개인의 자유와 독자성을 우선으로 하면 최소국가가 된다. 그래서 개인과 국가의 관계는 일면 대립적인 것 또는 제로섬의 관계로 여겨지기도 한다.[49] 자유민주주의 국가에서는 이 둘 사이의 균형과 조화가 핵심이다. 개인도 중요하고 국가도 필요하기 때문이다. 그러면 두계는 이 둘의 관계를 어떻게 인식했는가?

이 두〔大我와 小我〕 정신은 그 본질에 있어서 서로 반대反對, 모순矛盾, 대립對立의 상태를 나타내고 있으므로 왕왕往往 비극을 연출할 때가 많다. 그것은 예를 과거 역사에 구求하느니보다도 지금 우리가 당면하고 있는 현실에서 더 뚜렷이 볼 수 있는 것이다. 이 비극과 모순을 극복하자면 「새로운 조화調和」에 향向하여 뻗어나가지 않으면 아니될 것이다.[50]

두계는 이 둘의 대립적 관계를 해결하기 위해, 우리 민족은 단일 민족의 혼연체渾然體이므로 이에는 항상 "공통된 최고 정신과 이념"이 지배하고 있었음을 주목하고 개인과 민족의 조화롭고 이상적인 관계를 이렇게 설명했다.

개인은 전체(氏族-部族-國家-民族)를 의식하고 그 속에 살고 전체는

49 "민족주의는 '양쪽의 날을 가진 칼'로서 자칫하면 내적으로 자국민(개인)을 해치고 외적으로 다른 민족(세계)을 해치기 쉽다. 그러나 민족주의는 민족의 자유와 평등의 실현을 위해 창조적 에너지를 동원하기도 한다." 민준기, 「한국 민족주의의 이념 모색」, 『한국정치 안정으로 가는 길』, 지식마을, 2023, 267쪽.

50 이병도, 『韓國史大觀』, 檀紀 4281年(初版, 1948), 檀紀 4282年(修正補三版, 1949), 494쪽.

개인을 포섭包攝하고 보호하여 성장하는 만큼 개인과 전체는 떠날 수 없는 불가불리不可不離의 관계를 가지고 있음으로, 전체의 이익은 개인의 이익이 되고 전체에 대한 위협威脅은 즉 자기에 대한 위협인 것을 인식하고, 전체의 이익을 위해서는 개인의 그것을 희생하는 등 전체 개체의 자유롭고 평화스러운 발전향상發展向上을 도모하기 위하여 서로 협동부조協同扶助하는 정신이 곧 그것이다.[51]

이렇게 두계는 개인과 민족의 관계를 개체와 전체가 서로 도움이 되는 불가분不可分 상호이익相互利益의 관계로 설정하면서 전체의 존속과 개인의 이익과 자유가 신장되는 관계를 찾으려고 노력했다.

이것이 바로 두계의 국가와 민족 개념의 특징이 되는데, 두계는 그것을 유학의 논리로 해결했다는 점이 특별하다. 개인과 전체는 서로 양극에 있지만, 그것을 두계는 유학에서 수신修身, 제가齊家, 치국治國, 평천하平天下의 단계로 확장되는 자아自我의 확장 논리를 찾아서 이를 적용한 것이다. 유학은 기본적으로 위기지학爲己之學에 입각한 수기치인修己治人의 학문이며 그 출발점이자 주체를 개인이라고 한다. 그러면서 또한 그런 개인은 가족, 국가, 천하로 그 역할이 확장되는 방향으로 나아가야 함을 당위적 가치로 설정하고 있다. 인격을 수양한 개인이 세상에 나아가는 것은 곧 자아의 확장이며 자아의 실현 과정으로 여겨졌다. 두계는 개인의 자아가 공동체와 일치된 그 최고의 순간을 맹자가 말한바, "호연지기浩然之氣 색우천지지간塞于天地之間"이라는 문장으로 설명했다. 또한 『중용』의

51 이병도, 『國史와 指導理念』, 12쪽.

"찬천지지화육贊天地之化育" 또한 바로 이러한 순간을 말한 것이라고 설명했다. 이렇게 개인이 민족 단위로 확대된 것이 두계가 말하는 '민족아民族我' 개념이다. 이런 논리를 적용하면 개인과 민족, 국가의 관계에서 대결적 상황은 극복되고 두계가 말하는 개체와 전체는 '새로운 조화'의 공동 운명체가 되는 것이다. 두계가 민족을 이런 차원에서 이해했기 때문에 그의 민족 개념에서는 개인의 자율성이 확보되고 새로운 요소를 수용하고 차이를 인정하는 관용이 허용된다. 두계의 민족에 대한 이러한 관점은 그가 이상적으로 생각하는 국가에도 그대로 적용된다. 이러한 두계의 민족과 국가 이론을 살펴보면, 그가 이런 논리를 계발하고 현대적으로 적용할 수 있었던 것은 유학에 대한 깊은 이해와 관심이 있었기 때문에 가능했다고 여겨진다. 개인과 민족의 관계가 이렇다면, 그런 민족을 지도하는 정신이나 이념은 무엇인가?

두계는 우리 민족에 대해 "언어와 풍습이 거의 동일한 단일민족單一民族에 가까운 혼연渾然한 통일체統一體"라고 하면서, 공통된 최고 정신과 이념이 그것을 지배한다고 했다. 그 영원한 이상理想이 바로 "자유自由, 독립獨立, 평화平和, 정의正義의 정신精神"[52]이라고 역설했다. 이것이 바로 두계의 민족관이며, 이것은 자유민주주의를 지향하는 그의 국가관과 합치된다. 민족에 대한 이런 설명은 그가 1951년 한국전쟁 기간 중에 쓴 글에 있는데, 그가 회갑을 맞이하면서 다시 출판한 『두계잡필斗溪雜筆』에도 이 글을 다시 게재했다. 이 설명은 두계가 그때까지 학자로서 평생의 한국사 연구를 통해서 우

52 이병도, 『斗溪雜筆』, 111쪽.

리 역사 속에서 찾아낸 핵심 가치이며, 그는 이것을 앞으로 향후 발전해야 할 국가와 민족의 이상적인 정신과 가치로 정립해야 함을 그 자신의 학문적 소명으로 확신했다고 여겨진다.

아울러 두계는 다문화사회가 진행되고 있는 우리나라의 현실에 적용 가능한 민족에 대한 주장도 제시했다. 물론 그가 활동하던 시기에는 우리 사회가 다문화사회로 진입하지 않았기 때문에 논리적 비약이 있을 수 있다. 두계는 역사적인 민족은 자기보존, 자기발전, 자기향상 등을 위한 민족 내부의 협력과 대립이 있을 뿐만 아니라, 타국이나 타민족과의 접촉과 교섭을 통해서 발전해 나갈 수밖에 없다고 주장했다.[53] 따라서 그는 한국사 연구가 세계사의 한 고리로서 그 자체의 특수성과 인류문화의 상호 관계성이나 공통성을 밝히는 방식으로 진행되어야 한다고 강조했다.[54] 한국 역사를 우리 민족의 역사만으로 한정하지 않고 세계사와의 연관성 속에서 파악함으로써 우리 민족과 사회가 나아가야 할 역사 발전의 방향을 제시한 것이다. 두계는 한국사 연구와 분석을 통하여 우리 민족의 정체성과 독자성을 밝히면서도, 한국의 역사와 국가 발전이 타민족이나 국가와의 관계를 통해서 영향을 받고 발전해 나갈 수밖에 없다는 점을 강조했다.

53 이병도, 『國史와 指導理念』, 9쪽.

54 이병도, 「나의 사관」, 『國史와 指導理念』, 한국학술정보, 2012, 407쪽.

4. 정치발전론의 시각과 두계

일반적으로 한 나라의 역사 교육은 시민의 교육에서 중대한 역할을 담당한다. 민족주의 감정을 끌어올리는 수준을 넘어서서, 구성원의 정치공동체에 대한 정치적 헌신과 의무감을 제고하면서 도덕적이고 절제하는 삶의 가치를 발굴하고 그것을 후속세대에게 교육하여 그 국가가 지속적으로 발전하게 하는 역할을 한다. 두계가 왕성하게 활동하던 해방 3년과 제1공화국 및 제2공화국 시기는 정치학의 관점에서 본다면 유교적 전통사회와 일제 식민통치에서 벗어나 대한민국이라는 새로운 국가건설nation building을 이루어 나간 기간이다. 이 시기에는 민주주의적 정치이념에 입각한 정치제도와 법, 행정적 장치 등을 만들고 유지해 나가는 것도 중요하지만, 그것이 제대로 운영될 수 있도록 하는 시민문화civic culture와 시민의식의 확립 또한 중요한 과제였다. 시민문화나 시민의식이 있어야 국가가 공통의 법과 제도로 운영되는 단일한 정치체제를 작동시키고 발전시킬 수 있기 때문이다. 이렇게 하는 것을 정치학에서는 국가통합national integration이라고 한다. 국가통합이란 개념은 정치체제의 제도적인 외형적 통합과 함께 문화적이고 정신적인 통합을 중시한다. 특히 정신적 통합에는 정치체제에 대한 시민의 자발적 지지와 충성심이 중요하다. 우리의 정치발전 과정에서 대학의 국사학, 역사학, 국학 관련 전문 연구기관 등에서 활동한 한국사 연구자들이 수행한 한국사 교육과 연구는 국민에게 국가통합에 필요한 민족적 정체성과 주체성을 갖게 했고 민주적 시민의식을 갖게 하는 데 많이 기여했다. 이런 점에서 역사학자로서 자유민주주의 체제에 부합하는 민족관에 입각하여 국사 교육에서 주도적 역할을 담당했던[55] 두계에 대한 연구는 한국의 국가건설, 국가통합, 그리고 제도화의 측면과 관련해서 주목해야 할 주제이다.

그러면 해방 이후 한국 정치사의 전개와 정치발전에 기여한 중요 인물들의 역할을 이해하는 데 유용한 분석틀로 사용될 수 있는 정치발전 이론은 어떤 것인가? 이것은 이론적으로 정치학의 한 분야인 비교정치학 분야에서 활발하게 논의됐던 분석의 시각인데, 1950년대 서구의 정치학자들이 제2차 세계대전 이후 출현한 신생 독립국가나 저발전 국가의 정치현상을 체계적으로 분석하고 일반이론을 도출하기 위한 목적으로 정치발전 이론을 사용하였다. 물론 정치발전이 무엇인가를 일반화하기에는 어려움이 있다. 파이L. Pye가 말했듯이, 정치란 본래 다기능적이며 그의 변화나 발전의 정도를 측정할 수 있는 단일한 척도가 없기 때문이다.[56] 정치발전과 관련해서는 다양한 가설과 접근법이 소개되어 있다.[57] 그중에서 정

---

55 두계는 역사 연구와 더불어 해방 이후에는 국사 교과서 편찬과 역사 교육의 정비를 통해서 국민에게 역사적 사고력과 국가 발전에 대한 인식을 심어 주기 위해 노력했다. 그는 학교 교육에서 한국사의 중요성을 강조하면서, 학생들이 한국사를 통해 민족적 자긍심을 갖도록 해야 한다고 했고, 한국사 교과서 개발에도 적극적으로 참여했다. 그는 해방 이후 우선 시급한 교육이 국어와 국사 교육이라고 보았다. 자신이 활동하던 진단학회 내에 '임시중등교원양성소'를 개설했고, 미군정청의 위촉을 받아서 『국사교본』을 편찬했다. 『국사교본』은 우리나라 최초의 한국사 교과서로서 한국사 교육의 밑거름이 되었다. 또한 그가 활동한 임시중등교원양성소에서 학습한 사람들이 중학교 국사와 국어 교원으로 나가 일선 교육을 담당함으로써 중학교 교육의 기틀을 잡는 데도 영향을 주었다. 이병도, 「나와 진단학회」, 『國史와 指導理念』, 한국학술정보, 2012, 444쪽.

56 Lucian. W. Pye, ed., *Communication and Political Development*, Princeton University Press, 1963, p.16.

57 정치발전political development에 대한 접근법은 크게 체계기능 분석(G. A.

치발전을 근대화와 구별하는 것이 바람직하다고 본 헌팅턴S. P. Huntington의 '제도화institutionalization'[58]가 제시한 개념과 분석틀은 한국의 정치발전을 이해하는 데 유용한 분석 도구 중 하나라고 생각된다. 헌팅턴의 '제도화' 개념은 정치발전이 제도적으로 헌법과 행정적 제도를 도입하고 선언으로 완결되는 것이 아니라 실제 정치 생활과 규범, 문화의 차원으로 자연스럽게 정착되는 수준을 강조한다.[59] 바로 이러한 이론적 분석틀을 이용하여 두계가 한국정치사에 있어서 국가통합과 제도화 차원에서 어떤 공헌을 했는가를 분석할 필요성이 있다.

이러한 연구를 한다면 어떤 주제가 그 연구의 중심이 되는가? 민주주의를 향한 국가의 정치발전과 제도화 과정에서는 자유주의와 다원주의가 근본 가치로 존중되어야 한다는 전제하에 정책의 효율성을 추구해야 하는데, 이런 원칙은 쉽게 망각되거나 보류되기도 한다. 그 과정에서 국가와 민족에 대한 전체주의적 해석이 부각되고 개인은 자율적 영역을 잃게 된다. 정치발전론에서는 바로 이 점

Almond & G. B. Powell), 사회경제적 분석(Daniel Lerner), 비교역사적 분석(Cyril Black) 등으로 구분할 수 있다.

58 정치발전을 근대화modernization와 동일시하게 되면 근대화 과정에서 일어나는 모든 정치적 측면이 포함되기 때문에 여기서는 근대화 과정을 정치발전과 구분하여 사용한다. 헌팅턴은 근대화 과정에서 발생하는 갈등을 관리하기 위해 안정된 정치체제가 중요하다고 보았고, 정치체제의 제도화institutionalization가 사회안정과 정치발전에 중요한 요소라고 생각했다. 자세한 내용을 보려면 Samuel. P. Huntington, *Political Order in Changing Societies*, Yale University Press, 1968을 참고할 것.

59 사회계약론social contract으로 유명한 루소J. J. Rousseau도 국가는 계약관념에 입각해서 만들어졌지만 국가를 제대로 운영하려면 로마시대부터 발전해 온 전통적인 시민문화가 필요하다고 강조했다.

이 중요하기 때문에, 두계 연구에 있어서는 그의 개인과 국가의 관계에 대한 관점을 가장 먼저 연구해야 한다. 두계의 대표적 저술인 『국사대관』의 결론 부분인 「우리 민족사회발전民族社會發展」에서 두계가 개인과 국가, 민족의 이상적 관계를 설명하면서 '우리 민족사회발전'에 필요한 '이대정신二大情神'을 말한 부분이 있다.

여기서 우리는 「우리 민족독자民族獨自의 정기正氣」를 소생시키고 확충시키지 않으면 안 될 것이다. 어느 민족 어느 나라의 역사에도 그렇지만, 우리 민족사회발전에는 두 가지 정신의 작용이 움직여왔고 또 현재와 장래에도 그러할 것이라고 믿는 바이다. 그러면 그 이대정신二大精神이란 무엇인가? 즉 하나는 『대아정신大我精神』이요 또 하나는 『소아정신小我精神』이다. 대아정신大我情神은 민족民族 또는 국가國家의 통일統一과 발전發展을 지도이념指導理念으로 삼는 것이요 소아정신小我精神은 말한 것도 없이 개인個人 가족家族 혹은 당파黨派의 이익을 위하는 정신이다. 대아정신大我精神과 소아정신小我精神과의 관계는 마치 원圓의 중심과 원주圓周와의 관계와 같은 것이다. 대아정신大我精神은 원圓의 중심을 이루어 일체一切의 것을 일점一點에 집중集中 통일統一하는 정신이고 소아정신小我精神은 이 점點을 중심으로 하여 그 원주圓周를 무한히 확대하려는 원심적遠心的 정신으로 때와 환경에 따라서 유전변화流轉變化하는 것이다. 이 두 정신의 상호작용相互作用 상호조화相好調和로서 조선민족정기朝鮮民族正氣의 본질인 통일統一과 발전發展의 기초基礎가 되어온 것이다.[60]

60 이병도, 『韓國史大觀』, 普文閣, 1968, 563~564쪽.

이를 통하여 두계가 민족과 국가의 통일성과 통합을 중요하다고 보면서도 그 공동체에 사는 구성원들의 자유와 자율, 다양성을 동시에 강조하는 자유민주주의를 지향했음을 확인할 수 있다. 이것은『국사대관』에 일관한 정신이며 방향이다. 두계의 수많은 저술은 대부분 역사학에 관한 것이고 그가 사료를 사실적, 객관적, 과학적으로 대해야 한다고 강조한 바는 주지의 사실이다. 그렇지만 이에 더하여 그는 역사가로서 국가발전의 경로와 방향을 제시함에 있어서 자유민주주의 이념을 따르고, 국가적 통합성과 개인적 다양성을 조화롭게 포괄하는 공동체 정신을 강조했다. 바로 이런 두계의 이념적 특색을 정치발전론의 개념과 방법론으로써 새롭게 조명해야 한다.

5. 한국사 연구에서 찾은 '평화와 협동' 정신

두계는 미래 세대에게 민족과 국가를 위하는 가치관을 제시한 저술『국사國史와 지도이념指導理念』의 결론 부분인「현단계에 요구되는 지도이념」에서 역사 속에서 찾을 수 있는 우리의 그것과 "외래外來의 새로운 형식의 민주주의民主主義"를 절충折衝하고 융합融合해야 한다고 주장했다.[61] 두계가 이렇게 역설한 것은 1950년대 구미 정치학계에서 민주주의에 부합하는 시민문화civic culture 또는 정치문화political culture를 그들의 오랜 역사 속에서 찾으려고 했던 시도

61 이병도,『國史와 指導理念』, 109~110쪽.

와 흡사한 점이 있어서 흥미롭다.

개인의 생명과 재산 보호와 자유를 목적으로 만들었다고 하는 국가에 대한 계약론적 관념은 현대 민주주의 이론의 기초가 되었지만, 계약이라는 말은 그 자체에서 느끼는 바와 같이 차갑고 건조한 관계라서 국가가 위기에 봉착했을 때 국가에 대한 국민의 자발적인 헌신과 지지를 유도해 내는 데에는 한계가 있었다. 이것이 개인의 권리에 집중하는 교과서 자유민주주의의 약점이기 때문에 그 정치공동체를 유기적으로 통합할 수 있는 전통적인 윤리와 문화가 필요했던 것이다. 서구 학자들은 오랜 역사를 통하여 민주주의를 발전시켜 온 국가에서 그 이면에는 법적, 제도적 장치 이외에 역사적으로 단절되지 않고 지속된 정치공동체를 지지하고 지탱해 온 어떤 특별한 정신이 있다고 생각하게 되었다. 그런 시민정신은 로마 공화국에서 기원했고, 서구에서는 그 정신이 연면히 현대 민주주의 시대까지 이어져 왔으며, 그것은 여전히 민주주의와 국가의 발전과 유지에 필요하다고 학자들은 진단했다. 시민정신의 핵심은 자신이 속한 정치공동체를 지지하고 헌신하면서 공동선을 중시하는 것이었는데,[62] 현대의 정치학자들도 체제에 대한 시민의 지지가 있어야 그

62 『신국론神國論』의 저자 아우구스티누스St. Augustine는 로마 공화국 시민정신의 특징으로 물질적 이익 추구에 대한 경멸, 조국에 대한 헌신, 법에 대한 존중, 변덕과 감각적 욕망 추구에 대한 거부("the achievements of the Romans, with their contempt for their own material interests, their disinterested concern for their country, their respect for the law, and their resistance to the temptations of a avarice and sensual indulgence") 등을 열거했다. Murray Forsyth, Maurice Keens-Soper and John Hoffman, *The Political Classics: Hamilton to Mill*, Oxford University Press, 1993. p.78.

바탕 위에서 민주주의 제도가 원만하게 발전할 수 있다고 보았다.[63]

두계 역시 평생 역사를 연구하면서 우리가 고대로부터 국가를 지켜 오고 발전시킨 원동력으로 작용한 정신을 현대의 자유민주주의 체제에서 어떻게 계승할 것인가를 고민했다. 두계는 관찰자의 입장에서 역사적 사실에 대한 과학적, 객관적 서술에 그치지 않고 그것의 현대적 의미를 생각한 것이다. 이에 그가 역사 연구에서 찾아낸 우리 민족과 국가의 존속과 발전의 비결은 '평화平和'와 '협동協同' 정신이었다. 두계는 그것을 고대 정치사회와 신라 화랑도에서 찾았다. 그리고 이러한 협동 정신이 신라 통일의 지도이념으로 확대되었고, 결국은 고려의 민족의식으로 발현되었다고 보았다. 그러면서 역사적으로 평화와 협동 정신이 작동한 사례들을 조사했다. 두계는 두레나 계契도 그런 정신을 실생활에 반영한 것이라고 했다. 무슨 일을 할 때마다 모여서 함께하며 문제를 해결하고 목표를 달성하는 우리 민족의 성향에 대해 두계는 "우리나라는 예로부터 결사結社의 나라라 할 만큼 대소협동체大小協同體가 국사國史를 통하여 계속 발전하여 왔다."[64]라고 천명했다. 이러한 평화와 협동의 정신은 정치세계에도 작용하여 군주가 정책을 결정할 때 독단적으로 행하지 않

---

63 Gabriel Almond, and Sidney Verba, *The Civic Culture: Political Attitudes and Democracy in Five Nations*, Princeton University Press, 1963, p.3~12. 정치학에서 말하는 정치문화 접근법은 주로 통계 분석에 의한 조사 연구를 말하고, G. Almond와 S. Verva의 시민문화 연구도 정치의식의 특징을 설문조사 등을 통해 파악하는 기법에 치중한다. 이런 경향이 주류를 이루고 있으며, 전통 사회부터 현대 사회까지 이어 오는 정치문화에 대해 역사적 관점에서 거시적으로 접근하는 연구 사례는 비교적 적다. 민준기, 최용섭, 노찬백, 송석원, 이구, 『한국 정치발전의 이해』, 지식마을, 2010, 11~17쪽 참고.

64 이병도, 『國史와 指導理念』, 97쪽.

고 현명한 신하들과 협의하면서 여론을 살폈다고 한다.[65] 두계는 역사 연구를 통해서 찾아낸 우리의 전통적 가치관을 자유민주주의 체제를 작동시키는 의식과 문화로 정착되게 하자고 역설했다.[66]

역사가는 단지 과거의 일을 서술하는 것으로 그 역할이 끝나지 않으며, 당면한 현실을 지도하는 가치와 정신을 역사 속에서 찾아내서 앞으로 나아갈 방향을 제시하는 책무를 지고 있음을 두계가 모범적으로 보여 주었다. 두계가 『국사대관』과 『국사와 지도이념』에서 제시한 가치와 방향은 두 저술이 나온 시대는 물론 지금도 여전히 민주적 시민문화 형성과 발전에 중요하다. 두계는 '평화'와 '협동'이라는 가치를 상위의 중심적 지도이념으로 두면서, 또한 구체적인 생활의 실천 정신으로 우리의 "불의와 부정을 배격하는 정신", "교육과 문화를 존중하는 정신", "충효忠孝사상"[67] 등을 제시하고 그것을 교육 현장에서 미래 세대에게 꼭 전해 주어야 한다고 강조했다. 두계는 전통과 근대가 상호 배타적 개념이 아니며, 전통적

65 국가의 중대사를 중신회의 또는 군신회의에서 토의하고 결정한 것을 말한다. 두계는 대표적인 사례로 신라의 화백회의, 고려와 조선의 백관회의, 고려의 도병마사회의, 조선의 비변사 회의 등을 제시했다. 정치기구 중에는 언론의 자유와 권한을 부여받은 사간원과 사헌부 등을 예로 들었다. 두계는 이처럼 우리 사회는 대개 협의에 의한 정치와 민의와 여론을 중히 여기는 정치를 실시했다는 사실과 그것을 실천해 온 전통을 설명하면서 원시협동사회로부터 민주주의적 요소와 그 유풍이 뿌리 깊게 내려왔다고 주장했다. 이병도, 『國史와 指導理念』, 104쪽.

66 그가 말한 협동정신과 타협정신은 한국의 민주적 제도의 정착과 실현, 국민 단합에 필수적인 정신이라고 생각된다. 이러한 생각은 정치학자인 민준기도 동일하게 주장했다. "한국의 근대화를 위해서는 주민의 자주적 협동정신을 각성케 하는 국민교육 과정을 선행시켜야 한다." 민준기, 『한국정치 안정으로 가는 길』, 지식마을, 2023, 2쪽.

67 자세한 내용은 이병도, 『國史와 指導理念』, 186~283쪽과 震檀學會 篇, 『歷史家의 遺香』, 272~273쪽을 참고할 것.

가치나 정신이 사회의 발전에 기여할 수 있다고 하였다. 그는 전통이 사회 안정과 문화적 정체성正體性 유지 측면에서 근대 사회나 민주 사회로 발전할 때 긍정적인 힘을 발휘할 수 있다고 본 것이다.

그러면서 두계는 우리 민족이 가지고 있는 평화를 사랑하는 정신을 주목했다. 세계적 차원에서 보면, "공산주의 체제와 자유주의 체제의 대립, 혁명주의와 평화주의의 대립, 사회주의 대 자본주의의 갈등, 종교상의 반목, 가공할 무기의 경쟁적 증산 등으로 위태로운 상황"에서, 우리 민족은 자국의 평화와 함께 세계의 평화를 부르짖는 정신을 갖고 있다고 했다.[68] 통일문제에 대해서도 두계는 평화 통일을 전제로 했다. 그 방법은 남북한 대화를 통한 단계적 통일이었다.[69] 두계는 남북 분단, 사상의 혼란, 경제적 불안, 정치의 모순 등에서 오는 민족적 위기를 당시의 한국사회가 제대로 극복하지 못하는 점을 걱정하면서, 우리가 우리 민족의 사회발전 정신의 하나인 대아정신大我情神으로 일치단결했으면 진즉에 통일을 실현했을 것이라고 아쉬워했다. 이런 마음으로 두계는 국사 교과서에서 "대아大我 대국大局에 온 정신과 노력을 집중시켜 민족 통일을 조속히 실현하여 세계무대에서 활약해야 한다."라고 역설했다.[70]

『논어』에 "배우기만 하고 생각하지 않으면 얻는 것이 없고, 생각

68 이병도, 『國史와 指導理念』, 한국학술정보, 204쪽. 그는 안중근 의사의 애국정신과 동양평화론을 그 사례로 들었는데, 좀 더 자세한 내용을 보려면 이병도, 『국사와 지도이념』, 한국학술정보, 2012, 210~214쪽을 참고하라.

69 이병도, 『成己集』, 226쪽.

70 이병도, 『중학교 사회생활과 중등국사』, 을유문화사, 1963, 199쪽.

만 하고 배우지 않으면 위태롭다."[71]라는 말이 있다. 여기서 '배운다'는 말은 학문적 훈련discipline을 가리킨다. 먼저 그 학문 분야의 현황과 과제를 파악하고, 오류를 범하지 않도록 그 학문 분야에서 학자들의 집단적 노력으로 형성되고 발전된 연구 방법론에 따라 체계적으로 교육받고, 그것을 바탕으로 해서 겸손하게 자신의 창의적 연구를 진전시킬 수 있어야 학문적으로 안전하다는 말이다. 이것은 특히 그 연구 대상이 방대하고 자료 해석이 어렵고 다양한 해석이 가능한 한국사 연구에 있어서 꼭 필요한 연구 태도이다. 기존 학계에서 축적한 연구 성과를 살피지 않고, 확고한 사실적 근거 없이, 곧장 편향적이고 배타적인 주장을 유포한다면 곤란할 뿐만 아니라 해를 끼치는 일이 된다. 인터넷으로 은밀하게 거짓을 유포하고 비방하는 행위도 극성을 부리고 있다. 물론 거짓 정보는 시간이 지나면 결국 교정되겠지만 오랜 세월이 필요하다. 더 심각한 점은 민족을 좌우의 극단으로 바라보는 전체주의적 관점이 여전하다는 것이다. 이들은 집단적 힘으로 또는 정권 차원에서 권력을 동원해서 그 목적을 기어이 이루려고 하는 경향이 있다. 그런 극단적 주장과 명분이 대중적으로 인기 있는 것 같아도 개인의 자유, 차이에 대한 관용을 허용하지 않기 때문에 민주주의에는 더욱 위험하다. 이런 경향을 추종하는 세력은 배타적이기 때문에 차분하게 학술적으로 쟁점을 논의하려고 하지 않는다. 이런 그들이 두계의 삶과 학문을 왜곡하고 비방하고 있다. 두계는 그들과 달리 좌우의 양극단에 서 있지 않기 때문이다.

71 『論語』 爲政篇, "子曰學而不思則罔 思而不學則殆".

이와 같은 문제에 대해서는 한국사 분야의 여러 학술단체에서도 심각하게 인식하고 있을 것이다. "학문의 연구는 비판적批判的인, 독창적獨創的인 면에 치중해야 하겠다."[72]라고 두계가 역설한 바와 같이 두계 학문에 대해서도 다양한 관점의 연구가 장려될 필요가 있지만, 그러한 연구가 실제의 사실에 입각해야 한다는 점이 중요하다. 이에 더하여 결론적으로 주장하는 바가 현대 민주주의 가치에 부합하는가라는 문제도 생각해 보아야 한다.

두계의 학문과 교육에 대한 글을 쓰면서 지금까지 그다지 거론되지 않았던 측면, 두계의 국가관, 민족관, 유교 성리학 등을 개괄적으로 정치학 전공자의 관점에서 살펴보았다. 한편으로 조심스럽고 혹시라도 과도한 해석이나 오류가 있지 않았는지 우려스럽다. 두계에 관해 논하거나 평가한 글이나 연구 논문이 있다면 역사학 분야의 학술 공동체에서 그 가설假說이 타당한지에 대해 자유롭게 토론하고 검증하는 분위기가 형성되어야 한다.

두계는 역사가로서 한국정치사에서 한 시대에 중요한 역할을 담당했던 인물로서 연구 대상이 되었으므로, 이제는 그의 학문이 사실과 진리를 추구하는 학자들에 의해 있는 그대로 학술적으로 논의되어야 한다. 그렇게 하면서 한국사 분야가, 두계가 했던 바와 같이, 우리나라의 정치발전 차원에서 국가통합national integration과 민주주의 제도화institutionalization에 필요한 건전한 정신을 미래 세대에게 심어 주는 분야로까지 확대·발전하기를 기대한다. 두계가 강조했듯, 우리 민족이 가진 평화와 협동의 정신을 민주주의 제도와

72 이병도, 「女流學者가 되려는 분에게」, 『斗溪雜筆』, 318쪽.

문화에 접목해서 더욱 발전시켜 나가야 한다는 그의 주장은 지금과 같이 다문화사회多文化社會로 변화해 나가고 있는 한국사회 발전에 관한 논의에서 더욱 중요한 지침이 될 것이다. 평화와 협동의 정신을 역사 속에서 찾아내서 우리에게 전해 주는 두계의 학문은 여전히 극단적 대립으로 고통받는 지금의 우리 상황에서는 치료약과 같다. 한반도의 분단 상황이 계속되고, 학문이 이념적 편향성에 의해 갈라지며, 우리의 정치발전과 민주주의 정착은 여전히 지연되고 있다. 이런 때에, 두계가 했던 바와 같이, 역사적으로 우리의 통일 과정과 그 사례를 살펴 온 전문 역사학자들이 모여 있는 지금의 학계에서 '국가와 지도이념'에 대한 새로운 제안과 학설이 계속 나오기를 기대해 본다.

참고문헌

이병도, 『高麗時代의 硏究』, 을유문화사, 1948.

이병도, 『朝鮮史大觀』, 동지사, 檀紀 4281년(1948) 7월 發行, 檀紀 4282년(1949) 4월 1일 修正補三版.

이병도, 『國史大觀』, 동지사, 檀紀 4282년(1949) 12월 25일.

이병도, 『國史와 指導理念』, 일조각, 檀紀 4288년(1955).

이병도, 『고등학교 사회과 국사』, 일조각, 1956.

이병도, 『斗溪雜筆』, 일조각, 1956.

이병도, 『중학교 사회생활과 중등국사』, 을유문화사, 1963.

이병도, 『韓國史大觀』, 보문각, 1968년 2월 15일 간행본.

이병도, 『풀뭇간의 쇠망치』, 휘문출판사, 1971.

이병도, 『栗谷의 生涯와 思想』, 서문당, 1973.

이병도, 『내가 본 어제와 오늘』, 박영사, 1975.

이병도, 『斗室餘滴』, 박영사, 1975.

이병도, 『成己集』, 정화출판문화사, 1983.

이병도, 『韓國儒學史』, 아세아문화사, 1987.

이병도, 『國史와 指導理念』, 한국학술정보, 2012.

大韓民國國防部政訓局 戰史編纂會, 『韓國戰亂二年誌』, 檀紀 4284년 7월 1일부터 4285년 6월 30일까지, 大韓民國國防部政訓局戰史編纂會, 1953.

민족문화추진회, 『국역 율곡집 1, 2』, 민족문화추진회, 1968.

민족문화추진회, 『국역 퇴계집 1, 2』, 민족문화추진회, 1968.

민족문화추진회, 『국역 삼봉집 1, 2』, 민족문화추진회, 1977.

민준기, 『한국정치 안정으로 가는 길』, 지식마을, 2023.

민준기, 최용섭, 노찬백, 송석원, 이구, 『한국 정치발전의 이해』, 지식마을, 2010.

부남철, 『논어정독』, 푸른역사, 2010.

부남철, 『대학중용과 용학보의』, 지식마을, 2023.

박홍규 외 5인, 『정도전의 꿈과 종로: 과거와 미래의 만남』. 신서원, 2025.

서울대학교 문리과대학 국사연구실, 『資料 韓國儒學史草稿』, 1959, 油印本.

申正鉉,『政治學: 科學과 思惟의 전개』, 법문사, 1993.
尹景燮 編,『社會科學辭典』, 宣文社, 檀紀 4287년(1954).
율곡선생기념사업회,『國譯 栗谷全書精選』, 檀紀 4290년(1957).
李相佰,「三峯人物考(戊寅難雪冤記를 中心으로 하야)(一)」, 震檀學會,『震檀學報』 2卷, 1935.
李相佰,「三峯人物考(戊寅難雪冤記를 中心으로 하야)(完)」, 震檀學會,『震檀學報』 3卷, 1936.
李錫台 編,『社會科學大辭典』, 文友印書館, 1948.
이운경 외,『두계 가족 이야기: 斗溪 李丙燾 박사 추념 가족 글 모음』, 지식마을, 2020.
震檀學會 編,『歷史家의 遺香』, 一潮閣, 1991.
최종고 외,『상아탑을 쌓아라: 서울대 학문의 개척자들』, 경인문화사, 2019.
韓國社會科學硏究會,『社會科學』 第1號, 檀紀 4290년(1957) 10월.
韓國社會科學硏究會,『社會科學』 第2號, 1958년 3월.
韓永愚,『鄭道傳思想의 硏究』, 서울대학교출판부, 1973년 11월 初版, 1987년 2월 改正版.

Almond, Gabriel, A. and Sidney Verba, *The Civic Culture: Political Attitudes and Democracy in Five Nations*, Princeton University Press, 1963.
Forsyth, Murray, Maurice Keens-Soper and John Hoffman, *The Political Classics*, Oxford University Press, 1993.
Huntington, S. P., *Political Order in Changing Societies*, Yale University Press, 1968.
Pye, Lucian. W. ed., *Communication and Political Development*, Princeton University Press, 1963.

민족문화추진회 창립과 두계 이병도:
민족문화 계승과 활용의 토대 구축

곽진

1. 시작하기

1) 고전국역의 의의와 문화 창달

근대화의 시기 우리나라는 서양의 문물을 받아들였고, 그 과정에서 서양어의 번역은 필수 불가결한 것이었다. 이렇듯 번역은 동양과 서양을 잇기도 하는 등 말과 글이 다른 문화공동체를 이어 주는 행위이다. 우리 문화의 바탕에는 수입한 것뿐만 아니라 과거로부터 내려온 전통의 기반도 상존하기에 우리나라의 과거 문화를 이해하는 데 상당한 어려움이 따른다. 근대 이전 우리나라의 기록은 한자로 기록한 한문헌이 대부분이기 때문에 한문 전적을 국역하는 일은 우리의 지난 문화를 재발견, 재인식하는 매우 중요하고 독특한 작업이 된다. 한문과 한자가 근대 이전의 주된 기록체계였는데, 근대화 이후 급격하게 사장되어 버렸기 때문이다. 한문은 현대 한국 사회에서 소통 불가능한 기호체계가 되어 젊은 세대에게는 영어보다도 낯설다. 다시 말해 우리 민족공동체의 기억과 기록들은 구전과 한글로 전해 오는 것들도 있지만 대부분의 기록은 한문이기에 현대 한국사회에서 한문이 소통 불가능한 기호체계라는 사실은 민족공동체의 기억이 단절된다는 것을 의미한다.

1966년『민족문화』창간호에서 당시 부회장을 맡은 두계 이병도 선생(1896~1989, 이하 선생으로 약칭)은 이러한 문제를 포괄하여, 우리 한문고전의 현대화 작업, 즉 고전국역의 역사적 의의를 언급하며 그것은 우리 일반 문화인의 책무라고 강조하였다.

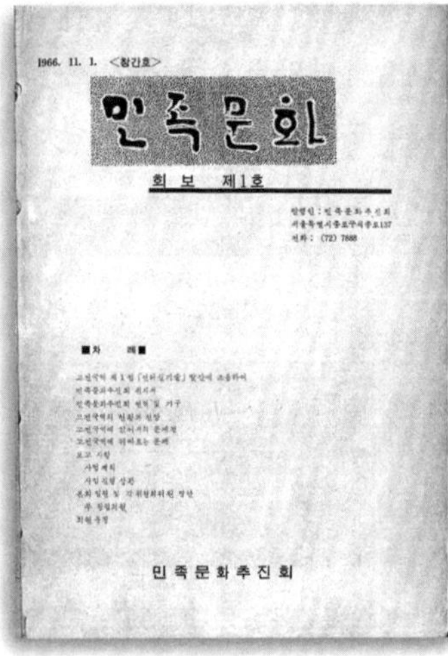

『민족문화』 회보

『민족문화』 창간호

우리 고전 중의 정화精華를 국역·간행하여 민족문화의 유산을 올바로 전승하려는 의욕과 노력이 근자에 여러 곳에서 활발히 움직이고 있음은 실로 당연한 일이지만, 또한 경하하여 마지않는다. 이러한 의의 깊은 국역사업의 현황을 살펴보면, 즉 대학 부설의 연구기관을 비롯하여 일반교양을 목표로 하는 단체에서 이를 계획 추진하고 있는데, 그 진행이 자못 적극적인 자세를 보여 주고 있다. 몇 가지 예를 들면 고려대학교의 「민족문화연구소」, 부산대학교의 「한일문화연구소」, 동국대학교의 「역경원譯經院」 국역사업과 같은 것은 전자에 속하고, 근래 「한국자유교양추진회」에서 착수하고 있는 내외고전內外古典의 국역사업과 같은 것은 후자에 속한 것이라 하겠다.

우리 민족문화추진회에서도 그 사업의 일환一環으로 정부의 보조를 얻어 역시 고전의 국역 간행을 계획 추진하고 있다. 본회의 국역 계획은 우리 선민의 손으로 된 고전에 국한하여 그 정화를 선택하되 분야를 문학류, 역사류 및 경학류經學類의 3개 부문으로 나누어 국역을 추진하고 있다. 그래서 우선 금년도로부터 착수된 것이 문학 부문에서 『동문선東文選』, 역사 부문에 『연려실기술燃藜室記述』, 경학 부문에 『퇴계집정선退溪集精選』 및 박세당朴世堂의 『사변록思辨錄』의 국역으로 되어 있는바, 그중 『연려실기술』의 국역은 제일집第一輯을 간행하고 제이집이 인쇄에 들어가고 있다. 본회가 추진하고 있는 국역 상의 기본방침은 무엇보다도 신중을 기하는 목적에서 초역初譯, 교열校閱, 윤문潤文, 주석註釋 등의 제 과정을 거치게 되어 있거니와 요컨대 본本 국역에서 주력主力은 대상의 정선精選과 원문原文의 충실을 기하여 현대문 속에서도 그 원전原典의 본의本義를 그대로 지니도록 힘쓰는 데 있다고 하겠다.

이 국역사업의 전망에 대하여 한마디 말하여 둘 것은 현재 이 사업에 바쳐지고 있는 온갖 노력과 커다란 의욕이 결코 일시적인 현상에 그쳐서는 아니 되겠다는 것과 또 되도록이면 같은 국역사업 사이에 서로 중복을 피하자는 것에 있다. 또한, 이 거창한 사업의 성과를 거두기 위해서는 정부의 적극적인 재정적 보조가 좀 더 베풀어질 것을 기대하는 바이며, 한편 학계와 일반의 커다란 협찬協贊이 아쉬운 것이다.

또한, 끝으로 바라는 바는 우리 선인先人들의 남긴 수많은 고전 가운데 그 정화를 골라 국역함으로써 우리 문화의 영원히 약동하는 생명과 전통을 올바르게 계승하고, 또 그것을 새로운 민족문화의 창조에 기초가 되도록 하여야 할 것이다. 이것이 비단 국역사업 자체의 사명일 뿐만 아니라 우리 일반 문화인의 당면한 책무責務라 하겠다.[1]

1 이병도, 「고전국역의 현황과 전망」, 『민족문화』 창간호, 1966. 11. 1. 민족문화추진회.

선생의 이러한 진단과 주장은 선생만의 문제의식이 아니라 당대 국학에 종사하는 학자들의 공통된 생각이었는데, 선생이 그러한 고민들을 집약하고 학계 여러분들과 함께 민족문화추진회(이하 민추로 약칭) 결성에 나섰던 것이다.

이후 국가 차원의 원전정리사업, 고전번역사업, 인재양성사업, 고전번역연구사업이 가시화되었고, 현재 정보화사업으로 이어졌다. 이 모두가 역사와 기억의 단절 문제를 근원적으로 해결해 가는 계승과 보존의 기초 작업일 뿐만 아니라, 민족문화를 새 시대 새 문화 창조의 기반으로 활용하려는 목적의 실천을 가능하게 하는 사업이었다. 이는 바로 민추 창립 초기에 학자들과 선생이 꿈꾸었던 미래를 위한 과거와 현대의 연결이며, 후대에도 일관하여야 할 지표가 아닐 수 없다.

2) 민족문화추진회 창립

1965년에 민추가 설립되어 올해로 60년이 되었다. 2007년에 민추는 발전적으로 한국고전번역원에 수렴되어 새출발을 하였다. 민추에서 시작한 고전국역사업은 계속되어 『조선왕조실록』, 『승정원일기』, 문집류 등을 번역하고 번역문과 원문을 데이터베이스로 제공하여 우리 사회에서 누구나 이용할 수 있게 되었다. 60년 전에는 전문연구자 외에는 접근하기조차 쉽지 않았던 한문 문헌들을 이제는 관심 있는 국민 누구나 그 번역 성과를 공유하게 된 것이다. 지금까지 민추와 이를 승계한 한국고전번역원(이하 번역원)은 고전정리사업과 고전번역사업의 중심기관으로 그 역할을 견실히 수행해 왔다. 2024년 말 기준으로 220종 2,384책의 방대한 성과가 이를 반증한다.

우리 사회도 성장하여 이제는 과거와 달리 문화의 질적인 부분을 평가하고 있다. 번역의 결과물들이 이해할 수 있게끔 제대로 된 것인지 판단하는 단계, 즉 허기를 넘기는 수준을 넘어 맛과 멋을 찾고 예술성의 유무를 따지는 단계로 이행하였다. 하지만 이러한 발전은 국역의 본산인 민추를 빼놓고서는 말할 수 없다.

민추는 1965년 10월 한국의집Korea House[2]에 모인 학學·예계藝系의 명사 20여 명의 발의로 시작하여 그 한 달 후인 11월 6일 동숭동 서울대 의대 강당에서 창립총회가 열려 결성되었다. 총회의 사회를 선생이 맡았는데, 당시 참여 인사는 박종화(초대 회장), 이병도(부회장), 최현배(부회장), 김동리, 손재형, 신석호, 이은상, 조연현, 홍이섭(이상 이사), 그리고 김두종, 김윤경, 성낙훈, 이승녕, 이희승, 한갑수 등이었다.[3] 민추의 결성 목적은 경제 개발과 민족 주체성 확립의 기운의 점차 고조되는 시점에 민족문화의 보존과 개발, 연구를 위한 사업 시행에 있었다. 창립총회에서 참여자들은 다음의 '대정부건의서'[4]를 채택하였다.

문화란 한 민족의 정신을 크게 계발시키고 품위 높게 조절시켜서 그들 지도자가 사유하는 국가의 국시를 민중으로 하여금 지향케 하여 국가의

---

2 1957년 대통령 직속 공보실에서 '한국의집'으로 개관하여 영빈관 기능으로 사용하였다(https://www.kh.or.kr/cms/content/view/564). 현재는 국가유산진흥원에서 관리하고 있으며 한식당 및 각종 행사 장소로 이용되고 있다.

3 『민족문화추진회 42년사』, 한국고전번역원, 2009(이하 42년사), 99~100쪽.

4 위의 책, 99쪽, 「총회 결성 취지문」.

창립총회를 마치고 총회에 참석한 회원들은 박정희 대통령을 방문하고 민족문화 진흥에 관한 건의서를 전달하였다.

이상을 실현하는 과정을 문화라 부르고, 또는 이 과정의 소산하는 바를 문화재라 일컫는 것이다. 이리하여 이 문화재의 축적은 곧 훌륭한 인류의 역사가 되는 것이요 찬란한 민족의 문화가 되는 것이다. 그러므로 민족이 융성했을 때 그 나라의 문화는 찬란한 빛을 발하는 것이요, 민족이 쇠퇴하면 그 나라의 학술과 예술은 위축되어 그 빛이 쇠미해지는 것이다. 우리는 과거에 찬연한 문화를 가졌음에도 불구하고 불행했던 근대의 암흑기는 민족문화의 말살을 당했고, 異族의 질곡에서 겨우 벗어난 우리는 자주적인 학문, 예술의 창조와 건설을 위하여 투쟁 노력해 왔으나 공산계열의 악랄한 사상과 미풍양속을 교란시키는 저속한 외래 풍조는 마침내 민중으로 하여금 민족 주체의식을 상실케 하는 위기에 봉착하고 말았다. 우리는 이 슬픈 사실을 앉아서 바라보고만 있을 수 없다. 학문과 예술로 민족의 '얼'을 부흥시켜서 국가의 이상을 실현케 하는 과정을 밟으면서 크게 민족문화를 앙양시켜야 할 것이다. 뜻을 같이한 우리는 이에 민족문화추진을 위한 이 모임을 갖기로 한다.

이어서 정부가 민족문화 진흥을 위한 문화정책을 강화해 달라고 요청하였다.

① 학·예술원 신축
② 세종대왕기념관 건립
③ 국립도서관 이전
④ 국사편찬위원회 청사 마련
⑤ 문화단체와 학회·연구회 등에 사업비·연구비 지원
⑥ 문화 행정의 일원화 등 문화 전반에 걸친 여건 조성 마련

위의 내용이 주요 요구사항으로 건의문에 포함되었다.[5] 정부는 민추의 요청을 수용하여 1966년 추경 예산까지 편성해 고전국역사업을 지원하였다. 당초 사회단체로 출발한 민추는 1970년, 정부가 지원하던 고전국역사업 단체·기관들의 중복 등의 문제를 앞서 조정, 해결하고 체계적인 고전국역사업을 진행하기 위해 문화공보부 산하 '재단법인 민족문화추진회'로 명칭을 전환하였다.[6] 아울러 고전을 번역할 번역자의 부족 문제를 해결하기 위해 한국 고전연구원을 개설하고 전문적인 한문 교육을 시작하였다. 1970년 재단 설립기의 교수진은 이병도, 성낙훈, 하성재, 조규철, 신호열, 임창순 등이었다.[7] 이처럼 선생은 처음부터 민추 창립에 깊숙이 참여해 기관의 활착과 번역에 필요한 여러 현안들의 해소에 진력했을 뿐만 아니라 자신이 직접 번역자 양성 교육 방안을 설계하고 강의도 맡았다.

2. 이사장 취임과 기관의 안정화

선생은 1965년 민추 창립회원으로 초대 부회장에 피선된 이래 재단법인으로 바뀐 1970년대부터는 이사에 보임되고 교열위원도 맡았다. 1982년에 이사장에 취임하고 1988년 4월 1일 자로 사임하기까지 6년 넘게 민추를 번역기관으로 자리 잡는 데 분투한 결과, 민

---

5 42년사, 100쪽.
6 42년사, 104~107쪽.
7 42년사, 293쪽.

추의 발전에 획기적인 전기를 가져오면서 민추가 국가 번역기관으로 자리 잡는 데 큰 업적을 세웠다.

민추 창립 초기부터 실무를 담당하다가 이후 민추의 살림 전반을 맡았던 민추 창립과정의 산증인인 이계황[8] 사무총장의 증언을 소개한다. 그는 선생이 민추 창립과 기관의 정착에 정성을 쏟았던 모습을 아래와 같이 회고한다.

내가 두계斗溪 선생을 뵌 것은 민추가 고전번역사업을 착수한 1966년 5월이었다. 당시 군사 혁명정부는 대체로 정치적 안정이 되자 문화면에 관심을 갖게 되면서 정부와 공화당 김종필金鍾泌 씨가 모임을 주선하여 학·예술계 원로 50여 분이 민추를 발족하고 민족문화 발전의 기초와 여건 조성의 중심역할을 주요사업으로 계획하던 중 구체적인 사업으로 우리의 고전국역사업을 착수하게 되었다.

고전국역사업은 한말과 광복 후 그 필요성이 논의되어 왔으나 정부 차원에서는 처음 시작하였으므로 민추의 회장단, 회장 월탄月灘 박종화朴鍾和 예술원장, 부회장 두계斗溪 이병도李丙燾 학술원장, 최현배崔鉉培 한글학회장이 번갈아 사무실에 나오시게 되었다. 〔…〕 두계 선생은 초기부터 이사장에 피선되기까지 기획편집위원회 위원장을 겸직하시며 고전

---

8 42년사, 113쪽.

이계황은 민족문화추진회 설립 당시부터 28년 동안 민추와 풍상을 같이한 민추 창립과 발전의 산증인이다. 그는 1970년대의 촉진 계획과 1980년대의 활성화 방안을 준비하고 이를 성사시켜 국역사업을 본격적인 궤도에 오르게 하는 데 핵심적인 역할을 했다. 특히 그는 선생을 보필하면서 민추의 난제들을 풀어 냈고, 회관을 마련하는 데 실무를 맡았다. 민추에서 정년을 맞은 후 1988년 전통문화연구회 설립에 참여했으며, 3~6대 회장직을 맡았다.

번역사업은 물론, 국역연수원, 편찬사업 등을 실질적으로 주관하셨다고 할 수 있다. 〔…〕

민추가 고전국역사업을 착수하게 되자 학계에 계시던 한학자나 초야에 묻혀 있던 한학 대가들이 비로소 활동 무대를 갖게 되었는데, 두계 선생은 고전국역사업의 주역인 한학자들을 높이 평가하고 각별히 대하셨다.[9] 〔…〕

1968년에 정부의 기구 개편으로 민추가 문교부에서 문화공보부로 이관되고, 그 후 문공부의 문화진흥 5개년 계획의 시행으로 고전국역사업이 정부의 주요사업으로 부상되면서 정부 지원을 강화하는 한편, 민추가 재단법인으로 개편되고 신범식申範植(1923~1992) 문공부 차관이 당연직 이사장으로 취임하였다. 그러나 국역 원로 선생들이 고령인 관계로 점차 타계하시어 번역 작업이 어려워짐에 따라 국역사업 인력문제가 논의되기 시작하자 한국고전연구원韓國古典研究院을 만들었다.

선생은 국사 강의를 맡으셨다. 〔…〕 그 후 선생의 진언進言으로 1974년 박정희 대통령의 지시에 의거 국역 후계자 양성을 위한 국역연수원國譯研修院을 부설하였다. 그 결과 국역연수원이 이제는 고전국역의 요원 양성은 물론 학계, 교육계, 문화계에 없어서는 안 될 기관이 되었다. 〔…〕

1977년에 정부의 고전국역사업촉진계획古典國譯事業促進計劃이 시행되어 사업량의 확충과 원고료의 대폭 인상 및 국역자 처우개선 등에 역점을 두어 고전국역사업에 획기적 전환점이 되었으나, 기본 문제인 기금

9 한학자들 중에 선생이 특별히 아낀 인물은 방은放隱 성낙훈成樂熏 선생이다. 심재心齋 조국원趙國元 선생, 우인又人 조규철曺圭喆 선생, 우전雨田 신호열辛鎬烈 선생과는 종종 한학과 국학의 국역에 대하여 대담하며 노고를 위로하였다. 선생은 한학 대가들이 한중의 역대 석학의 시문과 고사故事와 보학譜學을 줄줄 암송하는 박학을 높이 평가하고, 현대 학문의 부족한 점을 아쉬워하였다.

조성이나 회관會館 문제는 그대로 남아 있었다. 나는 1970년도 편집 책임을 맡으면서 편집회의 개최와 사업계획 수립 시 또는 국역연수원 문제 등 중요한 사항이 있을 때마다 학술원 회장실이나, 대동문화연구원 원장실, 아니면 댁으로 가서 자주 뵙게 되었다.[10]

이계황 사무총장의 회고문을 살펴보면 선생이 민추 창설 초기부터 기관 발전에 기울인 노력이 자세히 기록되어 있다. 특히 1세대 한학자들이 점차 현장에서 물러나자 선생이 제의한 차세대 인재 양성을 위한 국역연수원 부설은 국역사업의 양과 질을 제고提高한 획기적인 정책이었다. 여기서 길러진 인재들이 오늘날 우리나라 고전 국역사업의 핵심 자원으로 번역원과 대학에서 인문학의 중심인물로 활동하고 있다.

민추 창립과 사업 확장의 전기를 마련한 선생의 다양한 공적 가운데 중요한 것을 간추려 보면 다음과 같다.

민추 이사장을 맡은 선생은 1985년 노신영 총리를 설득해 그해 12월 정부에서 '고전국역사업 활성화 계획'을 확정하도록 이끌었고, 이에 따라 1986년부터 '고전국역 활성화 방안'[11]이 시행되었다. 그

10 李啓晃, 「民推에서의 斗溪先生」, 『歷史家의 遺香』, 진단학회 편, 일조각, 1991, 184쪽.

11 42년사, 127쪽, '고전국역사업 활성화 방안'.
"1980년대 후반에 접어들면서 민추는 새로운 도약의 분위기를 만들어 내었다. 1980년대 초반에 정치적·사회적 격랑에 흔들려 사업의 위치를 제대로 찾지 못했던 것에 비하여, 이 시기는 전반적 안정을 되찾은 분위기 속에 민족문화추진회가 벌이는 여러 사업의 중요성과 필요성을 일깨우며, 정부와 각계의 힘을 하나로 모으는 시기였다. 이 같은 상황에서 나온 것이 '고전국역사업 활성화 방안'(이하 '활성화 방안'으로 줄임)의 수립과 시행이다. 추진회의 고전국역사업은 10년을 주기

결과로 한국문집총간 편찬을 포함한 대규모 고전정리사업이 추진되었다. 그리고 고전국역 활성화 방안에 힘입어 1986년 7월에는 민추의 오랜 염원이었던 회관을 종로구 구기동에 마련할 수 있게 되었다.[12]

여기서 그치지 않고 '우리 고전 읽기 운동'의 지속적 추진, 국역연수원에 일반인 대상의 한문강좌 개설, 고전국역상 제정, 한국문집총간 편찬 등 민추가 명실 공히 고전번역기관으로 자리매김하는 빛나는 업적을 이루어냈다.

비록 열매를 거두지 못했지만, 의욕적으로 추진했던 아쉬운 사업이 하나 있다. 고전영역사업古典英譯事業이 그것이다. 이는 우리 고전을 해외에 보급하여 외국인들의 한국문화에 대한 이해의 지평을 넓혀 잘못 알려진 사실을 바로잡고, 우리 문화의 주체성을 확립하고자 한 의욕적인 정책이었다.[13]

로 새 단장을 해 왔다고 할 수 있다. 이 주기로 사업이 활성화되고 침체되는 굴곡을 겪어 온 것이다. 이러한 변화는 이 사업에 대한 정부의 의지와 지원 여하에 따라 많이 좌우되었다. 〔…〕 이병도 이사장은 노신영 국무총리와의 면담 기회에 운영 위기에 처한 민족문화추진회를 회생시켜 국역사업에 활기를 불어넣어야 함을 강조하였다. 이 이사장의 의견을 경청한 국무총리는 관계자를 보내 실태를 파악하게 하였고, 이계황 사무국장은 관계자에게 1977년 이후 고전국역사업의 실태를 설명하며 새로운 활성화 계획의 수립이 필요함을 강조하여 정부 관계자들의 관심을 이끌어냈다. 이때 민정당 사무총장 이한동의 노력도 추진회로서는 힘입은 바 크다."

12 1997년 회관 구입에 6억 9천만 원이 소요되었다. 그 내역은 방송광고공사에서 지원한 3억 원의 공익자금과 고전국역후원회를 통해 조성한 고전국역기금, 민족문화추진회 자체 자금 그리고 구입한 건물을 담보로 한 대출금, '고전국역 활성화 방안'으로 조달된 자금 등 상당히 복잡하였다(42년사, 140쪽~141쪽).

13 1970년 2월 이병도(위원장), 권오돈, 성낙훈, 신호열, 안병주 등이 참가한 가운데 개최한 제2차 기획편집위원회에서 고전영역사업에 착수하기로 하고 그 첫 번째로 『삼국유사』를 선정하였다. 『삼국유사』는 삼국시대의 역사뿐 아니라 신화,

1) 고전국역 활성화 사업 추진

한국사회는 1970년대 말부터 정치적·사회적 혼란에 빠져들었다. 1980년대 초반의 사회적 위기 속에 민추에 대한 정부 지원도 줄어들고 자체적인 재정사업도 어려워져 민추의 국역사업은 물론 구성원의 생계도 힘든 상황이었다. 이러한 어려운 시기에 이사장을 맡은 선생은 고전국역사업을 발전시키고 국역자의 근무 여건과 처우를 개선하기 위해 많은 노력을 기울였다. 당시의 어려운 상황을 타개한 것은 바로 정부의 '고전국역활성화 계획'으로 이어진 '고전국역사업 활성화 방안'이었다. 1985년 고전국역사업 활성화 방안이 정부의 승인을 얻게 된 과정은 다음과 같다.

85. 4. 30. : 대통령 비서실장, 문교부 장관, 문화공보부 장관 등 관계 기관에 고전국역사업 추진을 위한 여건 조성 건의
5. 28. : 이병도 이사장이 대통령 비서실장을 면담 협의
6. 4. : 문화공보부 장관에게 여건 조성을 위한 (민추)회관 확보

전설, 민담, 불교, 시가 등 각 방면에 걸친 내용을 담고 있는 대표적인 우리 역사 고전이다. 이어서 1970년 4월 이병도 위원장을 필두로 박준선, 성낙훈, 이팔범, 정인섭, 진인숙 등으로 '삼국유사 영역 소위원회'를 구성하고 영역사업에 착수하였다. 선생의 국역본(고증, 주석)과 이재호 국역본(역문)을 이병도, 성낙훈, 신호열이 재감수하여 대본으로 삼아 영문학자가 번역하되 외국인을 선정하여 교열·윤문하기로 합의한 사업이었다. 1970년 4월 제1차 삼국유사 영역 소위원회를 개최한 이래 7차에 걸친 회의 끝에 체재 통일, 영역 요령, 자구字句 통일, 기타 문제점을 논의 결정하며 진행하여 이병도, 정인섭, 성낙훈 등의 노력으로 1970년 말 영역 원고를 일단 끝내고 1971년 6월에 간행하기로 하였으나, 그 후 재정 및 여러 가지 문제로 간행이 중단되었다. K-컬처 등 한국문화의 세계화를 논하고 있는 지금에 돌아보아도, 미래를 준비하는 의미가 큰 사업이었는데 아쉽게도 결실을 보지 못하고 말았다(42년사, 329쪽).

지원협조 요청

6. 7. : 이병도 이사장이 문교부 장관 면담 협의

6. 8. : 이병도 이사장이 국무총리, 국정자문위원회 의장 면담 협의

7. 11. : 문화공보부 장관에게 고전국역사업 촉진을 위한 공익자금 지원 요청

7. 24. : 국무총리실 행정조정실장이 민족문화추진회 내방 협의

7. 27. : 문교부 장관에게 고전국역사업 활성화 방안 제출

8. 8. : 국무총리실에 고전국역사업 활성화 방안 제출

9. 9. : 국무총리실에 고전국역사업 활성화 계획 제출

11. 16. : 문교부 장관에게 고전국역사업 국역자 처우개선안 제출

12. 4. : 고전국역사업 추진을 위한 공익자금 지원요청에 대해 문화공보부 장관 승인(300,000,000원)

12. 23. : 고전국역사업 활성화 방안에 대해 대통령 재가[14]

당시 선생은 노신영 총리와의 면담에서 고전국역사업에 활기를 불어넣어 민족문화의 에너지를 찾아 국가발전의 정신적 동력으로 삼으려면 민추의 국역사업 역량을 높여야 한다고 강조하였다. 이후 정부 당국자들과 구체적인 방안을 협의하여 정책을 마련했는데 그것이 '고전국역사업 활성화 방안'이었다. 1986년부터 '고전국역사업 활성화 방안'이 시행되어 민추의 국역사업의 환경이 안정화되고 개선되었다. 1987년 4월 2일 국무회의에서 '고전국역사업 활성화 계

14 「한국문집총간편찬의 배경과 사업의 전개과정」, 한국고전번역원 내부 문건.

획'이 의결되어 고전국역사업의 마스터플랜을 준비하여 이를 진행하였다. 이때부터 한국문집총간 편찬을 포함한 대규모 고전정리사업을 추진할 수 있었다.

기실 고전국역 활성화 방안에 정부의 관심이 높아진 데는 북한의 고전국역 실태가 알려진 것도 하나의 계기로 작용했다. 북한은 1980년대 초반에『조선왕조실록』의 국역을 마쳤다고 선전했는데, 실록만이 아니라 다른 고전번역물도 상당한 성과를 거두었다. 고전번역 분야에서 우리 쪽이 뒤처져 있다는 사실을 확인하고 우리 정부도 내심 충격을 받았다. 정부의 지원 의지가 분명해지자 민추에서는 서둘러 종합적인 고전국역 활성화 방안을 작성하였다. 사업내용은 고전국역사업, 국역자양성사업, 원전정리사업의 세 부분으로 나누어졌다. 앞의 두 가지는 그간 추진해 온 사업을 보강하는 것이고, 세 번째는 이 방안에서 중점적으로 보완되는 부분으로 나중에 한국문집총간편찬사업으로 결실을 맺었다.[15] 고전국역사업 활성화 방안이 1985년 말 정부의 승인을 얻자 1986년에 구체적인 계획을 세우게 된다.

1986년 1월 23일 열린 제1차 기획편집위원회에서 그간의 진행 상황을 보고하고 원전정리사업 계획 수립에 착수하였다. 4월 16일에 개최된 제2차 기획편집위원회에서는 활성화 방안에 따른 원전정리사업 종합계획 수립을 위한 협의가 진행되었다.[16]

15 42년사, 127쪽.

16 논의는 정리분야의 설정, 사업명칭, 총서명, 편찬대상 문집의 선정, 정리범위, 정리방법, 출판, 편간계획 순으로 진행되었다. 먼저 어느 분야의 전적들을 정리하느냐의 문제에 대한 토의가 있었다. 우리의 고전적 전 분야를 포괄적으로 다룰지, 아니면 어느 한 분야를 정하여 다룰지를 놓고 장시간 토의한 끝에 사료 부분

고전국역사업 활성화 방안은 원전정리사업 종합계획안을 포함하여 발전된 형태로 정리되어 1987년 4월 2일 국무회의에서 '고전국역사업활성화 계획'으로 의결되어 고전번역과 고전정리에 대해 마스터플랜을 갖추고 사업을 집행하게 되었다.[17] 고전국역사업 활성화 계획의 주요 내용은 다음과 같다.

고전국역사업 활성화 계획

1. 의의 및 필요성

가. 민족의 주체성과 국민적 자부심 고양

은 이미 일제시대부터 많은 자료가 정리되었고 해방 이후에도 국사편찬위원회를 중심으로 계속 정리 중에 있다는 점과, 불교 부분은 동국대학교에서 중점적으로 정리하고 있다는 점을 감안하여, 국학 연구상 중요한 비중을 차지하고 있는 1차 자료임에도 불구하고 종합적이고 체계적인 정리가 늦어지고 있는 한국문집을 정리대상으로 하는 것이 사업의 중복을 피하면서 효과를 높일 수 있는 방법이라는 데에 의견의 일치를 보았다.

종로 한일관에서 열린 이 위원회에는 한우근 위원장을 비롯한 고병익, 신호열, 이계황, 이우성, 이진영, 이춘희, 임창순, 천혜봉, 허선도 위원과 간사인 신승운 편찬부장과 정태현 국역부장이 참석하였다. 그리고 이병도 이사장과 김동욱 회장이 임석하였다(「한국문집총간편찬의 배경과 사업의 전개과정」, 한국고전번역원 내부문건).

17 사업의 명칭에 있어서는 고전적정리사업, 원전정리사업, 한국학기본총서 편찬사업, 한국고전총서편찬사업, 한국문집총서 편찬사업, 민족문화총서 편찬사업, 민족문화 고전총서 편찬사업 등 일곱 가지 안을 놓고 토의에 들어갔다. 장시간 다각적으로 토의한 결과 사업 명칭은 잠정적으로 '한국문집총간 편찬사업'이라 하고 최종 결정은 다음 회의에서 하기로 의견을 모았다. 총서명은 사업 명칭이 잠정적으로 '한국문집총간 편찬사업'으로 결정됨에 따라 우선 '한국문집총간'으로 하고 최종 결정은 다음 회의에서 하기로 하였다. 이어 3차(1986. 5. 14.), 4차(1986. 6. 2.) 기획편집위원회 회의를 통해 종합계획안을 심의하였다. 원전정리 종합계획안은 1986년 6월 문교부에 제출되었고 문교부의 조정을 거쳐 8월 11일 확정되었다(「한국문집총간편찬의 배경과 사업의 전개과정」, 한국고전번역원 내부문건).

나. 민족문화의 보전 계승 및 창달

다. 조국통일에 대비한 정통성 확보

2. 현황

(중략)

3. 문제점

가. 2000년까지 사업을 완료할 예정이나 현 진도로는 10년 이상 지연 예상

※ 북한은 우리보다 10년 앞서 고전국역사업에 착수하여 일반고전은 1960년, 조선왕조실록은 1981년에 국역을 완료하였다고 선전하고 있음.

나. 국역자의 대부분이 고령이므로 후계자 양성이 긴요하나 부진한 실정

다. 원전정리사업의 체계적인 계획과 추진 미흡

라. 고전국역기관의 재정 자립 여건 미흡

4. 대책

가. 고전국역사업 기간 단축

(1) 국역사업 계획기간을 5년 단축

○ 연 26책 →35책으로 조정(실록 30책, 일반고전 5책)

○ 국역완료시기 왕조실록 1995년
일반고전 2005년

나. 국역인력양성 촉진

민족문화추진회 부설 국역연수원의 기능을 강화

다. 원전정리사업 일원화

(1) 담당기관: 민족문화추진회

(2) 목표 200책('86~'95)[18]

1980년대 중반 이후 민추는 고전국역사업 활성화 계획을 통해 당시 사업 진도가 부진하던 조선왕조실록 번역 등의 사업량을 늘리고 '한국문집총간편찬'과 같은 체계적인 원전정리사업을 시작하였다. 당시 연간 20책 10년으로 계획된 '한국문집총간사업'은 출판비 조정에 따른 책의 분량 조정으로 정편正編 350책으로 완료되었고 이어 속편 150책을 간행하여 총 500책을 간행하였다.

1980년대 초 민추의 위기상황과 고전번역사업의 부진이라는 난관 앞에서 고전번역에 대한 확고한 신념과 철학을 가진 선생이 앞장서 고전국역 활성화 계획을 통해 사업량을 증대하고 역자 처우를 개선함으로써 민추가 당면한 문제들의 실마리를 찾게 되었으니, 선생이 민추의 국역사업 안정화에 기여한 그 공헌을 짐작할 수 있다.

2) 재정 개선과 회관 마련

1980년대 초기의 민추의 재정적 위기와 고전번역사업의 위축은 정부의 지원이 줄어든 까닭도 있지만 근본적인 원인은 민추 자체의 재정 기반이 취약했기 때문이다.

선생이 이사장으로 취임한 이듬해인 1983년에 이러한 근본적인 문제를 해결하기 위해 고전국역후원회를 결성하고 고전국역기금을 조성하여 민족문화추진회 사업의 장기발전을 위한 재정적 기반

18 '고전국역사업활성화계획(제14회)', 국가기록원 문서번호 '의정01601-577'.

을 마련하려 하였다.[19] 민추는 1980년대 초 심각한 재정난을 겪고 있었다. 이는 무엇보다도 소극적이고 불안정한 정부예산의 지원에 기인한다. 당시 5공화국 정부는 당면한 경제난을 타개하고 정권의 정통성 확보에 여념이 없어 고전국역사업을 지원할 여력이 없었다. 이 때문에 선생은 고전국역사업을 민간 주도의 문화사업으로 확산할 필요가 있다고 판단하여 자체적인 재정 마련을 위한 사업 준비를 제의하였다. 1982년 6월 32차 이사회에서 고전국역후원회를 조직하고 1983년 9월 4일에 제1차 고전국역후원회 운영위원회를 개최하였다. 이 위원회에서 채택한 취지문은 다음과 같다.

우리는 전통문화에 대한 확고한 주체적 인식과 계발 없이 외래문화를 수용하여 자주성과 전통이 극히 약화되어 왔다. 앞으로 보다 자주적인 한국을 위하여는 전통문화를 새로운 민족문화로 승화시켜야 하며, 우리의 자립 자존을 위해서는 투철한 역사의식과 국가관이 절실히 요청된다.

민족문화의 창달이나 역사의식과 국가관의 확립은 민족정신을 바탕으로 하여야 하고, 이는 정신문화의 결정체인 고전 속에 있으므로 고전의 현대화 작업은 민족정신 확립의 첩경이라 할 수 있다. 이런 점에서 고전국역은 시대적 사명이며 국가적 과제라 하겠다.

그동안 정부나 학계에서 많은 의욕과 노력을 기울여 왔으나 아직도 우리 고전의 장기계발을 위한 재정적 기반을 마련하지 못하였다. 이를 우리 스스로 문제라 생각하는 각계의 뜻을 모아 고전국역 후원회를 결성하는 바이다.

---

19 42년사 117쪽, 369쪽.

사회 각계 유지들의 많은 참여를 바란다.[20]

1984년에는 목표 인원 1,000명, 기금 조성 5억 원을 설정하고 임위원, 직원, 국역연수원 동문회 등을 통한 입회 권유 등 여러 방법으로 후원회원 모집에 나섰다. 선생도 고전국역후원회의 업무를 원활히 할 수 있도록 업무용 승용차를 기증하여[21] 물심양면으로 힘썼다. 1985년 말까지 기금 1억여 원을 모집하였다.[22] 후원회의 기금 조성이 활발하게 이루어진 것은 '고전국역사업 활성화 계획'에 따라 정부기관 등이 특별후원회원으로 가입하도록 한 뒤였다. 문교부(현 교육부)의 특별회원 가입 권장 공문이 발송된 뒤 대학 등 많은 기관이 특별회원으로 가입하였다. 1995년까지 모금된 후원금은 11억 원이었다.[23]

민추의 어려운 재정 상황은 업무공간 문제와 겹쳐 근무환경에 상당한 제약을 가했다. 민추 자체의 건물도 없어 사무공간이 협소할 뿐 아니라 사무실을 자주 옮기는 등 그 어려움이 말로 표현하기 어려웠다. 당시 민추의 사무실 이동 상황을 살펴보면 다음과 같다.

1965년 11월 민족문화추진위원회는 세종로 1번지의 학술원 청사에 사무소를 설치하였고, 1966년 5월 종로구 세종로 137번지로 사무소를 이전하여 사회단체 민족문화추진회의 현판식을 열었다가, 다음 해인 1967년 종로구 당주동 5번지로 사무소를 이전하였다.

20 『민족문화추진회 30년사』, 민족문화추진회, 1995(이하 30년사), 227~228쪽.
21 42년사, 370쪽.
22 30년사, 229쪽.
23 42년사, 370쪽.

1972년 4월 종로구 세종로 193-6번지로, 1973년 9월 동대문구 신설동 119-21(경흥빌딩)번지로, 1974년 3월 중구 남대문로 2가 340번지(구 대한일보사)로 이전하였고, 5월에는 국역연수원 개원식을 열고 강의실은 동대문구 신설동 119-21(경흥빌딩 2층)에 마련하였다. 10월에 다시 동대문구 숭인동 1422번지로, 1977년 2월 동대문구 청량리동의 세종대왕기념관으로, 1984년 5월 종로구 사직동 304-28 한국사회과학도서관으로 사무소를 이전했다가 1986년 6월 종로구 구기동에 자체 건물을 마련하여 옮겼다.[24] 어떤 해에는 1년에 이사를 두 번이나 하는 등 사무소를 계속 옮겨 다닌 것이다. 잦은 사무실 이동은 당시 민추라는 기관의 불안정성이 얼마나 심각했는가를 보여 준다. 따라서 민추 자체의 회관 마련은 국역사업의 안정화와 업무 개선에 앞서 해결해야 할 시급한 사안으로 부각되었다. 이 문제를 근원적으로 해소한 정책이 바로 선생이 정부 당국을 설득하여 추진한 '고전국역사업 활성화 계획'이었다. 이 방안이 재정 여건을 획기적으로 개선하는 전환점이 된 것이다.[25]

---

24 30년사, 377~388쪽.
2007년 11월 한국고전번역원을 설립하였고, 2018년 8월 은평구 진관동의 신청사로 이전하였다.

25 '고전국역사업활성화계획(제14회)', 국가기록원 문서번호 '의정01601-577'
"라. 민족문화추진회의 재정자립여건 마련
(가) 회관 구입자금 확보: 5억원
○ 종로구 사직동 소재 한국사회과학도서관을 무상임차(185평)하여 사용하였으나
○ 동건물은 장소가 협소하고 통행이 불편한 실정이므로
○ 원로학자가 안심하고 연구와 국역을 할 수 있는 여건을 조성하고 관계자료센터로도 활용할 수 있도록 하기 위하여 문화공보부 공익자금 3억원, 은행기채 5억원, 계 8억원을 들여 종로구 구기동 소재 건평 568평 규모의 건물을 구입하였는 바 동기채에 따른 원금 5억원

이러한 활성화 방안에 따라 1986년에 민추의 오랜 염원이었던 회관을 종로구 구기동에 마련하였다. 이 당시 건물을 매입하며 생긴 채무를 갚는 데 '고전국역사업 활성화 계획'으로 지원된 자금의 도움이 컸다.

앞서 살펴보았듯이 선생이 이사장으로 재임하면서 1980년대 민추의 어려운 재정난을 극복할 수 있었던 것은 고전국역후원회를 통해 자구책을 세우고, 정부를 적극적으로 설득하고 고전국역의 마스터플랜을 제출하여 이를 구체화한 정부의 예산계획을 받아냈기에 가능했다. 이는 선생을 비롯한 임직원들이 단합하여 노력한 결과이다. 특히 민추라는 조직을 움직이는 선장으로서 선생이 노구에도 몸소 총리, 대통령 비서실, 해당 부서 장관 등 정부 인사를 만나 거듭 설득에 힘쓴 공은 민추의 역사에 기억될 것이다. 앞서 거론한 활성화 방안과 회관 마련 과정은 다음과 같이 기록되었다.

및 이자 상환이 시급한 실정임.

(나) 국역기금 조성: 7억원

고전국역사업 활성화에 따라 급증되는 예산을 국고보조에만 의존할 수 없으므로 안정된 자체 수입원 확보를 위해 7억원의 기금 조성이 필요함.

(다) 재정확보방안

정부기관 및 공공단체 등이 민족문화추진회 고전국역후원회 특별회원으로 가입하여 기금조성과 국역서의 보급확대에 기여케 하려고 함. 600개 기관×200만원 =12억원

5. 각부처 협조사항

가. 공통사항

(1) (별첨) 정부산하기관·유관단체 및 기업체 등이 고전국역후원회 특별회원으로 가입토록 각부처별로 권장

(2) 소속직원들에게 고전읽기 권장

나. 문화공보부

많은 국민들이 고전읽기운동에 참여토록 홍보"

이병도는 민족문화추진회 창립회원으로 초대 부회장에 피선된 이래 재단법인으로 바뀐 1970년대부터는 이사를 맡았으며 교열위원회 위원장을 겸임하기도 하였다. 1982년 유봉영의 후임으로 이사장에 선임된 이래 1988년 4월 1일 자로 사임하기까지 매우 큰 업적을 남겼다.

그가 이사장으로 봉직하는 동안 이룬 성과로 가장 특기할 만한 일은 1983년에 고전국역후원회를 결성, 민족문화추진회 사업의 장기발전을 위한 재정적 기반을 마련한 것과, 정부 당국자에게 강력히 촉구하여 1986년부터 고전국역 활성화방안을 시행케 한 것이다. 이 두 가지 일은 추진회 발전에 큰 획을 그었다.

특히 활성화 방안의 일환으로 1986년 7월에는 오랜 숙원이었던 회관을 종로구 구기동에 마련하였다. 이 회관은 민족문화 추진의 요람이요 터전이 되고 있다. 그 밖에 '우리고전읽기운동'의 지속적인 추진, 국역연수원에 일반인 대상의 한문강좌 개설, 고전국역상 제정, 한국문집총간 편찬 등의 업적을 남겼다.[26]

3. 고전국역사업의 성과와 확산

대표적인 국가 주도 고전정리 사업으로 1955년부터 시작한 『한국사자료총서韓國史資料叢書』부터 『조선왕조실록朝鮮王朝實錄』, 『승정원일기承政院日記』, 『비변사등록備邊司謄錄』 등과 선생이 이사장으로 재임하면서 마련한 고전국역사업 활성화 사업으로 시작한 1988년부터

26 42년사, 117쪽.

2017년까지 총 500책을 간행한 『한국문집총간』 등을 들 수 있다.

주요 고전문헌을 수집하여 구두, 영인, 표점, 교감 등의 정리 과정을 통해 한국학 연구 및 고전번역을 위한 기초자료로 제공하는 원전정리사업은 민추를 이어 한국고전번역원에서 수행해 온 주된 사업 중 하나이다. 특히 선인들의 사상과 문학 세계가 집약된 고전의 정수인 문집을 정리하고 선본을 선별하여 영인·발간한 『한국문집총간』은 그 기념비적 성과라 할 수 있다. 고전문헌에 수록된 다양한 정보를 효율적으로 활용할 수 있는 색인, 해제 등의 공구서를 개발·편찬하는 공구서 편찬의 성과와 원전정리사업의 성과를 정리하면 다음과 같다(2024년 말 기준).

구분		종수, 책수	
원전정리	한국고전총간 영인서	27종	35책
	한국고전총간 교점서	34종	89책
	한국고전총간 DB	36종	87책
	한국문집총간	1,259종	500책
공구서	한국문집총간 색인	212종	8책
	한국문집총간 해제	1,259종	11책
	한국문집총간 편람	4종	4책
	한국문집총간 편목색인	188,595건	

번역원은 전신인 민추에서 1966년 『연려실기술』을 '고전국역총서'라는 이름으로 처음 간행한 이래 지금까지 한국문집, 역사문헌, 특수고전 등 각 부문의 고전 374종 3,618책을 번역해 왔다. 다음은 한국고전번역원의 번역 실적을 정리한 것이다(2024년 말 기준).

<table>
<tr><th colspan="2">구분</th><th>번역 실적</th><th>비고</th></tr>
<tr><td rowspan="5">역사문헌</td><td>조선왕조실록</td><td>12종 229책</td><td></td></tr>
<tr><td>조선왕조실록(현대화)</td><td>10종 196책</td><td>교점 포함</td></tr>
<tr><td>승정원일기</td><td>3종 1,069책</td><td>교점 포함</td></tr>
<tr><td>일성록</td><td>5종 375책</td><td></td></tr>
<tr><td>소계</td><td>30종 1,869책</td><td></td></tr>
<tr><td rowspan="3">한국문집</td><td>한국문집(한국고전번역원)</td><td>108종 561책</td><td>교점 포함</td></tr>
<tr><td>권역별거점연구소협동번역</td><td>140종 831책</td><td>교점 포함</td></tr>
<tr><td>소계</td><td>247종 1,392책</td><td></td></tr>
<tr><td>특수고전</td><td>총류·종합/역사·지리/
정치·사회/과학·기술 등</td><td>96종 357책</td><td>교점 포함</td></tr>
<tr><td colspan="2">합계</td><td>374종 3,618책</td><td></td></tr>
</table>

현재 번역원에서는 역사 문헌과 역대 문집의 정리, 교감·표점된 원문, 번역된 성과물을 데이터베이스로 구축하여 온라인으로 손쉽게 검색·활용할 수 있도록 '한국고전종합DB'를 구축해 나가고 있다. 2024년까지 DB로 구축된 분량은 약 3,426책에 달하는데, 한국고전 관련 DB로는 국내외에서 최고라고 할 수 있다. 실제로 번역원의 홈페이지에 구축된 '한국고전종합DB'는 국내 어떤 한국학 관련 기관의 홈페이지보다도 방문객과 활용빈도가 월등하게 많으며, 전 세계 한국학 연구기관의 주목을 받고 있다.

1965년 민추가 창립되었으니 우리나라 고전국역 역사가 벌써 60년에 접어들고 있다. 2007년 민추를 이어받은 번역원이 교육부 산하 공공기관으로 자리 잡고 국역 전반에 걸쳐 많은 성과를 내고 있다. 현재 남아 있는 우리의 고전 전적은 아직 수만 종에 이른다. 이러한 방대한 전적과 각종 자료를 정리하고, 해제로 고전의 성격을 해설해 주고, 국역을 통해 관련 분야의 연구자는 물론 시민사회와 성과를 공유하는 사업을 펼치는 중이다. 이른바 고전 읽기의 확산으로 일반 시민들의 참여를 유도하는 대중화 사업이다. 대중화 사업에 중점을 두는 까닭은, 고전은 우리 선민의 유산인 동시에 우리 정신문화의 핵심가치이기 때문이다. 선생은 고전국역 성과물의 대중화가 필요한 이유를 이렇게 설명한다.

고전古典은 말할 것도 없이 선민先民의 문화적 유산이요, 정신적 소산의 결정結晶인 것이다. 그리고 이 유산은 항상 새로운 문화를 창조하는 토대가 되고 기초가 되는 것이다. 이 토대와 기초 없이 새로운 문화가 창조될 수 없음은 또한 재언再言을 요치 않는다. 이런 의미에서 고전의 지닌 바 가치와 의의는 실로 크다고 아니할 수 없다. 그러나, 고전은 시대를 격隔한 선민들의 사고방식과 표현에 의해 된 것인 만큼 현대인에게는 언제나 쉽게 친할 수 있는 벗이 되지 못하고 있는 것도 사실이다. 더구나, 우리의 고전이 거의 모두 우리글 아닌 한문으로 기록된 데 있어서랴. 이것이 우리가 우리의 고전을 친하려는 데 큰 장벽이 되고 또한 비애를 느끼게 하는 것이 아니냐. 그러나, 사실을 바꿔 가사 우리의 고전이 모두 우리의 글(國文)로 적혀 있다고 치자. 그렇다 하더라도 현재에 그것을 대중화시키려면 역시 현대문으로 풀어 놓지 않고는 안 될 것이다. 그러므로, 우리 고전의 국역사업이 얼마나 긴요하고 막중한가를 새삼 느끼게 한다.[27]

27 이병도, 「고전국역의 현황과 전망」, 『민족문화』 창간호, 1966. 11. 1. 민족문화추진회.

역사의 유산을 국민들이 손쉽게 읽을 수 있게 번역하고 그 성과물을 국민들이 이용할 수 있게 배려하는 일이 민족문화의 바른 향유이고 창달이다. 이는 민족 고유의 정신문화를 공유케 하는 가치 있는 작업이기 때문이다. 말하자면 고전번역의 목적은 우리 문화의 정신적 유산을 누구나 시대의 언어로 읽고 느끼게 하려는 것이다. 이것이 바로 새로운 문화를 창조하는 토대가 되고 기초가 되는 일이라는 것이다.

대중화란 문화의 시민 확산이며 이를 통해 새로운 문화 창조의 기회가 만들어진다. 과거와 달리 21세기 문화의 확산은 전 시대와 그 속도나 방식이 판이하다. 기존의 성과들을 모아 인터넷이란 창으로 전 국민에게 확산시켜 열람의 기회를 폭넓게 제공한다. 21세기의 새로운 전달 도구인 정보망이 대중화를 담당하고 있다. 2024년 기준 접속자 수(IP 기준)가 407만 3,584명에 이르고 이용 건수는 3,980만 5,011건이라는 통계가 그것을 말해 준다.

4. 고전번역의 의의와 학술적 가치

우리나라에서 한문고전을 왜 번역해야 하느냐는 물음은 한문이 전래되고 번역이 시작되면서부터 생겨났을 것이다. 근대로 접어들어 고전번역 분야에 전근대와 근대를 가로지르는 문자의 단절이 생겨난바, 한문에서 한글로의 문자 전환과 함께 그 물음도 치열해졌다.

해방 후 우리나라 한문고전의 번역은 민간에서 산발적으로 이루어지다 1965년 민추의 설립을 기점으로 국가 지원을 통해 대규모의 번역사업이 이루어지게 된다.[28] 이 당시에 고전번역은 '민족문화'라는 민족주의적 기반에서 국가의 지원을 받는 국책사업으로 진행되었는데, 이러한 사업 경향은 1970년대부터 1990년대까지 『조선왕조실록』 번역으로, 1990년대 이후 현재까지 『승정원일기』 번역으로 이어져 왔다. 민추 설립에는 정부 쪽 인사와 한학계, 한글학회 및 문인 등 다양한 이들이 참여했는데, 주된 목표는 근대화에 발맞춘 '민족문화'의 재건이었다. 당시 화두였던 근대화는 정치적으로는 근대 민족국가의 건설이요, 경제적으로는 산업화된 자본주의 시장경제 건설을 의미했다. 근대화를 달성하기 위해서는 전통의 저항을 줄이면서도 전통에서 근대화의 자원을 이끌어내는 전략이 필요했다. 이런 점에서 '민족문화'는 전통을 근대화에 동원하는 전략으로 유효했다고 할 수 있다. 근대적 공동체로서 민족국가의 설립은 공동체의 역사적 경험을 필요로 하며,[29] 그러한 필요에 따른 역사적 장치로서 한국의 한문고전이 소환되었다. 민족의 정체성을 영속시키는 매개체로서 문화에 주목하였고 그 구현물로서 고전이 선택된 것이다. 선생은 고전국역의 특성과 민족주의적 가치를 「고전번역의 현대적 의의」라는 글에서 이렇게 기술하였다.

---

28 민족문화추진회의 설립과 관련한 사회적 배경에 대해서는 다음의 연구를 참조할 것. 이황직, 『군자들의 행진: 유교인의 건국운동과 민주화운동』, 아카넷, 2017. 이황직은 이 연구에서 근대화에 따른 변화에 대한 한학계의 현실 대응을 강조하였다.

29 민족주의에 대해서는 베네딕트 앤더슨의 연구를 참조할 것. 베네딕트 앤더슨 지음, 윤형숙 옮김, 『상상의 공동체: 민족주의의 기원과 전파에 대한 성찰』, 나남출판, 2002.

한자漢字로 표기된 문적文籍은 여러 가지 의미를 가지고 있다. 그것은 시공을 초월하여 그 의미를 지니고 있기 때문이다. 선진시대先秦時代의 경사자집經史子集은 나라와 국경을 초월하여 동서양東西洋에서 읽히고 있다. 이 점이 바로 한문의 장점이기도 하고 여기 부수해서 결점도 있다. 여기서 결점이라면 이를 수학修學하기에 너무나 많은 정력을 소비하기 때문이다. 어음語音의 체계가 다르면 또 하나의 어려움이 수반된다. 이를 자기 나라말로 번역하여야 하기 때문이다. 〔…〕

그런데 오늘의 국역은 한문학漢文學의 전통이 끊어졌다는 현실과 10여 년 동안 한문漢文 이수履修가 단절된 상태에서 고인들이 해야 했을 이런 작업을 뒤늦게 수행해야 한다는 난제를 안고 있다. 1910년대까지 누적된 수십만 권의 책을 일거에 번역하여 일반 국민에게 읽혀야 한다는 지상 명제를 안고 있는 것이다.

1910년부터 1945년까지 36년간은 그래도 한문의 전통이 유지되어 있었다. 오늘날의 70대 한문 수학修學의 인사들은 해방 당시에 겨우 30대였다. 원래 한문 이수는 20대 이전에 했을 것이므로 그 시대에는 일부 구체제의 잔재가 남아 있었다는 것이 된다. 이것이 당시로써는 시대착오적 웃음거리가 되었던 것이다. 그러나 오늘날 이분들이 존재하기 때문에 이런 국역사업도 진행할 수 있다는 것은 아이러니칼하기도 하다. 또한, 이대로의 속도로 나간다면 한문으로 표기된 주요 전적만을 국역하는데도 앞으로 1백 년이 걸린다는 계산이 나온다. 이런 것을 그분들이 생존하고 계신 앞으로 1~2십 년 정도의 기간에 기틀을 잡아놓지 못한다면 우리의 국역사업은 완전을 기할 수 없다는 전망이 선다.

또한 해방 이후 한글전용으로 학문의 길을 닦아온 40대 후반까지의 사람들에게 이제 새삼 한문을 학습시킨다는 것은 어려운 일이다. 현재는 중학교 이상에서 한자를 교육시키고 있지만, 그것으로 과거의 우리나라 전적을 읽히기에는 미흡하다. 이런 면에서 전문가에 의한 국역사업은 이들에게 국적 있는 교육을 시키기 위하여 필요한 과제로 등장한다. 여기에 아직 한문 세대가 남아 있는 현재에 고전국역을 서둘러야 하는 당위성이 있는 것이다.

우리 가슴에 우리 고전을

民族文化月報

창간호 1986.11.10

20年의 宿願

民族文化會館 마련

政府의 古典國譯事業活性化 方策의 일환으로 마련된 民族文化會館 全景

■ 刊行趣旨

본회에서는 20년 역사를 넘어 새로운 도약을 기하기 위하여 民族文化月報를 발간하기로 하였다. 이는 앞으로 본회와 독자와의 대화지가 될 것이며, 나아가 전통문화를 수호하기 위하여 우리의 자세를 가다듬는 거울로서 국학진흥을 밝힐 烽火를 取火하는 燧火鏡이 될 것으로 믿는다. 슬어져가는 전통문화를 수호 육성하기 위하여 정부에서 고전국역사업 활성화계획을 마련함에 따라 우리는 이의 수행을 위하여 있는 힘을 다할 것이다. 그러나 이것은 국민 각자의 호응과 편달이 없이는 불가능한 일이다. 이런 면에서 본 월보는 작은 책자이면서 앞으로 민족문화 창달의 烽火로서 여러분의 좌장과 서재를 찾아갈 것이다.

『민족문화월보』 창간호

아울러 우리의 정신사적인 면에서 문화의 수직적 승계는 이런 전적의 국역 없이는 바라다볼 수 없는 백일몽이 될 것이다.[30]

기존의 민족문화는 한문으로 기록된 책의 형태로 존속되어 왔기 때문에 그것을 현대인이 읽을 수 있는 형태인 한글로 번역해야 한다는 당위가 구체적인 사정과 더불어 설명되어 있다. 번역은 옛날과 지금을 이어 주는 시간적 작업이자, 근대화된 서양의 문물을 우리말로 옮겨 동서를 연결하는 공간적 작업이다. 현대에 이뤄지는

30 이병도, 「고전번역의 현대적 의의」, 『민족문화월보』 창간호, 1986. 11. 10.
민족문화추진회 회보는 『민족문화』라는 이름으로 1966년부터 1970년까지 간행되었다. 1975년에 학술지 형태로 『민족문화』가 발행되었다. 회보 형태의 소식지인 『민족문화월보』는 1986년에 간행되어 제3, 4호를 통합본으로 냈고, 1987년 『민족문화추진회보』(격월간)로 개칭하였다. 한국고전번역원은 2008년 『고전번역원소식』(계간)을 간행하다 2011년에 『고전사계』로 이름을 바꾸고 재창간하였다.

서양서 번역이 동서의 지리적 문화 차이를 넘는 공간적 차원의 번역이라면, 전통시대의 한문고전을 번역하는 행위는 고금의 역사적 문화 차이를 넘는 시간적 차원의 번역인 것이다. 서양서 번역이 근대화를 이루기 위한 번역이라면, 전통고전 번역은 '민족문화'를 재건하기 위한 번역이라는 선생의 생각을 읽을 수 있다. 우리는 이에 부연하여, 국학과 민족문화가 1인칭 시점에서 자문화에 대한 인식을 표출한 것이라면, '한국학'이라는 표현을 통해 객관화된 형식으로 민족문화에 접근할 수 있다. 고전번역은 민족 구성원에게 교양적 지식을 제공할 뿐만 아니라 한국학의 연구대상이 되는 자료를 제공한다는 점에서 그 학문적 가치를 찾을 수 있다.[31] 고전번역은 학술적 수준에서 실행되더라도 결국은 대중화가 목표이기에 학술 담론과 대중 담론은 연관되며, 고전번역과 관련하여 학술 연구와 대중화라는 두 부분은 21세기에도 중요시된다. 사업 측면에서 한국고전 대중화의 기반 구축은 정부출연 기관인 한국고전번역원의 설립으로 실현되었다. 학술 측면에서 고전번역과 관련한 학문 후속세대를 양성하는 문제는 2019년에 번역원에서 제의한 고전번역기관의 설립[32]을 통해 풀어 갈 수 있을 것이다.

앞서 선생이 번역의 중요성, 즉 그 가치의 역사적 의미를 주목

---

31 김구진, 「자료적 측면에서 본 고전국역의 가치」, 『민족문화』 제6집, 민족문화추진회, 1980.
김구진은 고전국역이 교양 측면에 기여했으며, 연구 번역을 통하여 자료적 가치를 지닌 단계로 발전해야 한다고 주장하며, 연구 번역이 이루어지면 국학 연구를 선도하는 역할을 할 수 있다고 하였다.

32 곽진, 『고전번역 활성화를 위한 인력양성 정책연구』, 상지대학교산학협력단, 한국고전번역원, 2019.

한 것도 새로운 문화의 창조, 나아가 대중화와 학술연구와 관련하여 그 의미를 찾게 될 것이다. 이 때문에 학술 측면에서 고전번역은 그 가치의 고양高揚을 위해 고전번역학이라는 학문 분과로 계속 발전해야 한다. 고전번역학이라는 분과학은 한국의 근대화 과정에서 발생한 요구에 대응하여 만들어진 것으로, 기존의 인문학 분과들의 기초가 되는 학문 분야라 할 수 있다.

5. 마무리: 두계의 업적과 남은 문제

앞에서 살펴본 바와 같이 선생은 민추 창립회원으로 초대 부회장에 피선된 이래 재단법인으로 바뀐 1970년대부터는 이사를 맡았으며 교열위원회 위원장을 겸임하였다. 1982년 유봉영의 후임으로 이사장에 선임된 이래 1988년 4월 1일 자로 사임하기까지 국역 전문기관으로서 민추가 자리 잡는 데 매우 큰 족적을 남겼다.

선생이 이사장으로 봉직하는 동안 이룬 성과로 가장 특기할 만한 일은 1983년에 고전국역후원회를 결성하여 민족문화추진회 사업의 장기 발전을 위한 재정적 기반을 마련한 것과, 정부 당국자에게 강력히 촉구하여 1986년부터 고전국역 활성화 방안을 시행케 한 일이다. 이 두 가지는 민추 발전에 큰 획을 그었다. 이는 민추가 명실공히 국가 고전국역기관으로 성장하는 발판이 되었다.

특히 고전국역 활성화 방안의 일환으로 1986년 7월에 오랜 숙원사업이었던 회관을 종로구 구기동에 마련하였다. 이 회관은 번역원이 신청사를 마련하여 이전하기까지 민추의 요람이요 터전이었다.

그 밖에 '우리고전읽기운동'의 지속 추진, 국역연수원에 일반인 대상 한문강좌 개설, 고전국역상 제정, 한국문집총간 편찬 등의 공적을 남겼다. 선생이 이사장으로 재직하며 민추 창립과 발전에 노심초사하던 모습과 선생이 이루어낸 업적을 회고한 이계황 사무총장의 증언을 다시 인용한다.

선생이 이사장으로 계신 후부터는 매일 출근하시어, 대개 오전에 근무하시고 오후에는 외부 모임에 참석하시거나 댁으로 가셨다. 사무실에서는 신문 같은 것은 거의 보지 않으셨다. 〔…〕

어느 날 선생은 고전현대화사업古典現代化事業을 자신이 마지막으로 해야 할 일이라고 하시며 회관 마련과 기금조성 등의 여건을 조성하여 사업을 본 궤도에 올려놓을 수 있는 종합계획을 수립할 것을 말씀하셨다. 이에 대하여 민추의 직원이나 관계 인사들은 이 계획의 성취를 반신반의하였다. 그러나 선생은 노구를 이끌고 국무총리나 관계 장관 등에게 지원요청을 하고 국회와 정당에도 협조를 요청하였더니, 특별히 노신영盧信永 국무총리가 적극적인 관심을 보였다.

그리하여 총리실과 문교부가 고전국역활성화계획古典國譯活性化計劃을 수립하여 청와대의 재가를 받았다. 그 결과 민추는 20여 년 만에 구기동舊基洞에 회관을 마련하게 되었고, 원전정리사업(한국문집총간 200책)에 착수하고 관계인 즉 직원들과 국역인들의 처우도 개선하여 고전현대화사업에 획기적인 전기를 가져오게 되었다. 이제 민추는 한국문화사 발전의 한 장을 열기 위한 출발을 하였다. 민추의 이러한 모든 것은 두계선생이 온 정성을 들인 쾌거快擧일 것이다.

그 후 기쁜 마음으로 선생은 이 계획에 협조하여 주신 관계 인사에게 글씨 한 폭씩을 선사하여 감사의 뜻을 표하는 인사를 잊지 않았다. 선생의 글씨는 추진회 사업을 위하여 필수적이었으며 〔선생은〕 필요하면 기꺼이 써 주셨다.[33]

한편 선생은 기회가 있을 때마다 고전국역의 역사적·학문적 의의를 역설하기를, 고전국역이야말로 시간을 초월하여 세대 간 소통을 열고 우리 문화의 독자적 전통을 확보할 수 있다고 거듭 강조하였다.

우리의 정신사를 지탱하여 온 선비문화로서의 문집 및 불교문화를 지탱하여 온 불전佛典이나 승려 문집, 역사의 기록으로서의 왕조실록, 기타의 모든 사적史籍과 우리의 정치·경제·문화 일반에 관한 기록류를 도외시하고는 오늘의 역사를 조준할 수 없을 것이고, 앞으로 민족자존의 입장에서 이것을 한문으로 표기된 채로 남겨 둔다면 세계에 우리의 민족문화의 전통과 독자성을 설득시키기 곤란할 것이다. 이런 면에서 오늘의 고전국역은 우리 민족이 겪어야 하는 초미焦眉의 진통이 아닐 수 없다. 이 국역이야말로 한문자와 단절된 제2세 국민이 특수한 교양을 쌓지 않고서도 고전에 접근할 수 있게 하는 첩경인 것이다. 이것은 고전에 뿌리를 박지 않은 지식은 단순한 전수는 될 수 있을지언정 창조적 계발은 불가능하다는 학문적인 필요성에 의해서이다.

이제까지의 우리 학계는 서구의 이론을 전수하기에 급급하였고, 이것도 어느 정도 성과를 거둔 것은 사실이다. 그러나 학문의 변증법적 발전

33 李啓晃, 「민추에서의 두계선생」, 『歷史家의 遺香』, 진단학회 편, 일조각, 1991.

을 위하여는 이 위에 우리 고전 속에서 케이스스터디를 겪으면서 이의 종합을 이룩하여야만 하나의 민족문화의 입장에서 세계에 내어놓을 수 있는 한국학의 전통을 수립할 수 있을 것이다. 그 나라 학문은 어디까지나 그 나라의 특수 사정에 의하여 여과된 지식만이 그 나라 학문으로 정립될 수 있을 것이기 때문이다.[34]

이제 민추가 설립된 지 반세기가 지났고 번역원이 설립된 지도 10년이 더 지났다. 민추와 이를 승계한 번역원은 고전정리사업과 고전번역사업의 중심기관으로 그 역할을 해냈다.

선생과 선생의 세대가 추진한 한문 원전 정리사업, 번역 사업, 인재 양성사업, 고전번역 연구 사업, 정보화 사업은 중국이 '역외한적공정域外漢籍工程'으로 중화문화의 확장 시도를 거듭하고 있는 현재,[35] 그 의의가 더욱 커지고 있다. 중국의 그 공정은 한자문화를 공유한 한자문화권의 모든 한적 자료들을 중국의 하위 문화권으로 포섭하여 관리하려는 제국주의적 목적을 지니고 있다. 우리는 이러한 기도에 치밀하게 대응해야 한다. 무엇보다 우리 스스로 고전 정리와 번역에 힘써야 한다. 한문 전적 총량 확인과 전수 수집, 분류, 가공, 번역뿐만 아니라 세계화된 한문고전의 해석체계를 확립해야 한다. 이는 우리 고전국역이 한국의 역사, 문화, 전통의 독자성과 독립성을 고수하면서 한국 고전자산古典資産에 대한 온전한 권리를 확보하는 일이기 때문이다. 고전번역학계는 이러한 동아시아 여러

34 이병도, 「고전번역의 현대적 의의」, 『민족문화월보』 창간호, 1986. 11. 10.

35 곽진, 「고전번역 활성화를 위한 인력양성 정책연구」, 161쪽, 상지대학교산학협력단, 한국고전번역원, 2019.

나라의 문화 주권의 흐름을 예의주시하면서 동양 고전과 한국 고전 연구와 번역에 힘을 집중하여 우리의 문화 역량을 키워 나가야 할 것이다.[36]

36 자료를 협조해 준 한국고전번역원 남지만 선생에게 감사드린다.

참고문헌

민족문화추진회,『국역 율곡집 1, 2』, 민족문화추진회, 1968.

민족문화추진회,『국역 퇴계집 1, 2』, 민족문화추진회, 1968.

민족문화추진회,『민족문화추진회 30년사』, 민족문화추진회, 1995.

이병도,「고전국역의 현황과 전망」,『민족문화』 창간호, 1966. 11. 1. 민족문화추진회.

이병도,「고전번역의 현대적 의의」,『민족문화월보』 창간호, 1986. 11. 10.

곽진,「고전번역 활성화를 위한 인력양성 정책연구」, 상지대학교산학협력단, 한국고전번역원, 2019.

김구진,「자료적 측면에서 본 고전국역의 가치」,『민족문화』 제6집, 민족문화추진회, 1980.

베네딕트 앤더슨 지음, 윤형숙 옮김,『상상의 공동체: 민족주의의 기원과 전파에 대한 성찰』, 나남출판, 2002.

이황직,『군자들의 행진: 유교인의 건국운동과 민주화운동』, 아카넷, 2017.

震檀學會 編,『歷史家의 遺香』, 일조각, 1991.

한국고전번역원,『민족문화추진회 42년사』, 한국고전번역원, 2009.

역사를 위한 변명과 정치적 책무에 조응한 지성:
두계 이병도의 정신과 활동의 삶의 정합성을 찾아서

윤대식

1. 들어가며

대한민국 헌법 제1조 1항은, 잘 알려져 있듯이, "대한민국은 민주공화국이다."이고, 2항은 "대한민국의 주권은 국민에게 있고, 모든 권력은 국민으로부터 나온다."이다.[1] 그것은 대한민국의 국체國體와 정체政體를 단정하고 있지만, 대한민국의 법리적 구성요소를 말하는 것이 아니라 역사적 과제에 대한 정치적 선언으로서 의의를 지닌다.

도대체 역사적 과제와 이에 대한 정치적 선언이란 무슨 뜻인가? 헌법 제1조 조문에 명시된 '대한민국大韓民國', '민주공화국民主共和國', '주권主權', '국민國民' 그리고 '모든 권력은 국민으로부터 나온다'는 결과까지 이 모든 표현은 정치적 의미를 담은 개념이다. 바로 그 자체가 헌법 조문의 정치적 함의를 살펴야 하는 이유이기도 하다. 즉 '대한민국'이라는 국체는 현재 우리 정체성의 역사적 실체이기 때문에 여기에서 주목할 정치적 개념이 '민주'와 '공화국'이다. 이로부터 우리는 '삼한을 일통한 위대한 국민국가'를 어떻게 가지게 된 것인지, 그리고 이를 드러내는 정치적 개념들이 정말 역사적 과제에 대한 선언적 의미를 가진 것인지를 확인해야 한다.

보편사의 맥락에서 한국의 근대 편입은 일국사의 맥락에서 발생

1 대한민국헌법 [시행 1988. 2. 25.] [헌법 제10호, 1987. 10. 29. 전부개정] https://www.law.go.kr/(검색일: 2025.01.13.)

한 내부 모순이 체제의 해결 능력을 넘어서기 시작한 시점과 맞물리면서 이루어졌다. 당시 조선의 정세는 내부적으로 사사화된 권력 행사와 국왕의 친정이 충돌하는 동시에 외부 세력의 침탈에 대응해야 하는 두 가지 사안을 놓고 우선순위를 결정해야 하는 상황이었다. 하나는 내부 모순을 먼저 해결하고 밖의 위협에 대응할 것인지 아니면 동시에 대응할 것인지에 대한 것이었고, 다른 하나는 자주적으로 대처할 것인지 아니면 외부의 힘을 빌려 대처할 것인지 여부였다. 문명개화文明開化와 위정척사衛正斥邪의 출현을 가져온 이 사안에 대해 현재에는 개화와 척사 두 진영의 관계를 이항대립 구도로 접근하고 있지만, 양자 모두 상기한 문제의식과 해결방법을 공유했다는 점에서 친연성을 가졌다고 평가할 수 있다. 왜냐하면 그들 모두가 국가보존과 역사발전이라는 과제를 해결하는 방안을 모색해야 한다는 자발적인 책무의식을 갖고 있었기 때문이다.

대한제국大韓帝國과 황제의 등장은 열강에 자주 독립국가로서 위상을 과시하려는 칭제건원의 상징으로 알려져 있다. 그러나 일국사의 내재적 발전과정으로 보자면 굴절된 결과물이었다는 불편한 사실을 고려한다면, 황제권과 제국의 토대 자체가 취약할 수밖에 없었던 이유 역시 자주적인 근대 국민국가 건설이라는 역사적·정치적 지상과제로부터 일탈했기 때문이라는 설명도 성립 가능할 것이다. 그 결과는 대한제국의 멸망과 식민지 전락이라는 역사의 단절이었다. 이 지점에서 황제의 대한제국이라는 왜곡을 다시 정상적인 과정으로 바로잡는 역사적·정치적 전환점으로서 민주공화국 대한민국이 탄생했다는 사실에 주목할 필요가 있다. 그 이유는 대한민국 정부 수립 과정에서 제정된 1948년 제헌헌법의 이념적·사상적 근간을 대한민국 임시정부의 1941년 「대한민국 건국강령」에서 찾을 수 있기 때문이다.[2] 바로 그것을 기초한 당사자가 조소앙이고, 조소앙의 헌정체제 구상의 토대가 1917년 「대동단결선언」의 주권 개념이었다는 사실에 주목해야 한다. 「대동단결선언」은 융희(순종) 황제가 토지, 인민, 정치의 삼보三寶를 포기한 1910년 8월 29일은 곧 해외동포에게 주권을 양도한 때이기에 한반도에서 한순간도 독립국가의 명맥이 끊어진 적이 없었다는 선언이자, 황제의 구한舊韓을 대신해서 민권民權에 기초한 새로운 한국(新韓)으로의 묵시적 선위임을 의미하기에, 주권을 일본에 양도한 것이 아니라 국민에게 양도한 주권재민의 민주주의 출발을 천명한 것이었다.[3] 이제 민주주의로 전환된 이상 '국민'으로 재탄생한 정치주체의 등장은 공적 영역의 회복을 목표로 하는 공동체를 구성해야 하는 책무를 각성한 결과인 셈이다. 따라서 1919년 3·1독립운동으로 각성한 정치주체로서 '민족'의 정치공동체를 구상한 결과 '대한민국'이 건국되었고, 대한민국은 주권재민에 기초한 공화정이라는 정체성을 갖게 된 것이 우리의 정치와 역사의 방향성이었다. 그때 주권자인 해외동포들에 의해 구성된 대한민국 임시정부의 「대한민국 임시헌장」을 조소앙이 기초했고, 여기에서 제1조로 '대한민국은 민주공화제로 함'을 천명함으로써 이를 계승한 「대한민국 건국강령」이 1948년 제헌헌법으로 귀결된 것이다.

---

2 김기승, 「조소앙과 대한민국 정부수립」, 『한국동양정치사상사연구』 8권 1호, 2009, 28쪽.

3 윤대식, 「조소앙의 헌정체제 구상과 비극적 미완」, 『한국동양정치사상사연구』 23권 2호, 2024, 140~141쪽.

왜 상기한 한국의 헌정사를 굳이 알아야 하는 것일까? 반대로 우리 모두가 굳이 이런 것을 알 필요가 없다면 역사발전과 정치과정에 대한 분석과 이해를 전적으로 전문가들에게만 맡겨야 하는 것일까? 일반적으로 역사발전 여부에 대한 분석과 평가는 역사가의 전문영역으로 알려져 있고, 사람들은 이를 후대에 이루어질 사안으로 받아들인다. 정치적 평가 역시 전문 연구자들에 의해 소개되어야 할 영역으로 치부하고, 당대의 사안에 대한 정치적 중립을 지킴으로써 가치 개입을 경계한다. 하지만 과연 이런 태도가 공정하고 객관적인 평가와 설명이라고 자신할 수 있을까? 우리에게 각인된 '역사를 잊은 민족에게는 미래가 없다'는 통속적인 답변이 아니라, 정말로 우리에게 요구되는 문제의식이란 무엇인가를 고민해야 하지 않을까?

여기에서 이 글의 분명한 근거를 도출할 수 있다. 현재 대한민국의 정체성은 우리 시대의 작품이 아니라 근대 편입 이후 우리가 직면했던 역사적·정치적 과제로서 자주적이고 독립적인 근대 국민국가 건설이라는 일국사적 목표를 향한 연속선상의 일관된 결과물이다. 또한 그것은 근대 편입 이후 당대의 문제의식으로부터 출발했으며, 그와 같은 문제의식을 공유했던 지성적 행위자들에 의해 제기되어 현재까지 정언명령으로 작동하고 있다. 그렇기 때문에 근대 이후 우리의 헌정사는 단지 과거의 사실에만 머물지 않는다. 오히려 현재 대한민국의 정체성을 정확히 알기 위한 성립 선행조건으로서 과거의 사실을 학습하는 것은, 자칫 먼 옛이야기 또는 '외국'의 일로 기억 속에 멀어질 수도 있는 '과거'를 더 객관적으로 그리고 사후적 관점을 통해 얻은 지혜를 가지고 그들이 직면했던 어려움을 더 잘 관찰하고 그들의 문제를 더 잘 이해함으로써 그들이 당면했던 상황과 이슈를 우리 자신이 더 잘 '문제화問題化'하여 현재의 문제를 해결하는 단서로 채택할 수 있도록 해준다.[4]

그렇게 보자면, 성립 선행조건으로서 '과거'를 알아야 하는 첫 단계는 근대 편입 이후 근대 국민국가 건설이라는 지상과제에 대한 문제의식을 각성하고 실천하려고 했던 지성적 행위자들이 도대체 누구인지를 찾는 것이다. 한국의 역사를 거슬러 올라가면 일정한 양상이 눈에 띄는데 그것은 역사의 전환점에서 항상 일련의 행위자들이 집단적으로 출현했다는 사실이다. 예를 들면 삼국통일 과정에서 중요한 역할을 수행한 신라 진골 출신 승려들, 통일신라의 신분제가 사회적 유동성을 가로막아 폐쇄적인 위계질서를 공고히 함으로써 발생한 체제의 동맥경화를 문제로 제기하고 돌파했던 육두품 관료지식인들, 고려의 문벌과 타락한 불교에 대응해서 체제와 정신을 구원하려는 열망을 지니고 성리학의 대안을 모색했던 신진 사대부 등은 현실세계에서 새로운 정신적·실천적 삶을 보여준 지성적 행위자들이었다.

이렇듯 역사적으로 지성적 행위자들의 집단적 출현은 단지 일국사적 역사 전개의 산물이 아니라 보편사의 흐름과 맞물리게 되는 지점에서 필연적으로 자신의 시대가 직면한 '문제'를 각성하고 이를 해결해야 하는 '책무'가 자신에게 부여되었다고 자임하면서 그 해결을 모색하기 위해 정신과 활동의 삶을 정합시키려고 했던 데

---

4 호이트 틸만, 민병희 번역, 「송-원 지성사의 탐구: 그 현대적 의의는 무엇인가?」, 『중국학보』 64권, 2011, 536~537쪽.

서 비롯한 것이었다. 이 글에서는 이들을 '정치지성政治知性'이라고 실험적으로 명명하려 한다. 왜냐하면 아렌트Hannah Arendt가 지적하듯이, 인간은 자신이 살고 있는 세계world에 조건 지어진 존재conditioned being이며 사멸성이라는 구속을 돌파하여 삶의 완성으로서 불멸성을 목표로 삼기 때문이다.[5] 즉 인간의 삶은 '생존'이라는 본능적 목표를 넘어서서 '영원'이라는 목표를 지향한다는 의미이다. 그것은 아리스토텔레스의 명제인 '인간은 정치적 동물'이라는 단언을 다시 확인하는 것이기도 하다. 인간의 삶의 조건은 유한함과 생존이라는 속성을 지니기 때문에 '동물'과 같은 삶의 양상을 공유하지만, '동물'과 다른 '사람다움'이라는 삶의 양상을 지닌다는 점에 초점을 맞출 경우, 인간의 삶은 사멸성을 불멸성으로 전환할 수 있는 의지와 지성적 노력을 수행할 수 있다는 근본적 차이를 가지고 있다는 것이다. 그러므로 유한한 사멸성을 무한한 불멸성으로 전환하는 것이 애초부터 인간이 가진 삶의 열망이었고, 그 불멸성의 확보는 조건 지어진 세계 속에서만 가능하기 때문에 후대 누군가에 의해 '영원히' 자신의 삶이 모방되고 재현representation되기를 열망한다. 그것이야말로 불멸성을 확보하는 가장 확실한 방법이다. 이를 위해 아렌트는 '언어'로 표현되는 '생각thinking'과 '행위'로 표현되는 '활동action'만이 인간다운 삶의 완성을 보여 주는 지표이며, 생각과 활동이 일치하는 순간 자신의 정체성을 각성함으로써 정치적으로 재탄생하게 된다고 소개하고 이를 정치적 삶으로 정의했다.[6] '정치

5 한나 아렌트, 김선욱 옮김, 『예루살렘의 아이히만』, 한길사, 2006, 104~106쪽.
6 한나 아렌트, 이진우 옮김, 『인간의 조건』, 한길사, 1996, 67쪽.

지성'의 개념화는 바로 이 점에 착안했다.

앞서 언급했듯이, 한국의 근대는 '과거'에 반복되었던 역사적 전환점에서 지성적 행위자들의 집단적 출현을 재현했던 시점이며, 그 과정에서 자신의 각성을 통해 시대의 문제의식을 깨닫고 이를 해결할 방안을 모색하는 동시에 그와 같은 각성을 주변인들에게 다시 전이하여 그들로 하여금 문제의식을 공유하게 함으로써 정치적 재탄생을 독려했던 지성적 행위자들이 존재했다. 그들은 외부의 침탈과 내부의 모순으로부터 자신의 시대가 새로운 역사단계로 진입했음을 깨닫고 그 과제가 '근대화'이며, 이를 '자주적'으로 모색하여 최종목표인 근대 국민국가 건설이라는 방향으로 공동체와 구성원을 이끌어야 할 책무가 부여되었다고 자임했다. 반면 당대 정치적 책무를 수행해야 할 정치주체로서 황제와 대신들은 자신들의 책무를 방기했고, 일본의 침탈은 한국의 공적 영역을 불법적이고 무단으로 해체해 버렸다. 그 결과 한국은 식민지로 전락하게 되었고, 이제 자신의 책무를 자임한 지성적 행위자들에게 주권이 양도되었다는 선언을 거쳐 전 민족적 각성과 정치적 재탄생의 계기를 통해 민주공화국 대한민국은 탄생했다. 따라서 한국의 헌정사는 곧 한국의 정치지성사이기도 하다.

지성사의 맥락에서 자주적 근대화라는 일관된 목표를 향해 진행되었던 한국의 역사가 식민지 전락으로 인해 단절되면서 '어두운 시대Dark Times'로 진입한 뒤, 공적 영역의 소멸이라는 위기 속에서 다시 본래의 공적 영역을 회복하여 공동체를 재건해야 하는 정치적 삶을 자임했던 정치지성들의 집단적 출현을 볼 수 있다. 그중 식민지 시기라는 어두운 시대에 빛의 단서를 담보하기 위한 실천으로,

역사(가)의 책무를 자임하면서 조선의 역사를 궁구하고 해방 후 정치주체로서 국민으로 하여금 근대 국민국가 건설을 위한 역사적·정치적 책무의 각성을 독려하는 임무를 실행으로 옮겼던 한 지성적 행위자에 주목해 보려고 한다.

이 글의 목표는, 지성사적 맥락에서 전통적인 지행합일知行合一의 삶으로 일관했던 두계斗溪 이병도李丙燾(1896~1989)의 학적 배경을 통해 해방 이후 국사 교과서를 중심으로 한 저작 행위 간 일관성을 천착해서 통일된 민족국가 완성이라는 역사적 과제를 각성하고 실현하기 위해 정신과 활동의 삶의 정합을 보여준 정치지성으로서의 면모를 확인하는 것이다. 그것은, 살아 있는 것을 이해하는 능력이야말로 역사가의 중요한 자질이라고 지적하며 과거를 현재에 재현하기 위해 요구되는 상상력이야말로 현재와의 끊임없는 접촉에 의해서만 가능하다는 점에서 일상의 경험에 도움을 받고 있다고 강조한 동시대 역사가 마르크 블로크Marc Bloch(1886~1944)의 고백처럼,[7] 이병도가 자신의 학습과정에서 각성한 문제의식과 '생각'이라는 정신의 삶에 머물지 않고 주변인들로 하여금 똑같은 문제의식과 '생각'을 갖도록 자신이 먼저 활동의 삶으로 진입함으로써 정치적 책무를 이행했는지를 살펴봄으로써 밝혀질 것이다.

---

7 마르크 블로크, 고봉만 옮김, 『역사를 위한 변명: 역사가의 사명』, 한길사, 2007.

2. 학적 배경으로서 지성사적 지형의 빛

1) 광복光復, 국어와 국사의 회복

식민지로부터의 해방은 두 가지 의미의 회복을 가리킨다. 하나는 단절되었던 역사의 회복이고 다른 하나는 전체주의를 타파하고 자유를 회복하는 것이었다. 동시에 이 두 가지 의미는 하나로 귀결되는데, 그것은 사라졌던 공적 영역의 회복이다. 아렌트는 전 세계를 전체주의의 공포와 위협으로 몰아넣었던 1930년대를 브레히트의 시어인 '어두운 시대Dark Times'라는 정치적 은유로 수용했고, 그 어둠이란 빛으로 대조되는 공공 영역을 덮어 버리는 것(蔽)이라고 표현했다.[8] 이와 같은 은유는 우리 역사에서도 동일한 시기에 그대로 적용된다. 1931년 만주사변을 일으켜 본격적으로 대륙 침략에 나선 일본 제국주의 군부는 1937년 중일전쟁으로 치달음으로써 동아시아를 군국주의의 공포와 위협으로 압박했다. 그 결과 1910년부터 한국 역사에서 식민지로의 전락이 빛의 상실, 즉 공적 영역의 상실로 인한 어두운 시대를 가져왔다면, 1930년대는 보편사의 맥락에서 칠흑 같은 '가장 어두운' 시대로 진입함으로써 전체주의의 어둠이 우리의 삶을 완전히 압도해 버린 결과를 가져왔다. 바로 이 점에서 1945년 해방解放은 식민지에서 벗어나 자유를 회복하는 것인 동시에 상실했던 빛의 공적 영역을 회복한 역사적 사건이므로 '광복光

8 나치 체제는 인간의 조건인 삶 자체, 다원성, 탄생성, 사멸성을 부정하고 인간의 전능성을 전제로 했다. 그리고 이를 입증하기 위해 만든 집단 수용소는 사회에 존재하지만 어느 곳에도 존재하지 않는 또 다른 사회, 즉 어둠의 공간이었다. 홍원표, 「어두운 시대의 정치, 사유 그리고 윤리: 한나 아렌트의 색채 은유와 그 정치적 의미」, 『정치정보연구』 16권 2호, 2013, 321~329쪽.

復'이라는 명명이 적확한 것이다.

광복은 민주공화국 대한민국의 완성이라는 근대 국민국가 건설의 역사적·정치적 과제의 재개를 의미했고, 국제역학에 의해 분단된 한반도에서 통일된 국가의 원래 모습을 다시 회복하는 것이었다. 따라서 어둠 속으로 사라졌던 공적 영역의 회복을 통한 정치공동체의 재건이야말로 역사적·정치적 지상과제의 해답이고,[9] 그 해답을 얻기 위한 구체적인 방안 중 하나는 공적 영역을 구성하는 저변의 요소들 중 우리 국어國語와 국사國史의 우선적 재정립이었다. 물론 식민지 시기 일본 제국주의의 공포와 위협 역시 구체적으로 역사 왜곡, 조선어 금지, 창씨개명 등을 통한 민족문화의 말살로 전개되었으며, 이에 대항하여 민족문화 보존을 위한 조선학朝鮮學 운동과 조선어학회의 한글 보존 노력이 있었음을 상기해 보면, 해방정국에서 정치공동체의 부활이라는 광복의 의미와 함께 우리 국어와 국사에 대한 관심은 당연히 고조될 수밖에 없는 상황이었다.

그런데 '국어'와 '국사'와 관련해서 새로운 인식의 혼란이 발생한

9 만약 식민지 시기를 '어두운 시대'로 규정할 수 있다면, '식민지 공공성'이라는 개념은 형용모순에 해당한다. 왜냐하면 식민지=어둠 vs 공적 영역의 상실=빛의 상실이라는 등식이 성립하기 때문이다. '식민지 공공성'이 '어둠 속의 빛'이라는 의미가 될 수 있을까? 1920년 일본의 문화정치는 3·1운동을 계기로 무단정치의 효용성이 사라졌다는 판단하에 채택된 새로운 식민정책으로서 조선인에게 일정한 자율을 허용한다는 명분을 제시했지만, 이 점이 과연 공적 영역이라는 정치적 삶의 공간을 허용한 것인지 아니면 일부분의 구성원들에게만 허용된 역설적인 차별과 환상에 불과한 것인지를 둘러싼 논쟁을 가져왔다. 대표적으로 식민지 공공성을 주장하는 윤해동과 식민지배의 중층적 구조화에 불과하다는 강경달의 입장으로 나뉠 수 있는데, 이에 대해서는 윤해동, 「식민지 인식의 회색지대」, 윤해동 등, 『근대를 다시 읽는다』 1, 역사비평사, 2006, 47~51쪽과 강경달, 정다운 역, 『식민지기 조선의 지식인과 민중』, 선인, 2012, 25~27쪽을 참조하라.

다. 식민지 시기 '우리'를 구성하는 '국어'와 '국사'는 가장 어두운 시대에 접어들면서 금지되었고 '그들'의 국어와 국사를 학습했다. 모든 한국인은 공식적인 학교제도에서 충군애국의 명분하에 황국신민으로서의 정체성을 학습받고, 식민지 지식인들조차 일본어로 글을 쓰고 말을 하는 '조건 지어진' 상태에서 해방이라는 상황을 맞음으로써 과거 먼 나라의 얘기로 치부될 위험에 빠졌던 '과거'의 사실들을 우리의 말과 글로 다시 상기하는 학습에 들어가야 한다는 요구와 맞닥뜨린 셈이었다. 동시에 일본어에서 조선어로 바뀌고 일본의 역사가 민족의 역사로 다시 제자리를 찾아야 하는 현실에서도 '국어'와 '국사'라는 표현과 교과목이 여전히 병존함으로써 모두에게 혼란을 가져다 준 이중적인 언어 사용과 역사인식 구조가 유지되었다.

이와 같은 시대상황 속에서 이병도의 역할과 위상 그리고 책무에 대한 인식의 단서가 찾아지고, 그 결과 역사가 이병도에 대한 평가의 빛과 그림자 역시 드러난다. 먼저 빛의 측면에서 접근하자면, 이병도는 식민지 시기부터 한국 역사학계를 대표하는 학자로 평가받았고, 광복 이후 해방정국과 대한민국 정부 수립을 거치면서 한국사 연구의 개척자로 자리매김했다.[10] 이병도의 학문적 위상과 함께 그의 역할에 대해 가장 잘 알려진 세간의 평가는 해방과 더불어 한국 역사학을 독립된 학문의 장으로 올려놓고 실증사학實證史學에 기초한 과학적 학문으로서 역사학을 규정했다는 것이다.[11] 이런 점을 인정받아 이병도의 역사학이 랑케류의 실증사학의 학풍을 받아

---

10 민현구, 「이병도, 순수 학구적 자세로 한국사학의 토대를 쌓다」, 『한국사 시민강좌』 43집, 2008, 285~286쪽.

11 민현구, 「한국의 역사가—이병도」, 『한국사 시민강좌』 24집, 1999, 118쪽.

들인 역사주의적 접근법을 채택했다는 데 근거해 그를 '한국의 랑케'라고 부른다.[12] 반면 이병도의 학문 영역이 한국 고대사의 체계화–지리도참설을 통한 고려사 연구–조선 유학사의 체계화라는 삼면작업三面作業으로 명명되면서도 정치적·경제적 측면이 아니라 내면사적 측면, 즉 측면사로서 사상사思想史에 초점을 맞추었다는 점 역시 특징적이다.[13]

2) 출발선으로서 역사학의 선택

이병도의 학습 경로와 과정을 천착하면 상당히 흥미로운 사실들을 몇 가지 볼 수 있는데, 그것이야말로 실증주의 사학자라는 평가와 사상사 연구자라는 두 양상이 원래 융합할 수 없음에도 불구하고 이병도 개인에게 공존할 수 있었던 이유를 설명하는 근거임을 확인할 수 있다. 이병도 본인과 후학들에 의해 널리 알려진 시계열적 서술에서 보이듯, 이병도는 1900년대 식민지 지식인들과 마찬가지로 초기 한학 학습 이후 근대 초중등 교육기관과 일본 유학의 경로와 배경을 가졌다.[14] 이병도는 경기도 용인의 세거지에서 충청도

---

12 이병도, 박성수, 「사학계의 원로 이병도 박사」, 『광장』 104호, 1982, 140쪽.

13 진단학회 편, 「한국 고대사의 제문제: 두계선생과 이기백 교수의 대담(2)」, 『歷史家의 遺香』, 일조각, 1991, 232~233쪽.

14 1904년 7월 학부에서 행해진 유학생 선발시험을 거쳐 50명의 황실 특파 관비유학생들이 최초로 선발되었다. 그들의 목표는 일본으로 건너가 새로운 지식과 기술을 습득하여 근대적 인재로서 '충효'를 바탕으로 근대국가를 수립하는 데 복무하는 것이었다. 그러나 1904~1910년까지의 유학생들, 50명의 황실 파견 유학생들을 포함해 1900년대 일본 유학생들은 1910년대 일본 유학생 후배들에게조차 '헛된 자기과시 속에 실력은 없었던 한심한 인간들'로 묘사될 정도로 식민당국의 관료나 기능적 지식 엘리트에 머문 경우가 상당했다. 이태훈, 「한말 일본유학생들의 자기인식과 계몽논리: 1900년대 일본유학생을 중심으로」, 『한국사상사학』

수군절도사를 역임한 부친 이봉구의 막내아들로 태어나 양반 가문의 법도대로 한학을 학습하고 부친 별세 후에 보광학교-봉명학교-불교고등학원을 거치는 근대 교육으로 전환했으며,[15] 1912년 3월 보성普成전문학교 법률과에 입학하여 3년간 수학한 뒤 1915년 3월 와세다 대학 고등예과에 입학해 1년 반 과정을 마치고 사학급사회학과史學及社會學科에 들어가 1919년 7월 졸업한다.[16]

여기에서 주목할 내용은 이병도의 학문적 편력에서 법률을 전공한 뒤 유학생활에서 역사학과 사회학을 경험하면서도 의외로 역사학을 전공으로, 지리학을 부전공으로 하게 되었다는 사실 그리고 랑케류의 실증주의 역사학이라는 과학적 방법론을 채택했음에도 사상사에 초점을 맞춘 관심과 연구가 이루어졌다는 사실이다. 이병도는 "처음 서양사를 하고 부전공으로 지리학을 공부하고 싶었"는데, 와세다 대학 학부 1학년 때 일본사 교수 요시다 도고吉田東伍에게 영향을 많이 받아서 한일 고대사에 대한 그의 해박한 지식과 저술을 보며 한국사로 선회했음을 회고하고 당시 사학급사회학과에서 서양사-동양사-일본사 외에 사회학 제반 분야를 학습했지만 한

45호, 2013, 3~13쪽.

15 이병도는 어린 시절 서당에서 한문 공부를 하면서도 서울에 있는 학교에 대한 호기심이 컸고 12세 때 서울로 올라왔을 때는 군대해산과 같은 사건이 발생하면서 학교를 가지 못했다고 회고한다. 그리고 당시 서당에 학생들을 강제로 모집하고 있던 보광학교에 몰래 다니게 되었고 그 후 봉명학교에서 어른들 몰래 머리를 깎고 1년간 공부하다가 일본 승려들이 세운 사립 불교고등학원의 예과에 입학해서 영어, 지리, 역사, 수학, 물리, 화학, 불전 등을 학습했다고 한다. 진단학회 편, 「연구생활의 회고(1): 두계선생 고희기념 좌담회」, 『歷史家의 遺香』, 일조각, 1991, 277쪽.

16 심경호, 「근대 한국역사학자들의 합보—박은식·신채호·문일평·안재홍·백남운·이병도·손진태」, 『애산학보』 50호, 2023, 233쪽.

국사만 없어서 독학했다고 진술했다.[17] 사실 그것은 역사학을 과학적 학문으로 규정하려는 일본 학계의 경향도 저변의 동기로 작동했음을 시사하는데, 당대 식민지 지식인들이 일본 유학에서 습득해야 할 것은 근대화를 위한 과학적 학문의 수용이었다는 시급성과 문제의식에서 비롯했던 것이기도 하고, 이병도 개인에 국한한다 해도 이미 법률과 사회학에 대한 이해를 배경으로 하고 있다는 점에서 조선의 근대화를 바라보는 시각에 사회과학적 인식이 스며들었을 수도 있다는 추측을 가능하게 한다.[18] 따라서 훗날 『한국 고대사 연구』에서 '위만조선의 실체'와 '한사군 위치의 비정'이라는 이병도의 독창적인 연구는, 그 진위와 설득력의 여부를 차치하고라도 본인 자신도 "사실 그때는 역사과학이 없었던 때라 힘이 들었어요. … 그때가 1923년이었습니다. 두문불출하고 틀어박혀 연구에만 몰두했죠. 하나씩 하나씩 미궁의 문제가 풀려 나가기 시작했습니다. 마치 심하게 얽힌 실뭉치를 한 가닥 한가닥씩 풀어 나가는 것 같아 힘은 들었으나 푸는 기쁨은 이루 말할 수 없었습니다. 고조선 문제, 한사군 문제들을 풀어 나갈 때 이게 바로 역사를 하는 기쁨이구나 하는 생각이 들었죠."[19]라고 토로했듯이, 유학과정에서 습득한 역사와 지리에 대한 관심이 기반이 되었기 때문에 가능한 작업이었

---

17 이병도, 박성수, 앞의 글, 141쪽.

18 이병도는 3년 동안 법률을 공부했지만 무미건조해서 아무런 취미를 느끼지 못했는데, 국제공법 시간에 국제관계의 역사적 사례가 많이 나와 거기에 재미를 가지게 되면서 規範學보다 情緖學이라고 할 수 있는 역사 공부를 해야겠다는 생각을 가지게 되었다고 고백했다는 점이 흥미롭다. 진단학회 편, 「연구생활의 회고(1): 두계선생 고희기념 좌담회」, 『歷史家의 遺香』, 일조각, 1991, 277~278쪽.

19 진단학회 편, 「실증사학과 민족사관: 두계선생과 정홍준씨와의 대담」, 『歷史家의 遺香』, 일조각, 1991, 268쪽.

고, 이를 뒷받침한 실증주의적 방법론은 사회과학적 접근법의 영향이라고 판단된다.

또 다른 반전은 이렇듯 사회과학적·실증주의적 방법론으로 무장한 이병도의 학문적 입장과 달리, 랑케에게서도 드러나는 문학적 수사와 이념적 성향에 따른 사상사로의 집중이다. 훗날 이병도 스스로 고백하지만, 정홍준과의 대담에서 연구방법론이 무엇인지에 대한 질문에 "먼저 객관적 입장을 취해야 한다는 것입니다. 그렇다고 주관의 결여가 있어서는 안 되죠. 다른 학문도 마찬가지겠지만 역사는 상상력이 필요합니다. 그러나 그 상상이 객관과 합치되어야 합니다. … 주관에서 객관으로, 객관에서 주관으로, 서로 평형을 이루어 틀이 들어맞아야 된다는 말입니다. 유물론, 유심론이 있지만 완전히 유심론만을 좇아서도 안 되고 그렇다고 유물론만을 좇아서도 안 되죠. 예를 들어 독일의 랑케 같은 실증주주의적 입장에서 역사를 해야 한다고 생각합니다. 제 연구도 한마디로 실증적 방법론으로 얘기할 수 있습니다."[20]라는 답변으로 실증주의적 방법론의 수용을 인정했다.

그런데 역사학에서 실증주의 패러다임은 18세기까지 역사학이 고전학, 문헌학, 신학, 정치학, 철학의 보조학문 또는 하위학문에 머무르다가 엄격한 사실의 확인, 과학적 검증과 반증 가능성에 입각한 합리적 방법론의 확립, 연구와 서술의 방법적 이원화 등이 활용되면서 1824년 레오폴트 폰 랑케Leopold von Ranke(1795~1886)가 『라틴 및 게르만 제민족의 역사 1494-1514』에서 역사가의 임무를 '본

---

20 위의 글, 269~270쪽.

질적으로 있었던 그대로'를 보여 주는 것으로 천명함으로써 역사주의를 출범시킨 데서 비롯한 것이다.[21] 그것은 역사적 사실 그 자체가 중요성을 표출하고 있기 때문에 역사가의 임무란 가치중립적 입장에서 빠짐없이 웅변하는 중요한 사실들을 수집하고 서술하는 것에 있다는 입장이다. 따라서 랑케의 역사관은 과거의 역사적 사실이 역사가가 관찰하기 전에 이미 실재한다는 또는 그것을 객관적으로 재현하는 것이 가능하다는 경험주의적 인식과 믿음을 전제로 하였다.[22]

랑케의 역사학은 철저한 고증과 사료 비판을 통한 과학적이고 객관적인 연구 방법론을 추구함으로써 어떠한 편견이나 개인적 판단의 개입을 차단하고 역사적 사실에 근거하여 각 민족사의 개별성과 특수성을 밝히는 것이 목적이었기 때문에, 세계사적 보편성보다 민족의 개별성을 중시하는 민족주의 사학으로 분류될 수 있다는 역설이 형성된다.[23] 즉 랑케의 역사학은 역사주의 역사학으로서 실증주의 역사학의 문명사나 마르크스주의 역사학과 구분되어 사료 비판과 이념 추구를 결합한 실증사학이라고 명명되어야 한다는 것이다.[24] 이런 맥락에서 일본 역사가들이 랑케 사학을 수용한 이유도 후진국 독일의 부흥을 가져온 해답이 역사학에 있다는 점에 착안하여 자국의 빈곤한 역사를 극복하고 제국으로서 지배력을 확고히 하

21 최성철, 「서구 '현대 역사학'의 탄생」, 『한국사학사학보』 40집, 2019, 251쪽.
22 김헌기, 「역사주의 이데올로기와 역사학」, 『사림』 38호, 2011, 266쪽.
23 임종권, 「한국 실증주의 사학의 계보—식민사관과 상관성」, 『역사와 융합』 2집, 2018, 45쪽.
24 홍종욱, 「실증사학의 '이념'—식민지 조선에 온 역사주의」, 『인문논총』 76권 3호, 서울대학교 인문학연구원, 2019, 295쪽.

기 위한 학문적 도구로 채택했기 때문이며, 객관성보다 민족주의 사상에 바탕을 둔 역사학으로서 랑케 역사학의 사실성과 객관성으로 포장된 일본 제국주의 사학, 즉 식민사학의 창안으로 이어졌던 것이다.[25]

바로 이 지점에서 이병도의 역사학이 '랑케식의 실증사학'으로 명명될 수 있는 여지를 갖게 되고, 그것은 식민사학과의 분별을 가능하게 하는 단서로 작용한다. 훗날 정홍준과의 대담에서 이병도는 역사란 과거 사실에서 끝나는 것이 아니라는 입장을 피력하면서 실증사학적 입장에서 역사를 연구해야 하며 전 사회적 입장에서 역사를 바라봐야 한다고 강조했는데, 그것은 "지배층이고 피지배층이고 나에겐 문제가 되지 않습니다. 역사는 한편의 주관적 입장에서만 너무 주관적으로 흐르면 안 됩니다. 저는 역사는 실증사적 방법으로 연구해야 한다고 다시 얘기하고 싶습니다."[26]라는 점에서 민중사학의 접근방식과 거리를 두는 태도였을 뿐이다. 오히려 그것은 역사주의적 역사관을 반영하는 것이고, "역사를 알리는데 제 나라라 해서 과장되게 좋게만 역사를 보여 주어서는 안 됩니다. 예를 들면 교과서에도 문제가 있는 것 같습니다. 그리고 역사를 이야기식으로 알리는 것은 좋으나 너무 흥미 위주로 흐르면 안 되죠. 역사를 꿰뚫고 있는 정신, 그러니까 우리 역사 속을 면면히 흐르고 있는 우리의 민족정신을 가르쳐야 합니다."라고 통사식 역사 서술이나 역사를 스토리텔링하는 작업을 경계해야 한다고 지적하는 것이었

25 임종권, 앞의 글, 49쪽.

26 진단학회 편, 「실증사학과 민족사관: 두계선생과 정홍준씨와의 대담」, 『歷史家의 遺香』, 일조각, 1991, 270~271쪽.

다.[27] 결국 '사실'에 입각한 가치중립적 역사 접근과 역사를 관통하는 '민족정신'의 천착이라는 화두는 랑케의 역사주의를 구성하는 역사적 사실 자체의 웅변과 민족사적·개별사적 이념의 추출이라는 두 측면을 그대로 반영하는 셈이다.

반면 '랑케식의 실증사학'을 그대로 반영했다는 평가를 전제로 할 때, 경계해야 할 스토리텔링식의 문학적 표현과 상상력이 완전히 배제되지 않고 있다는 점 역시 랑케와 유사해 보이지만,[28] 식민사학이 표방한 실증주의와는 불일치하는 모습이 드러난다. 왜 그런 것일까? 일견 모순되어 보이는 연구방법론과 연구영역의 불일치는 이미 와세다 대학의 학습과정에서 자연스럽게 획득된 것이기에 일관성을 유지한다는 역설적인 추론을 가능하게 한다. 이병도는 사학급사회학과의 교과목이 일종의 교양대학liberal arts에 해당하는 것이었다고 반추하면서 "사학과 사회학은 원래 관계가 밀접하다 해서 둘을 합쳐 놓은 것인데 또 '사학'하더라도 서양사·동양사·일본사 등이 있어 각 시대사·사학연구법·각 연습, 그리고 인문지리학 등이 있고, '사회학'에도 사회학 개론은 물론 사회물리학·사회진화론·사회심리학·사회정책·사회학 연습 등이 있어서 사학을 전공하는 사람이나 사회학을 전공하는 사람이나를 막론하고 똑같이 위의 과목을 다 이수해야 했으며 거기다가 영문학이 1학년에서 3학년까지 필수로 되어 있어, 에머슨·칼라일·워즈워드 내지 일리어드·오딧세이

27 위의 글, 271~272쪽.

28 랑케는 '엄밀한 학문'과 '아름다운 예술'의 동시적 실현이 가능하다는 입장에서 허구에 대한 배격과 사실 존중을 강조했어도 심미적 서술을 포기하지 않았다는 점에도 주의해야 한다. 최호근, 「레오폴트 폰 랑케의 역사 내러티브」, 『역사학보』 242집, 2019, 141~142쪽.

까지 배웠”다는 점을 회고하며 그런 다채로운 교육을 받은 것이 자신의 학문 연구에 큰 혜택이었다고 인정했다.[29]

이런 맥락에서 1917년 『학지광』[30]에 발표한 이병도의 글 「규방문학閨房文學」은 여성을 약자나 하등한 존재로 취급하는 가부장적 편견에서 벗어나 동등한 능력과 경모의 대상이 될 수 있는 탁월성의 소유자임을 인정하면서 조선의 시인 허난설헌許蘭雪軒과 일본의 시인 에마 사이코江馬細香를 비교하는 것이었다. 이병도는 허난설헌의 일생을 약술하면서 그의 “연꽃 스물일곱 송이, 찬 달빛 서리 위로 붉은 꽃 지네芙蓉三九朶, 紅墜月霜寒”라는 시구를 천재의 요절(27세)을 예견한 참구讖句로 평가할 정도로 안타까움을 표현하고, 명나라 사신으로 조선에 왔던 주지번朱之蕃이 난설헌의 시를 중국에 소개하면서 오히려 중국에만 유형遺馨이 남아 있다고 말했음을 지적한다. 여성을 낮춰 보는 조선의 풍습이 여성의 능문박학能文博學을 경멸하고 상서롭지 않게 여긴 무지무식한 결과에서 비롯했다고 판단함으로써 난설헌의 사적이 세상에 알려지지 못하게 되었다는 것

29 진단학회 편, 「연구생활의 회고(1): 두계선생 고희기념 좌담회」, 『歷史家의 遺香』, 일조각, 1991, 278~279쪽.

30 1910년대는 일본의 다이쇼 데모크라시(1905~1925) 시대이기에 민본주의, 개인주의, 인격주의, 문화주의, 교양주의 등이 풍미했고 조선인 유학생들 역시 이런 시대사조에 영향을 받으면서 식민지 지식인으로서 국권 회복을 위해 어떻게 해야 할 것인가를 고민하지 않을 수 없었을 것이다. 그들의 현실 인식과 사회사상을 담은 대표적인 사례가 재일본동경조선인유학생학우회에서 발행한 『學之光』이었고 그 잡지에 당대 유학생들의 현실 인식, 특히 신조선 건설론을 중심으로 청년론, 구관습타파론, 신문화건설론, 자강론, 여성문제 인식 등 다양한 주제의 글들이 기고되었다. 박찬승, 「1910년대 도일 유학생의 사상적 동향」, 김용덕, 미야지마 히로시 공편, 『근대교류사와 상호인식』 Ⅱ, 아연출판사, 2007, 152쪽. 그렇게 보면 이병도의 여성문학 관련 글 역시 조선인 유학생들의 현실 인식과 사회사상의 단면을 반영한다고 평가할 수 있다.

이다.[31] 특히 이병도는 난설헌의 몇 개 남지 않은 작품들을 분석하면서 그의 초·중년이 자연과 인간에 대한 세심한 관찰과 흥미를 보여 주는 반면, 말년의 몽중유선夢中遊仙에 관한 시구들에서 현실과 욕망의 괴리를 극복하고 더 나은 삶better life을 모색했다고 추론함으로써 난설헌을 로맨틱한 시인으로 평가했다.[32]

이와 대조하여 에마 사이코는 에도시대 후기의 시인인 라이 산요賴山陽에게서 글자와 시를 학습하고 교토에서 당대 명망가, 문학가들과 교제하며 시인으로의 정체성을 형성해 나가면서도 부친의 명과 가훈에 어긋남이 없이 평생(75세) 품행과 정절을 지키며 규방에 머무르면서 독신의 삶을 마쳤다고 개괄한다.[33] 그 실상을 보면 라이와 에마가 단순히 사제지간이 아니라 서로가 삶을 동반하려고 했던 바람을 가지고 있었지만 에마의 부친이 유력한 가문의 구혼까지 거절한 상태에서 백면서생에 불과한 라이의 구혼을 받아들일 수 없다고 거절하면서 결국 평생을 홀로 사는 운명을 갖게 되었다는 것이다.[34] 이병도는 그 이유로 에마의 부친이 두 사람이 가정을 꾸릴 경우 끝이 불길할 것으로 예상했기 때문이라는 세간의 평가를 상기하면서 부친의 자애로움이 자녀의 불행을 가져온 비극이었다고 안타까워했다.[35]

상반된 두 시인의 삶을 대조하면서 이병도는 동양에서 향후 난설헌의 재능과 에마의 수명을 겸비한 시인의 출현을 기대하며 글을

31 이병도, 「閨房文學」, 『學之光』 12호, 1917, 42쪽.
32 위의 글, 43쪽.
33 위의 글, 43~44쪽.
34 이 점에서 이병도는 에마 사이코를 敍情的 시인이라고 규정했다. 위의 글, 45쪽.
35 위의 글, 44쪽.

마무리한다. 비록 학술적이거나 전문성을 띤 글이 아니고 상식적으로 알려진 내용에 기반하고 있으며 이병도의 개인적 감수성에 따라 고른 주제라고도 할 수 있지만, 시대적 조건을 고려할 때 전통시대 시인의 작품과 그에 대한 평가를 시도한다는 것 자체가 이례적이며, 그것은 "예과를 마치고 학부에서도 영문학을 필수로 하였는데 일주일에 네 시간이나 있었습니다. 심지어 영역한 희랍의 일리아드, 오딧세이 같은 것들도 공부했"[36]던 다양했던 교과목 학습 배경을 보건대 이병도에게는 어쩌면 자연스러운 선택이었을 것이다.

3) 지성적 맵의 형성과 진단학회

상기한 학습 배경을 전제로 할 때, 이병도의 생애에서 정신의 삶을 형성한 기초는 보성전문 입학 후 와세다 대학 유학을 거친 20대 그리고 귀국 후 진단학회 창설과 본격적으로 한국사 연구를 진행한 30~40대 역사가로서 활동한 시기로 구획할 수 있다. 그 과정에서 이병도와 관련된 당대 식민지 지식인들의 지성사적 맵map의 구축은 이병도의 정신의 삶을 형성한 기본 요소로 작용했을 것이다. 이 점을 살펴보려면 일단 후학들이 정리한 이병도의 전 생애를 천착할 필요가 있다. 이병도의 생애는 전 8기期로 나뉘는데, 구체적으로는 제1기(1896~1925)를 세 시기로 세분하고(1896~1914 초중등교육/1915~1919 보성전문 법률 전공~와세다 대학 사학 전공/1919~1925 중앙중학 교원), 제2기(1926~1933 한국고대사, 한국유학사 연구), 제

36 진단학회 편, 「연구생활의 회고(2): 두계선생 구순기념 좌담회」, 『歷史家의 遺香』, 일조각, 1991, 288~289쪽.

3기(1933~1945 진단학회 창설), 제4기(1945~1953 서울대 사학과 창설과 박사학위 취득), 제5기(1954~1960 학술원 회원, 문교부장관), 제6기(1961~1965 성균관대 교수, 학술원 회장), 제7기(1966~1975), 제8기(1976~1986)로 분류한다.[37] 그중 이병도의 정신의 삶이 형성된 배경은 제1기의 두 번째 시기부터 제2기까지이고, 제3기는 역사가로서 본격적인 활동을 펼치며 역사(가)의 책무를 고민하고 실천하는 과정에 진입한 시기로 구분해 볼 수 있다.

훗날 제자들과의 대담에서 이병도는 제1기의 보성전문 재학 시절 윤익선(교장), 남형우(민법), 이항종(형법), 정구창(변호사, 민형사소송법)에게 사사하고 동년배 의학자 김두종金斗鍾의 사형인 김서종金書鍾, 이종성(대법관), 김용무(대법원장) 등과 동문수학했다고 회고했다.[38] 이어 와세다 대학 예과과정을 거쳐 학부로 올라갈 때 1년 선배 현상윤玄相允이 법률 전공으로 전과할 것을 권유했지만[39] 학사규정에 따라 그대로 사학을 전공하게 된 상황[40]과 함께, 당시 프랑스혁명사 교수인 게무야마 센타로煙山專太郎의 영향하에서 서구의 사

37 위의 글, 285~310쪽.

38 위의 글, 286~287쪽.

39 1910년대 재일유학생들의 전공 분야는 경제 사회과 전공에 집중되었고 이공계나 농림계 전공은 극히 적었다. 전공에서의 '法經' 제일주의는 그들이 관료지향적 성격을 지니고 있었음을 보여 준다. 그런데 와세다 대학의 학풍은 관료 양성과 거리가 있었고, '메이지明治 국가' 안에서 입헌정치와 자본주의 체제의 확대 발전을 담당할 중견 국민으로서의 주체적 도덕의식을 갖춘 모범적 국민의 양성이었다. 이 점에서 와세다 대학이 양성하려고 했던 인물은 '제1 정치가, 제2 법률가, 제3 신문기자, 제4 저술문학가, 제5 실업가, 제6 교사'였다. 즉 정치, 경제, 사회, 문화 각 방면의 지도적 인사였다. 최선웅, 「1910년대 일본유학 전후 장덕수의 행적과 민족문제의 자각」, 『한국사학보』 47호, 2012, 150쪽.

40 진단학회 편, 「연구생활의 회고(1): 두계선생 고희기념 좌담회」, 『歷史家의 遺香』, 일조각, 1991, 278쪽.

회물리학과 사회진화론을 학습했는데, 지리와 동양사 담당 교수들이 조선인 학생이니 조선에 관한 조사를 면밀히 해야 한다는 점을 주지시켰기에 결국 와세다 대학 1학년 때 요시다 도고의 『일한고사단日韓古史斷』, 『도서일본사倒敍日本史』를 읽으며 일본인이 한국 역사를 많이 알고 있는 데에 자극을 받아 서양사에서 한국사로 전환한 동기를 소개했다.[41]

이 시기 이병도의 정신에 결정적 영향을 끼친 인물들은 대학 3학년 때 만난 와세다 대학의 강사 쓰다 소키치津田左右吉와 그 친구인 도쿄제대 교수 이케우치 히로시池內宏였다. 이병도는 이들이 당시 학계에서 첨단을 걷던 일류 학자들이었고 그들의 실증적이고 비판적인 방법론에 영향을 받았음을 고백하면서 이케우치가 소장한 『실록』이나 게무야마가 소장한 대원군 자료 등을 직접 공부할 수 있었던 인연을 소개했다.[42] 후학인 이기백李基白이 "일본학자들의 입장은 우선 서구적인 학문의 바탕을 가지고 우리나라 역사를 연구했습니다. 특히 만선사滿鮮史라고 해서 만주사와 우리나라 역사를 함께 연구했는데 그분들 중에는 이나바·이케우치·이마니시 등이 있었"다고 상기하고 "이나바 이와키치稻葉岩吉와 다카하시 도루高橋亨는 우리나라 고사를 잘 아는 고로古老나 옛 학자를 찾아서 그 지식을 섭취해서 활용한 수단가"로, "이마니시 류今西龍나 이케우치 등은 직접 우리나라 원전이나 사료들을 섭렵해서 나름의 학문세계를

41 김일수, 「이병도와 김석형」, 『역사비평』 82호, 2008, 98쪽.

42 2학년 때 요시다 도고 교수가 사망했기 때문에 한국사를 독학할 수밖에 없었던 상황도 영향을 끼쳤을 것으로 추측된다. 진단학회 편, 「실증사학과 민족사관: 두계선생과 정홍준씨와의 대담」, 『歷史家의 遺香』, 일조각, 1991, 265~266쪽.

정리해 나간" 학자들로 차이를 대조하자,[43] 이병도는 이들 사이의 차이를 분명히 인정하면서 쓰다의 조선역사지리朝鮮歷史地理, 이케우치와 교토제대 및 경성제대 교수로 있었던 이마니시에게 영향을 많이 받았음을 소개하면서 쓰다와 이케우치에 대한 각별한 감정을 토로한다. 특히 일본학자들의 만선사 연구와 쓰다의 역사지리 연구 등이 진행된 이유가 일본의 침략주의로 한국을 병탄하고 만주를 획득하기 위한 의도에서 학술적으로 조사하기 시작한 데서 비롯했음을 지적하면서, 편견을 가지고 한국사를 바라보던 일본 학자들과 달리 이케우치는 창의적이고 논리적인 실증학파로 한국인의 장점을 드러내려고 했다는 점도 회고했다.[44]

또한 이병도의 와세다 대학 동창들과 재일조선 유학생들의 면모를 보면, "동기로서는 철학과에 이광수 군君이 있었는데, 독립만세 당시 상해로 건너갔기 때문에 졸업을 하지 못했고, 나보다 1년 위로 현상윤·김여제, 그리고 그전에 최두선·신익희·장덕수 씨가 있었으며 김성수 씨는 내가 일본 가던 해에 돌아와서 중앙학교를 경영"[45]했다고 소개했듯이, 와세다 대학 유학 중 1917년 2월~1918

---

43 이기백은 한국사의 보편성과 특수성을 전제로 세계사와의 밀접한 관련성을 강조했다. 즉 한국사를 올바르게 이해하려면 세계사를 반드시 알아야 하고 여러 역사이론의 수용을 필요로 한다는 점을 지적하면서 보편적인 역사발전 법칙에 기초한 한국사의 연구와 공헌을 강조하는 역사주의적 입장을 취했다. 노용필, 「한국에서의 역사주의 수용: 이기백 한국사학연구의 초석」, 『한국사학사학보』 23집, 2011, 261~263쪽.

44 진단학회 편, 「근대 한국사학의 발전: 두계선생과 이기백 교수의 대담(1)」, 『歷史家의 遺香』, 일조각, 1991, 221~223쪽.

45 진단학회 편, 「연구생활의 회고(1): 두계선생 고희기념 좌담회」, 『歷史家의 遺香』, 일조각, 1991, 279쪽.

년 2월까지 이병도는 재일본동경조선유학생학우회의 서무부와 서기로 활동하면서 최두선·현상윤·최팔용·김철수·이광수(이상 와세다 대학)·김도연(게이오 대학)·안확(니혼 대학)·장덕준(세이소쿠 예비학교) 등과 함께했고,[46] 송진우·신석우·김성수·장덕수 등 조선인유학생회를 주도하던 와세다 출신들과 교유했던 점을 고려할 때,[47] 향후 한국 지성사를 구성한 인물들 간의 연관성을 확인할 수 있다. 1919년 9월 이병도는 와세다 대학을 졸업하면서 게무야마 교수의 일본 내 중학교원 제안을 거절하고 1919년 10월 귀국하여 선배 동문인 최두선이 교장으로 재직하던 중앙학교의 지리-역사-영어 담당 전임교원으로 1925년까지 6년간 근무하면서 1920년 7월『폐허』창간에도 참여하고 1921년 경신학교에서 지리와 역사도 강의했다.

동시에 이병도는 이능화·안확·황의돈·권덕규·문일평·이중화와 함께 7인 그룹을 형성하고 매달 역사 연구를 위한 모임을 갖는 등 본격적으로 역사 연구에 돌입했는데, 일본인 식민사학자들조차 이들의 연구결과를 모방하고 조선사편수회에 끌어들이는 등 이들을

---

46 최선웅,「장덕수의 사회적 자유주의 사상과 정치활동」, 고려대학교 박사학위논문, 2013, 320쪽.

47 송진우·신석우·김성수·장덕수는 이병도보다 먼저 와세다 대학에 입학한 동창들이다. 흥미로운 점은 당시 와세다 출신 조선인 유학생들의 귀국 후 경로 역시 일본인 와세다 출신들과 유사하다는 사실이다. 도쿄제국대학 법학부 출신 문관고등시험 합격자가 조선에서 식민지 관료의 다수를 차지한 가운데, 식민지에 진출한 와세다 출신은 언론계에서 활동의 장을 마련했다는 특색이 있다. 그것은 학교 기풍의 차이에서 기인한 것이기도 한데, 조선에 온 와세다 대학 출신 일본인 언론인들조차도 식민정책학적 소양을 바탕으로 식민지 전문가 양성을 위한 식민학교의 설립, 식민지 교육과 식민사상 함양에 국가가 나서야 한다는 공통된 인식을 표명했다. 박양신,「사학 와세다 인맥을 통해 본 일본·식민지 조선에서의 식민정책론」,『아시아문화연구』39집, 2015, 101~129쪽.

이용할 수밖에 없을 정도였다고 훗날 지적했다.[48] 특히 이 시기에 주목할 사안은 1923년 9월부터 1924년 2월까지 6개월 동안 『동아일보』에 '조선사개강'을 87회 연재하면서 본격적인 한국 고대사 연구를 개시했다는 사실[49]과 1925년 8월부터 1927년까지 1년 10개월간 조선사편수회 수사관보로 근무했다는 점이다. 같은 시기에 안확의 『조선문명사』가 출간되고 신채호가 『조선상고사』 집필에 들어갔으며, 이 기간 동안 이병도 자신도 도쿄제대 사학회의 『사학잡지』와 동양문고의 『동양학보』 등에 16편의 논문을 발표하는 등 학적 활동을 전개해 나갔다.[50]

제2기와 제3기는 조선사편수회의 무급촉탁을 끝내고 18년간 전업 연구자로 한국사 연구에만 몰두한 시기인데, 이때부터 일본 유학 출신과 경성제대 출신 학자들 외에 순수학문을 표방하는 젊은 학자들까지 역사 해석에 앞서 사실의 고증 작업에 충실해야 한다는 목소리를 높이면서 실증사학의 연구 분위기가 고조되었다. 당시 한국사 연구에 뜻을 같이한 학자들은 와세다 출신의 손진태·김상기·이상백·이선근 등 이병도의 후배들과 경성제대 출신의 조윤제·이희승·이숭녕·방종현·김태준·이재욱 등 한국어문학 전공자들, 신석호·고유섭·박문규 등 미학과 농경제학 연구자들, 백낙준·최현배·

48 진단학회 편, 「근대 한국사학의 발전: 두계선생과 이기백 교수의 대담(1)」, 『歷史家의 遺香』, 일조각, 1991, 218쪽.

49 이병도는 송진우가 직접 조선사 집필을 부탁해서 연재하기 시작했지만 고대부터 고려 말까지 70회를 끝으로 진력이 나서 그만두었고 훗날 (그 미진함에) 구역질이 날 정도로 보기 싫었다고 토로했다. 위의 글, 219쪽.

50 심경호, 앞의 글, 234~236쪽.

김윤경·이윤재 등 연희전문 교수들이었고,[51] 1930년대에는 이병도·김상기·송석하·이상백·도유호·이선근·신석호·이홍직·유홍렬·이인영 등이, 1940년대에는 홍이섭·민영규·김석형·박시형·전석담 등 신진학자들이 출현하여 연구 역량이 최고조에 달했다. 그 중심에 놓인 것이 대부분의 실증사학자들이 참여하여 1934년 결성한 진단학회震檀學會였다.

5월 7일 진단학회 발기식 겸 창립총회가 열려 고유섭·김두헌·김상기·김윤경·김태준·김효경·이병기·이병도·이상백·이선근·이윤재·이은상·이재욱·이희승·문일평·박문규·백낙준·손진태·송석하·신석호·우호익·주윤제·최현재·홍순혁 등 24인의 발기인과 김태준·이병도·이윤재·이희승·손진태·조윤제 등 6명의 상무위원을 선출하고 이병도의 가택에 임시 사무소를 개설한다. 또한 윤치호·김성수·송진우·조만식·이광수·유억겸·최규동·조동식·현상윤·박한영·이종린·김진호·권상로·권덕규·이극로·이능화·이중화·안확·홍희·황의돈 등 26명의 사회명사를 찬조회원으로 유치했는데, 발기인과 찬조회원을 합친 총 50명의 당대 학술문화계의 정수를 망라함으로써 진단학회 출범이 한국사회의 중요한 문화학술 운동이었음을 웅변했다.[52] 이처럼 진단학회가 학술적인 민족항쟁으로서 보다 더 완정한 순수 역사학을 추구했느냐의 여부와는 별개로, 학회 창설 과정에서 발기인이자 당대 한국 문화계에서 폭넓은 행보를 보이며 진보 좌익 논객으로 명성을 얻고 있었던 경성제대 지나문학부

51 민현구(2008), 앞의 글, 288쪽.

52 민현구, 「이병도와 진단학회」, 『애산학보』 50호, 2023, 170~172쪽.

출신의 젊은 김태준조차도 —당시 그는 공산주의자의 색채보다는 새로운 실증주의 방법론을 학습하고 과학적 분석으로 무장하여 『조선한문학사』를 저작한 국문학자로 평가받고 있었다.— 적극적으로 참여했다는 사실을 상기해 보면,[53] 진단학회는 당대 식민지 지식인들 간 상호 영향과 관계의 긴밀성 등을 반영하는 지성적 맵의 전형이었다. 예나 지금이나 지식인의 범주에 포함된다 할지라도 자신의 세계에 대한 각성과 생각하기를 통해 정치적으로 재탄생했는지의 여부야말로 지성적 행위자로의 일체성을 보여 준다는 사실을 확인하는 지표이다.

3. 정신의 삶으로서 민족의 각성과 재현

1) 국사 편찬과 실증사학

이병도의 국사 연구는 해방 이후 본격적인 국사 교육과 후학 양성으로 확장된다. 앞서 언급했듯이 해방은 우리의 빛으로서 공적 영역의 회복이라는 점에서 광복光復이자, 금지되었던 언어와 단절되었던 역사의 회복이기도 했다. 태평양전쟁 중인 1942년 조선어학회 사건으로 인해 진단학회원인 이윤재·이병기·이희승 등이 투옥되자 순수 학술적 연구를 위한 학회로서 경찰의 압력을 받지 않았던 진단학회의 활동마저 중단했지만, 해방을 맞이해서 "우선 시급한 일이 국어·국사 교육이었기 때문에 임시중등교원양성소를 개최하여 성황을 이루었고, 군정처의 위촉을 받아 국사교본을 편찬

53 위의 글, 170~171쪽.

한 일"이었기 때문에 진단학회를 다시 활성화시키게 된다.[54] 그 결과물이 김상기·이병도의 『국사교본』(1946)이다. 『국사교본』은 미 군정청이 진단학회에 교과서 편찬을 의뢰하여 1946년 5월 26일에 발간한 최초의 관인 중등교과서이다.[55] 곧이어 6월 19일 국대안(국립서울대학교설립안)이 발표되면서 통합대상이었던 경성대학과 9개 관립전문학교들의 교직원 및 학생들의 동맹휴학이 연이어 이어지고 혼란스러운 상황이 전개되었던 사실을 상기해 보면, 해방 직후 가장 빠른 시기에 국정 국사 교과서가 발행되었다는 것은 이례적이면서 시의적인 것이었다.

『고등학교 국사』

이병도는 교과서 편찬 과정에 대한 회고에서 어디에 초점을 맞추었는지를 토로하며 자신의 실증사관을 다시 한 번 표명하는데, "그때 작고한 동빈東濱 김상기金庠基 씨하고 늘 형제와 같이 지내 온 터이었지요. 그때 일제시대의 연구방식이 요즈음 말로 하면 실증사학

---

54 진단학회 편, 「연구생활의 회고(1): 두계선생 고희기념 좌담회」, 『歷史家의 遺香』, 일조각, 1991, 282~283쪽.

55 조영광, 「해방 후 첫 官認 교과서 『국사교본』의 한국고대사 서술분석」, 『한국민족문화』 70호, 부산대학교 한국민족문화연구소, 2019, 194쪽.

『중학교 사회생활과 중등국사』

이라고 할 수가 있는데, 그 방면으로 학생들을 가르쳐야겠다고 하여 그렇게 했습니다. 지금으로 보면 그 연구 방식이 우습지만 말입니다. 그때 사실을 솔직히 말하면 일본사람들의 실증사학의 영향을 많이 받았지만, 우선 그 식으로 할 도리밖에 없지요. 제법 독일의 랑케 같은 사람들의 저서를 보아서 그 영향을 제대로 받았다고는 하지 못할 거예요."[56]라는 이병도의 고백에서 훗날 '이병도의 실증사학'이라는 명명은 저변에 일본 역사학계의 실증주의 방법론을 전수했기 때문이고 이들이 훈육한 후학들에 의해 이루어진 것임을 확인할 수 있다. 더욱이 '랑케식 실증사학'이라는 평가에는 이병도 자신이 직접 랑케 저작을 읽고 그 방법론을 학습한 것이 아니라는 점도 참작되어야 할 것이다. 이 점에서 '일본 실증사학=식민사학'이라는 도식에 따른 비판으로부터 "식민사학이요? 나도 따진다면 민족사학입니다. 내 자찬인지 모르나 내 공로가 커요. 난 오로지 역사가의 양심대로 연구를 해왔습니다."[57]라는 이병도의 항변은 민족사

56 진단학회 편, 「연구생활의 회고(2): 두계선생 구순기념 좌담회」, 『歷史家의 遺香』, 일조각, 1991, 303쪽.

57 진단학회 편, 「실증사학과 민족사관: 두계선생과 정홍준씨와의 대담」, 『歷史家의

연구에 토대를 두었던 정신의 삶을 중등교원 양성과 국정 교과서 편찬이라는 활동의 삶에서 입증할 수 있다는 의미를 담고 있다.

『국사교본』의 의의는 첫 국정 국사 교과서라는 사실 외에도 이병도의 『조선사대관』(1948)-『국사대관』(1954)을 예단할 수 있는 근거라는 점이다. 『국사교본』은 '상고시대-중고시대-근세시대-최근'이라는 총 네 편으로 구성되었는데, 그 연장선상에서 『국사대관』은 '총설-상대사-중세사-근세사-최근'의 총 다섯 편으로 구성되었음을 확인할 수 있다. 당시 『국사교본』의 저자인 김상기는 중국사 전공자이고 이병도는 한국사 전공자지만, 오히려 한국 고대사 두 편(고조선~고려시대)을 김상기가 맡고 근세 이후 두 편(조선 3기~일제강점기와 해방)을 이병도가 맡아 집필했다. 집필 영역에서 오히려 전공과 일치하지 않는 부분을 맡았다는 점이 어울리지 않아 보이는데, 해방 직후 국사 교과서가 시급히 요구되는 상황에 적절히 대응해야 했던 조건을 고려하면, 이병도가 조선시대사 관련 연구도 활발히 진행했고 김상기 역시 중국사를 중심으로 한민족의 종족 기원이나 백제 요서경략설 등 한국고대사 관련 논문이나 고려시대사 연구성과를 남겼으므로 현재 한국사 체계가 완숙한 시점에서 보자면 일종의 착시현상에 불과하다.[58]

더 중요한 사실은 『국사교본』에 담긴 내용이다. 해방된 조국의 교과서 부재라는 현실을 돌파하기 위한 교재 편찬이라는 원천적 한계에도 불구하고, 『국사교본』에는 3·1운동 이전 「망명지사의 활동」이

遺香』, 일조각, 1991, 274~275쪽.

58 조영광, 앞의 글, 198쪽.

『중등 사회 생활과 우리나라의 생활(역사)』

라는 장에 1917년 8~9월 스웨덴과 미국에서 열린 만국사회당대회와 약소민족 25개국 회의에 대표를 보내 독립운동을 했다는 사실, 광주학생운동에 사회주의 선배들의 지도로 만세운동이 전국적으로 파급되었다는 사실, 신간회의 창립 등이 서술되어 있다.[59] 다만 급하게 편찬하고 공동저작이라는 특성으로 말미암아 1920년대 황의돈·장도빈·안확·권덕규 등이 주도한 문화주의 사학의 특징인 역사적 이상사회의 추구나 도덕성, 그리고 역사에 대한 발전적 관점 등 기존 연구성과까지 포섭하지 못하거나 대한제국 멸망을 비판적으로 서술하지 못했다고 진단학회 총무 조윤제로부터 비판을 받기도 했다.[60]

『국사교본』에는 김상기의 고대사 인식이 강하게 반영된 반면, 『조선사대관』(1948)에는 한국 고대사 연구자인 이병도의 관심영역이 더 분명하게 반영되어 있다.[61] 제1편 총설, 제2편 고조선~신라말을 상대사上代史로, 제3편 고려조를 중세사로, 제4편 근조선近朝鮮을

59 김상훈, 「해방 직후 반공교육과 국사교과서에서 사회주의 관련 서술 삭제」, 『역사연구』 35호, 2018, 394쪽.

60 조동걸, 「2장 해방 후 한국사학의 정비와 울흥」, 『우사 조동걸 전집』 15권.

61 『조선사대관』(1948)은 『국사대관』(1954)으로 증보되었고 『국사대관』(1955a) 3판이 출간되었다. 이 글에서는 『국사대관』(1955a)을 저본으로 채택했다.

근세사로, 제5편 일제시대와 해방을 최근最近으로 나눈 총 다섯 편의 구성과 목차는 현재의 고대사 연구자들이 인식하는 고대의 시기구분과 동일한 구조를 취하고 있다.[62] 이러한 분류방식은 한말 이래 많은 사서에서 볼 수 있는 상고·중고·근고·근세 등의 시간단위 구분 방식이나 저자가 관여한 『국사교본』의 방식에서도 탈피하여 근대적 시대구분을 시도한 것으로 보이며, 고려 이전의 서술에 편중되어 있고 간혹 <연습>란이 설치된 것으로 보아 대학교재로서 저술한 것으로 추측된다.[63]

『조선사대관』은 진단학회를 중심으로 형성된 실증주의 사학을 대표하는 통사라는 점에서도 객관적 사실의 고증과 서술에 주안점을 두고 있어서 이병도의 평가가 개입한 부분이 적지만, 자유와 평등의 근대적 가치에 초점을 맞추어서 고려-조선시대 피지배층의 반란을 자유주의적 사회운동으로 보는 관점을 견지했다고 평가받는다.[64] 이를 증보한 『국사대관』(1954)에서 주목할 것은 이병도의 정신의 삶을 구성하는 키워드가 무엇인지를 확인할 수 있는 중요한 단서들이 내포된 「총설」이다. 「총설」은 『국사교본』에는 없는 첫머리로 새롭게 등장하는데, 총 6개항으로 제1항에는 역사학의 정의와 목

62 조영광, 앞의 글, 199쪽.

63 조동걸, 앞의 글.

64 반면 홍경래의 난과 동학농민운동을 피지배층의 저항과 자유주의적 혁명으로 서술한 역사 교과서는 1923년 황의돈이 통사로 편찬한 『신편 조선역사』이다. 이 통사는 한국 민족과 문화를 강조한 문화주의 역사학의 입장에서 편찬된 것인데, 피지배층의 저항을 높이 평가하면서 서구의 자유주의적 혁명들과 함께 서술하여 세계사적인 자유주의 혁명의 연장선상에서 파악하고자 하는 관점을 드러냈다. 최혜린, 「근현대 한국 통사通史에 나타난 전근대 피지배층 저항 서술의 변화」, 『인문논총』 75권 1호, 서울대학교 인문연구원, 2018, 54~62쪽.

적, 제2항에는 '국사'의 의의, 그리고 제3항으로 지리적 조건을 배치했다. 이 「총설」에 주목해 보자면, '제1항 역사연구의 대상과 목적'에서 이병도는 역사학을 역사과학歷史科學으로 인식하는 기본입장으로부터 "역사는 말할 것도 없이 인간사회의 모든 부문의 발전적 사상事象을 연구·서술하는 학문"[65]이라고 정의한다. 그것은 이병도의 학습 출발점부터 일관되었던 과학적 역사학의 정체성과 역사가의 역할을 무엇으로 이해하고 있는지를 반영한다.

그러나 역사의 목적이 무엇인지를 정의내리는 대목에서는 역사가의 역할을 보다 적극적으로 규정한다. 즉 "역사는 단지 사실의 기록으로서 끝이는 것이 아니다. 사료와 사실을 검토하고 비판하고 사색하여 사회생활의 각 상이한 시대 간에 존재한 인과적인 관련과 계기성繼起性을 밝히는 동시에 그 이면 혹은 그 이상에 들어나 있지 않는 어떤 의의와 법칙과 가치를 발견하면서 항상 새롭게 관찰하여야 한다."[66]라고 강조한 대목에서 역사주의적 입장을 이미 표명하고 있음을 확인할 수 있다. 그것은 "객관을 토대로 삼아 시야를 넓히어 종적(시간) 횡적(공간) 심적 물적인 관련 하에서 공정하게 고찰하여야 하는" 것이자 "특수성과 일반성, 이것은 서로 떠날 수 없는 … 이른바 세계사가 각 민족사 각국민사 각향토사를 무시하고 성립할 수 없음과 같이 후자로 전자를 떠나서 고립적으로 홋지게 고찰할 수 없음은 물론"[67]이라는 보편사와 일국사의 교호착종을 지적하는 것이었다.

---

65 이병도, 『국사대관』, 보문각, 1955a, 2쪽.

66 위의 책, 2~3쪽.

67 위의 책, 3쪽.

이 부분은 상당히 중요한 의미를 담고 있다. 상기한 이병도의 진술, 즉 사실의 기록만이 아니라 사실의 검토, 비판, 사색을 통해 근본법칙을 찾아내야 한다는 주장은 스승인 일본인 실증사학자들의 입장과 통하지만 또 랑케의 역사주의적 역사학의 전통을 잇는 것이기도 하다.[68] 반면 '이병도의 실증사학'=식민사학이라는 비판의 골자는 역사적 사실 그 자체가 스스로를 웅변한다는 랑케의 주장을 차용하여 역사가는 객관적인 기록으로 확인된 사실만을 정확히 서술해야 하고 가치중립적이어야 하기 때문에 역사적 판단을 내려서는 안 된다는 순수 학문적 입장을 강조함으로써 식민지 상황에 대한 현실 비판과 '생각' 자체를 봉쇄해 버리려는 식민당국의 의도에 순응했다는 것이다. 그럴 경우 역사정의에 대한 이병도의 관점은 이율배반적이 되어 버린다. 과연 어떤 입장으로 '이병도의 실증사학'을 이해할 수 있고, '이병도의 실증사학'=식민사학이라는 등식은 또 어떻게 바라봐야 하는 것일까? 그 해답의 단서는 사료 비판을 강조했던 이케우치의 실증사학이 식민사학으로 규정되는 이유가 "문헌 고등비판으로 사료를 비판하여 날조된 부분을 지적했지만 다음 단계로 침략적 야욕에 의한 그릇된 감정을 자의적으로 노출시키면서 자신들의 목적에 부합되는 사료만을 골라 한국사를 연구"했던 데서 비롯한 것인 반면, 이병도의 실증사학은 실증적인 방법으로 한국 측 문헌을 비판하고 정확한 개별사실의 설정과 냉엄한 태도를 취한 것이기 때문에 식민사학과 '이병도의 실증사학' 간의 명백한 차이점이야말로 침략적 감정의 노출과 실증적 문헌고증의 구

68 홍종욱, 앞의 글, 307쪽.

별에 있다는 평가에서 찾아진다.[69] 또한 이병도의 다음 진술도 주목할 만하다. 이병도는 '현재를 망각한 과거의 연구는 죽은 학문'이라고 지적하면서 "역사는 될수록 현재 현실에 입각하여 현재 생활과의 관련 비교에서, 과거를 회고하고 고찰하여야 할 것이다. … 인간행위의 어떤 질서 목적 또는 진리와 현실성을 파악하여 미래를 전망하게 된다. 역사의 구경究竟 목적은 즉 여기에 있는 것"이라고 정의한다.[70]

이런 입장은 일본의 실증사학이 아니라 마르크 블로크의 방법론에 가깝다는 인상을 준다. 블로크에게 역사학은 시간 속 인간에 관한 학문이고, 그 인간은 일상생활의 인간들 즉 보통 인간이며, 고립된 개체로서 인간을 이해하는 것이 아니라 사회적 존재이자 집단적 연관 속에서만 파악될 수 있는 존재로서 인간의 삶을 탐구하는 것이었다.[71] 이로부터 블로크는 민족사, 국가사 중심의 역사 서술을 뛰어넘는 비교사를 제안하면서,[72] 인간에 대한 폭넓은 이해를 지향하는 동시에 역사학이 과학임을 천명하며 더 이상 연대기나 이야기체의 서술로 만족해서는 안 된다는 점을 명확히 하고 과학적 방법에 의거해서 문제를 제기하고 가설을 세우고 검증하고 해결해야 한다고 강조했다.[73] 특히 미완성으로 남은 『역사를 위한 변명: 역사가의 사명』에서 블로크는 어떤 경우에도 역사가가 포착하고자

69 김두진, 「역사학은 냉엄·정확·과학적이어야 한다」, 진단학회 편, 『歷史家의 遺香』, 일조각, 1991, 153~155쪽.

70 이병도(1955a), 앞의 책, 3~4쪽.

71 이재원, 「마르크 블로크: '역사를 위한 삶'」, 『역사와 문화』 12호, 2006, 261쪽.

72 고원, 「마르크 블로크의 비교사」, 『서양사론』 93호, 2007, 160쪽.

73 김응종, 「아날학파와 역사의 공간화」, 『황해문화』 9호, 1995, 395~396쪽.

하는 것이 바로 시간의 흐름에 따른 변화이고, 시간 속의 인간들에 대한 학문으로서 역사학이 죽은 사람에 대한 연구와 살아 있는 사람의 연구를 결합하도록 끊임없이 요구받고 있기 때문에 살아 있는 것을 이해하는 능력이야말로 역사가의 중요한 자질이라고 지적하면서 역사학자가 단지 오래된 과거의 자료만을 탐닉하는 골동품업자와 구별되는 존재임을 분명히 했다.[74] 바로 이런 특징들이『국사대관』의 역사 정의에도 드러난다.

2) 민족, 정신의 삶의 주체

가장 주목할 사항은 '2항 국사의 의의'에서 제기된 '민족'이다. '3항 지리적 조건'에 앞서 이 항을 넣은 것은 다분히 의도적으로 보인다. 왜냐하면 '이병도의 실증사학'=식민사학이라는 의심의 근거가 '지리'를 기준으로 한 역사인식에 있었던 만선사관의 영향을 받아 역사와 지리의 친연성을 강조했다고 평가받기 때문이다. 식민사관에서 강조하는 한국 남부와 일본 간 일선동조日鮮同祖, 한국 북부와 만주 간 만선동조滿鮮同祖의 논리는 단일민족으로서 조선을 부정함으로써 개별사로서 한민족사를 삭제하고 동아시아의 보편사로 편입시켜 버리기 위한 의도를 내포했다는 점, 그리고 이를 실증사학으로 뒷받침한 역사학자들이 아카데미즘을 신봉한 제국대학의 학자들이었다는 사실을 다시 상기할 필요가 있다. 물론 그것은 만선사관과 식민사관에만 국한된 것이 아니라 랑케의 역사학에서 개별사와 민족사를 중심으로 하는 입장에서 파생했음을 충분히 이해

74 마르크 블로크(2007), 앞의 책.

할 수 있어도 『국사교본』에서는 별도 항목으로 다루지 않았던 이병도가 『국사대관』에 별도 항목으로 배치하고 부전지에 '歷史的인 民族'이라고 표기할 정도로 '민족'을 기준으로 채택했다는 점은 분명히 차별된다. 또한 '국사國史'의 회복이라는 맥락에서 이를 '민족사'의 재건으로 이해하게 되면 '민족'을 역사적 주체로 등장시키는 것이 전혀 이상해 보이지 않는다.

하지만 이병도의 역사학에서 '지리'보다 앞서 '민족'이 등장하는 이유가 민족사의 재건이라는 의미에서 이루어진 것으로만 파악할 수 있는 사안일까? 국사를 재건하는데 왜 역사적 주체가 자유로운 '개인'이 아니라 '민족'인 것일까? 해방된 조국에서 국사의 재건은 민족과 민족주의를 다시금 부각해야 한다는 현실적 응답이었을까? 이병도에게 '민족' 개념은 해방 이전 이미 한국 고대사 연구의 출발점으로 채택된 것이었다. 앞서 언급한 1923년 『동아일보』에 87회 연재했던 「조선사개강」에서 민족 기원에 대한 고찰과 함께 '조선민족'이라는 개념을 설정하고 우랄 알타이어계라는 언어학적, 인류학적 접근을 통해 만주와 한반도에 거주했던 숙신, 예맥, 한韓족을 모두 동일 종족으로 파악하여 '조선민족'으로 포괄함으로써 한국 고대사 연구를 본격화했다.[75] 이로부터 이병도는 한국의 상고사를 서북·동북·남방 행렬사회行列社會로 구분하고 가장 선진적인 서북 행렬사회로서 중국민족과의 대결, 동북 행렬사회로서 한漢족과의 투쟁, 남방 행렬사회의 후진성에 따른 국가체제의 발전단계를 소개하

75 오영찬, 「민족의 기원을 찾아서—한국 상고 민족의 창안」, 『한국문화연구』 37호, 이화여자대학교 한국문화연구원, 2019, 109~111쪽.

여 한국 고대사의 사회구조나 발전의 틀을 제시함으로써 통일신라와 함께 '민족문화'가 정립되어 가면서 민족의 내면적 생활사인 사상, 신앙, 풍수지리 등 한국의 정신精神에 대한 규명에 초점을 맞추었던 것이다.[76]

'민족문화'를 구성하는 사상, 신앙, 풍수지리 등의 정신요소들은 주관적이고 관념적일 수 있다. 그럼에도 불구하고 이병도가 '민족'의 '문화'를 주목한 것은 1920년대 문화주의 사학의 추세에 따른 것이기도 하지만 한편으로 역사의 전면을 알 수가 없기에 또 다른 일면으로서 문화 방면의 고찰이 필요하다고 판단했기 때문이다.[77] 이로부터 이병도는 삼국-통일신라-고려의 문화 계승이라는 측면에서 조선사를 체계화하고 그 과정에서 북방민족인 숙신-예맥-한韓의 세 가지 경로로 고대 조선의 종족이 포섭되었기에 고구려-발해의 역사 역시 조선사의 일부라고 인정했다.[78] 그것은 과학적 방법론을 채택하기 이전에 마치 "주나라는 하·은을 거울삼았다"[79]는 공자의 종주관에 기초한 전통적인 역사의 손익관념을 연상하게 한다.

이렇게 단일민족 담론은 『조선사대관』을 거쳐 『국사대관』으로 다시 부활했고, 『조선사대관』에서 채택한 '민족' 관념도 1923년 '조선민족' 개념의 기본 틀을 그대로 유지하고 있는데, 해방 이전과 달

76 김두진(1991), 앞의 글, 156~157쪽.

77 조인성, 「이병도의 『조선사개강』—1920년대 초반 문화사학의 일례」, 『백산학보』 98호, 2014, 47쪽.

78 당대 문화사적 통사들 대부분은 발해와 통일신라의 관계를 남북국 시대로 설정하고 고려가 발해의 유민을 받아들였다는 점에서도 후삼국 통일에 통일의 의미를 부여했지만, 이병도는 고려의 통일에 발해를 포함하지 않았다. 위의 글, 57~58쪽.

79 『史記』, 「孔子世家」, 「周監於二代」.

리 민족국가 완성이라는 역사적 과제를 위해 우리 민족의 근간을 맥 또는 예맥으로 설정하고 곰 토템과 연결해서 만선사관과 식민사관의 남북이원론을 극복하려는 특징을 보인다는 점에 주목할 필요가 있다.[80] 『국사대관』에서 이병도는 "민족은 개인과 같이 단지 그 자체가 존재하여 있다고 해서 반드시 역사를 가지고 있는 것은 아니다."[81]라고 전제한다. 이 전제에서 이병도는 역사의 주체가 우선적으로 개인이라는 사실을 부정하지는 않는다. 다만 개인은 천부적으로 자유로운 존재이기에 삶의 주체임이 분명하지만, 식민지 시기 억압되었던 개인의 자유로 인해 각성과 실천을 통해 정치적 재탄생을 요구받는다는 현실조건을 고려할 때, 민족국가 완성을 위한 책무 이행자로의 정치적 재탄생은 아직 자유의 획득이라는 기회를 경험하지 못한 개인이기 때문에 보다 오래전 역사적 존재로 등장했던 민족에게 적용하는 것이 시의적일 수 있다.[82] 그렇기 때문에 이병도는 '국사'를 '역사적 민족'을 이해하는 것으로 규정했고,[83] 바로 이 주체에 의해서 민족문화와 정신의 전통이 현재에 이르고 있다는 점을 강조한 것이다.

---

80 오영찬, 앞의 글, 120~121쪽.

81 이병도(1955a), 앞의 책, 4쪽.

82 해방 당시 역사적 주체로서의 민족이 정신의 각성에 의한 단일 행위자로 진화된 결과임에 발생학적으로 접근한 학문이 민족사학이다. 대표적으로 안재홍은 『신민족주의와 신민주주의』(1945)에서 동일운명체로 결성되는 도정에서 생존 투쟁의 역사로서 薰蒸練成을 구비한 존재로 민족을 규정함으로써 논리적으로 역사 진행의 주체로 설정했다. 이로부터 민족정신이 건국의 선행조건임을 강조하고 민족에 기초한 국가 건설이라는 최종 목표의 실현 가능성을 확보하려고 했다. 윤대식, 『건국을 위한 변명』, 신서원, 2018, 59~79쪽.

83 김두진, 「두계 이병도(1896~1989)의 사학과 근대 한국사학의 수립」, 『역사학보』 200집, 2008, 585쪽.

반면 형식논리로 보자면 '국사國史'=민족사의 회복은 식민지 시기의 '국사国史'=일본 국사와는 다른 조선 국사 또는 대한제국 국사로 돌아가는 것을 의미한다. 조선왕조나 대한제국의 국사는 식민지 전락과 함께 단절되었다. 이제 다시 재현해야 하는 것은 조선왕조나 대한제국의 국사가 아니라 민족국가의 국사이다. 그것도 1919년 수립된 대한민국임시정부를 기점으로 신민臣民, 국민国民이 아닌 민족民族이 정치주체로 인식되면서 민족, 민족주의, 민족국가의 방향성을 갖게 되었기 때문에 민족사로서 국사 회복이란 당연한 것이 되었다.[84] 이병도 역시 이 점을 정확히 인식한 듯하다. 그렇기 때문에 "역사적인 민족은 정치적 사회적인 헌법을 가져 정치에 일정한 질서를 갖추고 사회에 일정한 정의를 보존하고 있는 것이다. 또 그 민족은 어떤 신앙과 도덕을 인認하고 수족을 사용하는 일과 정신을 쓰는 일을 한다."[85]라고 적시했던 것이다.

문제는 역사란 개별사, 일국사의 민족정신의 산물인 민족국가가 중심이 된다는 전제를 채택했지만, 한국사와 보편사의 교호착종을 여전히 지리적 조건과 밀접히 연계하고 있다는 점이다. "과거의 한국민족은 역시 고립적으로 발전하여 온 것은 아니다."라는 전제로부터 대륙의 중화민족, 해양의 일본민족으로 인해 정치적, 경제적, 군사적 욕구나 위압에 문화적 수용과 매개로 대응했기 때문에 대륙국가에 대한 사대주의는 오히려 능동적이고 활동적인 반면 일본에 대한 교린책은 수동적일 정도로 지리적 위치와 환경이 자기정체

84 박병섭, 「국사교과서 논쟁과 민족정체성의 투쟁」, 『사회와 철학』 31집, 2016, 74쪽.

85 이병도(1955a), 앞의 책, 4쪽.

성을 성장 발전시켜 온 원인이라는 것이다.[86] 어쩌면 일종의 상투적 표현이기도 한 지정학적 위상을 지적하는 것으로 보이지만, 이병도의 관심은 한반도와 우리 민족의 문화적 역량에 초점을 맞추고 있으며, 그것이 지리적 조건의 적의성適宜性에 따라 평화를 사랑하는 문화를 결과한 동시에 진취성보다 보수적이고 침체적인 생활양식을 불가피하게 가져다주었다는 분석으로 진행된다.[87] 이와 같은 이병도의 문제의식은 "역사지리적인 위치 문제라는 것이 언뜻 생각하기엔 뭐 그렇게 중요할까 하고 생각할지 모르지만, 그게 바로 잡히지 않으면 역사가 뒤바뀌고 사회집단이랄까, 그때는 부족국가나 부족연맹이지만, 그것의 위치가 달라지니까 역사가 전부 달라진다."[88]라는 판단에서 비롯했다. 그러므로 일정한 풍토 속에서 삶을 영위하는 인간이 문화 전통의 영향을 받으면서 새로운 역사를 진전해 나가기 때문에 "국가의 기원과 체제정비의 문제로 나아가고 이뿐만 아니라 사회제도의 문제로 발전된다."[89]라는 점에서, 이병도에게 역사지리 연구방법은 문화전통과 어우러진 역사를 체계화하는 결정적 요소였던 것이다.[90]

86 위의 책, 5쪽.
87 위의 책, 5쪽.
88 진단학회 편, 「한국 고대사의 제문제: 두계선생과 이기백 교수의 대담(2)」, 『歷史家의 遺香』, 일조각, 1991, 233~234쪽.
89 위의 글, 235쪽.
90 김두진, 「두계 이병도의 한국고대사 체계와 역사지리 문제」, 『진단학보』 119권, 2013, 13~15쪽.

3) 한韓민족 재건과 정치적 삶의 재현

종착지는 '4항 한국민족의 구성'이다. 이미 1923년 한민족의 정체성을 단일민족으로 규정하고 민족국가의 기원으로 취급하는 기본 틀을 구상했기 때문에, 이병도의 한韓민족 개념은 당대와 해방 이후 민족사학이 취한 단일민족론과도 보조를 같이하는 것이었다. 반면 민족사학의 비교언어학적, 발생학적 접근방식이나 유물사관의 계급적 구별에 기초하기보다 보조과학으로서 고고학적, 인류학적 접근방식까지도 동원해야 하지만 당대 조건상 불가피하게 사학적 입장에서만 민족 구성의 토대를 오랜 문화전통에 의해 사회제도로 공고화된 정체성으로 해부했다는 사실을 고백한다. 바로 우리 민족 역시 온전한 단일인종(狹義)으로 형성된 것이 아니라 수개 이상의 다른 요소, 즉 한인漢人, 몽고인蒙古人, 만주인滿洲人, 왜인倭人 기타 요소가 다소 포함되어 있다는 것이다.[91]

물론 그것은 단일민족론을 인종적 혼종으로 뒤바꾼 것이 아니라 한국민족의 근간적根幹的 요소가 지배적이고 우세한 지위에서 여타 다른 요소를 융합hybrid한 것이라는 의미이다.[92] 이를 뒷받침하기 위해서 이병도는 문헌 고증과 사료 비판이라는 방법론적 엄격성을 적용한다. 우리 민족의 근간은 중국 고전에 나타나는 맥貊(貉) 혹은 예맥濊貊(濊貉)이고 간단히 예濊로 약칭되었다는 것이다.[93] 그 근거로 비교언어학적 방법을 적용하는데, 예맥濊貊이라는 우리말에 대한 중국어 음역이 Houei-mai로 추측되고, 일본에서 고대부터 맥貊

91 이병도(1955a), 앞의 책, 11쪽.
92 위의 책, 11쪽.
93 위의 책, 11쪽.

글자를 강대한 고려(고구려)를 훈독한 [コマ](코마)라 발음했기 때문에 예맥족 자체가 개마, 고마로 불렸다는 것이다.[94] 이렇게 어의語義의 기원까지 소급하여 추론하는 발생학적 접근은 "무엇보담도 언어학 토속학 신화학 비교종교학 등 고대사회에 관한 제학문을 요한다. 그러나 나와 같은 속학배로서 그것은 거의 불가능 … 특히 비교언어학적 연구에 있어서는 조선어와 한 가지『우랄알타이아』어계에 속한 만주어 몽고어 여진어 흉노어 토이기어 등을 참고할 필요가 있으나 오직 한자漢字 음의音意의 독변讀變한 자취와 일본어와들 주장으로 대조키로 할 밖에 없는 것"[95]이라고 와세다 동문 선배였던 민족사학자 안재홍의 고백에서 드러나듯 부족한 고증사료를 메우는 대안임을 잘 보여 준다.

이병도 역시 이러한 불가피함을 돌파해야 하는 과제를 보여 주는데, 엄격하고 냉엄한 과학적 방법론을 적용해야 하는 사학적 입장을 근간으로 언어적 기원을 소급하여 신화와 문화에서 형성되어 온 토템사상과 연결한다. "원조선족元朝鮮族의 칭호는 <개마> 혹은 <고마>로서 그들의 인명人名이라든지 그들이 가서 사는 곳의 산명山名 수명水名 기타 지명地名 중에는 이와 비슷한 발음의 것이 실로 많다."라고 전제한 뒤, 이병도는 "나의 천착으로는 그것은 <上><大><神><神聖>을 의미하는 국어의 <감><검><금>, 일본어의 [カミ](카미) [カム](카무), 아이누어의 Kamui(熊·神)와 같은 말이 아닌가 한다. 그러나 그것의(개마, 고마) 근본적 어

94 위의 책, 11~12쪽.

95 안재홍, 「朝鮮上古史管見(三)」, 『조선일보』, 1930. 1. 30.

의는 역시 맥貊 혹은 웅熊을 의미하는 말(고마=곰)이라고 생각된다. 즉 <맥貊><웅熊>을 신성시하여 수호신, 조상신으로 숭배하던 토템Totem사상에서 생겼다고 인식되나니 이러한 웅熊토템제制는 실상 북방민족사회에 널리 행하던 것"[96]이라는 언어의 발생학적 추적을 통해 종족을 가리키는 고유명칭과 일반적인 곰 토템신앙의 혼융으로부터 그 기원을 소개했다.

이런 방식으로 종족의 특수성이 민족의 일반성으로 더 확장되어 포괄적인 범주를 가지면, 이제 부족국가에서 민족국가로의 확장, 즉 고대 국가체제로의 정비가 이루어졌다는 논리적 추론이 가능해진다. 그 단서는 원형적인 주체로서 예맥과 곰의 우리말 변천으로서 ᄀᆞᆷ-검-금의 호칭이 군장君長일치 사회였던 과거를 알려 주고 있는 셈인데, 이런 언어적 추론 역시 민족사학의 방법론과 동일한 패턴을 보여 준다. 안재홍은 "「왕ᄀᆞᆷ」은 대군大君 또는 대신인大神人이란 뜻으로도 되는 환검桓儉의 동어이형同語異形이다. 정교政教혼일의 고대정치에서 원수元首요, 단군왕검은 그 한자漢字 표현"[97]이라고 추론하고 이를 "단군은 ᄇᆞᆰ달·왕ᄀᆞᆷ의 대역對譯인 채 실은 이 ᄇᆞᆰ한의 대자對字로 되는 것"[98]으로 어원에 대한 추적을 통해 왕ᄀᆞᆷ-왕검=임금으로서 단군의 정체를 밝혔듯이, ᄀᆞᆷ-금-임금으로/칸-한-간으로 변천한 용례에 따라 신라의 이사금尼斯今-마립간麻立干의 호칭 변화를 확인할 수 있고 이것이 종족의 우두머리에서 정치

---

96 이병도(1955a), 앞의 책, 12쪽.

97 안재홍, 「朝鮮通史」, 민세안재홍선집간행위원회 편, 『민세안재홍선집』 4, 지식산업사, 1992, 21쪽.

98 안재홍, 『朝鮮上古史鑑』 下, 민우사, 1948, 24~25쪽.

적 제왕으로 확대된 호칭임을 가리키며 이를 뒷받침하는 기억의 단편들을 단군신화 또는 건국신화의 서사로 엮게 된 것임을 시사하고 있다. 결국 역사적 실체로서 예맥이라는 한국민족의 원형을 추출하여 해방 이후 등장한 새로운 역사적 주체는 원형으로부터 형성되어 온 민족이 정치적으로 재탄생한 결과이며 대한민국이라는 국가의 재건과 맞물려서 대한민국과 한민족의 재현도 역사적, 논리적으로 당위성을 확보하게 되는 것이다.

여기에서 더욱 주목할 사항은 언어적 기원을 추적해서 어의를 분석하여 호칭의 의미를 증명하는 비교언어학적 분석에 "우리 조상들이 중국북방에 생활근거를 가지고 있었을 때는 웅熊과 비슷한 맥貊을 우리말로 <개마> 혹은 <고마>라 하여 그것을 우세적인 토템으로 삼고 있다가 만주와 반도로 동진함에 따라 맥貊의 대代로 웅熊을 <고마> 혹은 <개마>라 하여 역시 그것을 대표적 토템으로 신성神聖(祖上)시視하였던 것이 아닌가. 단군신화에 나타나는 웅녀熊女의 존재를 생각하여 보면 알 것이다. 나는 웅녀熊女를 웅熊토템족族의 여성으로 해석하거니와, 신화에 웅熊은 인신人身으로 화化하고 호虎는 그렇지 못하였다는 것도 웅熊토템이 호虎토템보다 우세하였다는 것을 의미하는 것이 아닌가 생각할 수 있는 것"[99]이라는 신화의 서사구조를 포괄하고 있다는 점이다. 그것은 예맥이라는 종족의 호칭이 곰 토템신앙과 혼융되어 언어적으로 곰-고마-감-금으로 변천하고, 이 곰이 종족의 수호자 역할을 수행하는 것으로 인식한 고대인들의 믿음체계 속에서 곰-고마-감-금=임금이라는 군

99 이병도(1955a), 앞의 책, 12쪽.

장일치의 주체로 각인되었다는 것이다. 의외로 이병도의 실증사학=식민사학이라는 도식과는 전혀 맞지 않은 이병도 자신의 방법론상 인식이 드러나는데, 그는 설화학과 민속학의 방법까지 동원하여 단군신화를 고찰해 단군을 제정일치시대 지배자의 칭호로 보고 단군조선을 수호신으로 받든다는 제단 중심 지배의 아사달 사회에서 비롯한 것으로 파악했던 것이다.[100]

또한 원래 수호자였던 토템의 이미지를 투영해서 만든 통치자의 출현은 권력의 창출을 의미하고, 권력은 정치공동체를 탄생시킨다. 그리하여 민족국가의 재건은 민족이라는 당사자들의 출현을 통해서 창출된 권력에 의해서 실현될 수 있다는 논리적 귀결에 이른다. 그것이야말로 단절된 근대 국민국가 건설을 위해서 민족을 각성시켜 책무를 이행하도록 유도해야 하는 정치지성의 역할이기도 하고, 그 실천의 결과가 민주적 사회 구성임을 시사한다. 이러한 구성체 논의는 이후 『국사와 지도이념』(1955)의 공동체론과 연계되기에 『국사대관』이 단지 이병도의 역사관과 방법론만을 보여 주는 것이 아니라 그의 정치적 삶의 첫 번째 구성요소인 정신의 삶을 형성하는 토대임을 확인시킨다. 왜냐하면 '국사國史' 교과서의 의의 자체가 한국인의 정체성을 표상하기 때문에 이제 다시 공적 영역으로서 대한민국과 공적 행위자로서 한韓민족의 정체성 문제는 민족국가 완성의 핵심이고 최종적으로 『국사와 지도이념』의 결론에서 '민주적 민족사회'의 실현으로 연결되기 때문이다.

100 조인성, 「이병도의 한국고대사연구와 식민주의사학의 문제—≪한국고대사연구≫를 중심으로」, 『한국사연구』 144호, 2009, 288~289쪽.

물론 사학적 입장으로만 국한할 경우, 『국사대관』에서 '민족' 개념을 기준으로 한 역사 서술은 근대 국민국가를 과거로 투사시켜 종족을 찾고, 이들이 통합의 과정을 거쳐 국가를 형성하고 그 역사가 면면히 이어져 근대 국민국가를 형성하게 되었다는 설명으로 귀결되는데, 근대 국민국가의 연원을 시간적으로 소급하여 찾는 이런 작업은 자칫 환원론으로 빠질 수도 있다.[101] 따라서 이병도의 역사관에 국한하지 않고 최종 단계로서 정치적 삶의 재현을 추적하는 것이라면, 그의 정신의 삶이 각성과 실천의 주체로 '민족'을 인식했다는 사실에 무게를 두어야 할 것이다.

4. 공동체 보존의 리더십을 강조한 정치지성

1) 국사와 지도이념, 그 조합의 함의

이병도의 역사학이 그 자신의 정치적 삶을 구성하는 정신과 활동의 삶이 정합되는 여정의 출발점이었음을 확인시키는 최종적인 근거는 『국사와 지도이념』(1955)이다. 왜냐하면 『국사와 지도이념』은 이전의 『조선사대관』-『국사대관』과 더불어 국민대중에 대한 역사학의 기여를 의식하여 집필한 것이면서, 통사적 차원에서 이병도 역사학의 두 기둥에 해당하기 때문이다.[102]

그런데 왜 '국사國史'와 '지도이념指導理念'이라는 용어를 조합했을

101 오영찬, 앞의 글, 123~124쪽.

102 이태진, 「두계 이병도 한국사학에서의 공동체 문제」, 『진단학보』 116권, 2012, 372~373쪽.

까? '이병도의 실증사학'을 계승하는 입장은 객관적이고 정확한 역사적 사실을 가치중립적 입장에서 가감없이 전달하는 것이 역사가의 책무라고 규정하지 않았던가? 그럴 경우 두 용어의 조합은 역사가 이병도의 입장과 배치되고 형용모순에 해당하는 것이 아닌가? 해답의 단서는 '이병도의 실증사학'이 아닌 '이병도의 역사학'이 그의 정신의 삶과 활동의 삶을 위한 성립 선행조건이었음을 상기해 보면 찾아진다. 이병도에게 '국사'는 민족사이고, 민족은 역사적 실체로서 민족국가 재건을 위해 정치적 주체로의 책무를 각성하고 실천해야 할 존재로 재탄생해야 했다. 그것은 랑케가 지적했듯이 개별적인 민족사는 당대 자신들이 직면한 시대의 주도이념을 현실에서 성취해야 하는 역사적 과제를 안고 있기 때문에, 헤겔의 절대이념과 같은 보편법칙에 따른 역사발전의 책무와는 구별된다는 점을 가치중립적인 역사가의 책무로 이해했던 것과 궤를 같이한다. 이런 맥락에서 이병도의 '지도이념'이란 개념은 대한민국의 정치주체로 하여금 시대의 주도이념을 각성토록 하여 이를 현실에 실현하도록 제시된 것으로 정의할 필요가 있다. 즉 이념적 측면 또는 사상사적 측면에서 역사가의 가치중립적 입장과 상치되거나 측면사에 대한 개인적 관심과

『국사와 지도이념』

부합해서가 아니라, 정신의 측면에서 지도이념의 각성이 역사가의 책무에 부합한다는 점을 지적하는 것이어야 했다. 따라서 여기에서 '지도이념'은 단순히 이데올로기의 의미를 지닌 것이 아니라 '리더십leadership'의 의미를 지닌 용어로 정의해야 하고, 이로부터 '국사'의 학습을 역사가의 책무가 아니라 정치지성의 책무로 치환하면 용어상 엿보이는 형용모순의 의문점은 해결될 것이다.

상기한 방식으로 『국사와 지도이념』을 들여다보면, 가장 먼저 눈에 띄는 것은 '범례'인데, 여기에서 이 책의 저작 의도를 찾을 수 있다. 왜냐하면 "청년지도원의 교양을 위한 국사교본으로 편찬한 것"[103]이라는 저술의 목적에서 비로소 '지도이념'이 '리더십'이라는 뜻을 분명히 하기 때문이다. '청년지도원'이라는 학습대상은 '역사교원'이 아니라 향후 각성과 실천을 통해 시대의 주도이념을 현실에서 성취해야 할 책무를 학습한 공적 행위자, 즉 후속세대를 의미한다. 물론 이것은 특정한 정치지도자를 지칭하려는 의도가 아닐 것이다. 왜냐하면 청년지도원이란 특정한 공적 행위자로서 '개인'이 아니라 '민족'을 전제로 개별사로서 '국사'=민족사를 학습해야 하는 주체이기 때문이다. 따라서 그것은 역사적 실체로서 '민족'이 정치적 주체로 재탄생한 단일한 공적 행위자로 지칭되는 것임을 파악해야 한다. 그래서 이병도는 『국사와 지도이념』을 크게 "제1편 국사의 개요"와 "제2편 과거의 지도이념"으로 구성하고 1편은 정치사회의 변천과정과 거기 나타난 지도이념의 부침에 대한 것으로, 2편은 순수한 사회생활의 변천과 그것을 통하여 흐르는 지도이념에 대하여

103 이병도, 『국사와 지도이념』, 일조각, 1955b.

논술한 것임을 명시했던 것이다.[104] 즉『국사와 지도이념』은 앞으로의 역사를 이끌 바람직한 지도이념, 곧 리더십을 역사 속에서 찾는 형식을 취한 것이다.[105]

이병도가 이 시기 '지도이념'이라는 개념을 제시한 것은 정치지성으로서 그의 진면모를 보여 주는 단서이다. 사실 리더십은 무엇인가를 지도하고 이끄는 능력의 발휘라는 사전적 의미를 담고 있지만, 이것은 자기이익을 최우선으로 하는 인간 욕망으로부터 발생한 목표를 향해 구성원들을 조직화하고 동기부여를 하는 관리management에 초점을 맞춘 개념 정의이다. 그렇다보니 리더십은 경영의 필수원칙으로 알려져 있지만, 그것이야말로 생존이라는 본능적 욕망을 충족하려는 공통목적으로 결집한 회사會社라는 특정 공간에서 발휘되는 것이기에 명백히 사적 영역에 해당한다. 아렌트가 강조했듯이 '회사'라는 말과 '하나의 빵을 먹는 사람' '하나의 빵과 포도주를 함께 먹는 사람들'과 같은 표현은 본래 결합가정의 영역을 의미하고, 이로 인해 중세적 '공동선'은 결코 정치영역의 존재를 지시하는 것이 아니라 다만 사적 개인들이 물질적, 정신적인 공동이해를 갖고 있다는 사실을 인식시켜 준 것일 뿐이기에 사적 이해에도 공적 의미를 부여하는 특이한 중간영역으로서 사회적 영역에 해당하는 것이었다.[106]

그렇게 보면 상기한 의미로 '지도이념'을 정의할 경우, 지도이념과 국사 학습의 상관성은 뜬금없는 표현일 뿐 아니라 형용모순에

104 위의 책.
105 이태진(2012), 앞의 글, 373쪽.
106 한나 아렌트(1996), 앞의 책, 87쪽.

불과하다. 게다가 이병도가 근대 국민국가 건설이라는 역사적 과제를 각성하고 실천하는 주체로 설정한 공적 행위자는 단일한 '민족' 더 나아가 '국민'이지 사적 행위자인 '개인'이 아니었다. 그리고 당대 현실의 통일 민족국가 완성, 즉 대한민국의 재건과 공적 영역의 회복이라는 역사적 과제는 곧 정치영역의 회복, 정치적 삶의 회복을 의미했다. 따라서 지도이념은 공적 영역에서 활동할 당사자가 발휘해야 할 사안이며, 이로부터 지도이념은 '누군가에게 이끌려 가는' 관리의 리더십이 아니라 '모두가 이끌고 가는' 리더십을 가리킨다. 그때에야 비로소 『국사와 지도이념』에 내포된 이병도의 실제 의도가 분명해진다. 바로 지도이념은 정치 리더십political leadership의 의미로 제시된 것이다.

정치 리더십의 본질은 '국가'라는 정치공동체political regime의 모든 구성원들을 이끄는leading 사람이 가지는 특성이며, 여기에서 지도하고 이끄는 존재는 특정한 존재에게 목적지에 다다르는 길을 앞에서 때로는 옆에서 같이 가면서 보여 주는 것(show [someone or something] the way to a destination by going in front of or beside them)이라고 할 수 있다.[107] 이런 정치 리더십의 개념 정의를 이병도의 지도이념 개념에 적용해 보면, 사회구조의 제도화 과정을 추적하는 역사주의적 방법론의 전제로부터 개별 시대마다 역사발전의 방향으로 자신들의 과제가 무엇이고 주도이념이 무엇인지를 천착함으로써 측면사로서 사상사를 구축했던 점을 고려할 때, 이병도가 주

107 이상원, 「한국정치학의 정치사상 연구 동향과 과제: 정치리더십을 위한 정치사상의 현실적 토대에 관한 탐색」, 한국정치학회 편, 『한국정치학회 70년사: 2013-2023』, 2024, 19쪽.

목한 사상사는 바로 공적 행위자의 주도이념, 즉 정치 리더십의 역사적 연속성에 대한 것이 된다. 왜냐하면 정치사상 연구는 시대의 변화 속에서도 지속되는 기본적 문제의식을 계승하면서 정치지도자 그리고 정치공동체의 구성원들이 가져야 할 덕성과 시민적 능력에 대한 윤리적 문제의식을 놓지 않으며, 정치지도자가 처한 다양한 실천적 상황과 현실 문제에 대한 역사적, 경험적 분석과 성찰을 중요한 연구주제로 다루기 때문이다.[108] 이 점에서 이병도 역사학의 사상사 연구는 시종일관 민족이라는 주체에 의해서 형성된 민족의식 또는 민족정신에 초점을 맞추었던 셈이다.

2) 역사적 민족과 공동체적 정신

이제『국사와 지도이념』에서 이병도의 진술에 근거해 그의 정치적 삶이 지향한 최종목표가 무엇이었는지를 추적하려고 한다.『국사와 지도이념』의 "제1편 국사의 개요"에서는『국사대관』처럼 우선「총설」을 배치하고 나머지 항목들을「본론」으로 나누어 놓았다. 사실상 서론에 해당하는「총설」에서 '국사'의 정의 및 '역사적 민족' 개념 그리고 개별사로서 한국사의 특수성을 거론하는데, "국사는 과거 우리 민족이 어떻게 발전하여 즉 어떠한 경로를 밟아 오늘의 현상에 이르렀는가를 연구하는 학문"[109]이라는 이전 정의와 다르지 않은 역사관을 그대로 투영하고 있다. 특히 '오늘의 현상'을 대상으로 과거를 추적한다는 점에서 역사의 현재성에 대한 중요성을 짚고 있다는

108 위의 글, 20쪽.
109 이병도(1955b), 앞의 책, 9쪽.

점도 주목할 만하다.[110] 그것은 '이병도의 실증사학'이라는 세간의 호명이 사실 '이병도의 역사학'과는 구별되어야 한다는 사실을 지적해 주는 단서이기도 하다.

한편 '역사적인 민족' 개념 역시 똑같이 제언하는데, "자기보전自己保全 자기발전自己發展 자기향상自己向上을 위해서의 자기자체自己自體 내內의 협조와 상극相剋이 있을 뿐 아니라, 다른 나라 다른 민족과의 빈삭頻數한 접촉과 교섭에서 … 새로운 것에로 지향발전"[111] 하는 존재로 정의하고 있다. 그것은 자체 내의 협조와 상극 그리고 주위 제민족과의 끊임없는 투쟁이 민족사회를 유지 발전해 온 동력이며, 바로 자기자체 내의 중심에 공동체 문제가 있다는 의미를 담고 있다.[112] 그리고 우리의 공동체 문제를 규명하기 위해서는 보편사와의 공통점을 고찰하고 고립되지 않으면서도 민족사의 특수성을 밝혀야 한다는 것이다.[113]

도대체 우리 역사만이 갖는 특수성이란 무엇인가? 그것은 앞서 밝힌 자기자체에 내재한 협조와 상극의 교차인데, 두 가지 맥락으로 나뉜다. 하나는 과거 대가족제와 농업자연경제에 토대한 사회구조로 인해 자족적이고 안정적인 생활이 가능했지만 그 결과 집착, 감내하는 평화성(유순성)과 강인성 및 정체성이 현재 우리의 생활양식에 투영되어 있다는 점, 다른 하나는 지리적 특성상 대륙과 해양 사이의 양면적, 중간적인 생활양식과 감정을 지니게 되었고 대륙과

110 이태진(2012), 앞의 글, 373쪽.
111 이병도(1955b), 앞의 책, 9쪽.
112 이태진(2012), 앞의 글, 373~374쪽.
113 이병도(1955b), 앞의 책, 9쪽.

해양세력 양면의 역사적 관계와 활동이 오래되었다는 점이다.[114] 이와 같은 이병도의 관점은 '민족성 개조'를 둘러싼 타협적 민족주의자와 비타협적 민족주의자 간 상반된 진단과 처방이 교호착종하고 있는 것처럼 보인다. 예를 들어 와세다 동문인 이광수는 『민족개조론』(1922)에서 민족 개조를 민족성 개조로 규정하고 민족성이 타락한 원인으로 허위·비사회적 이기심·나태·무신·겁나怯懦·사회성의 결핍을 거론하면서 개조된 개인들로 하여금 민족의 중추계급을 이루면 구시대적 악성이 자연도태할 것이라고 전망했던 반면,[115] 역시 와세다 동문인 안재홍은 조선학 운동(1935) 과정에서 "부단한 침략을 혈전血戰으로써 방지하면서 조국과 동포를 영구히 호지護持하여 온 강인하고 자제력이 강한 생생한 역사와 전통"[116]을 가지고 있음에도 불구하고 역사의 발전동력으로 작동하지 못한 원인으로 "첫째 무기력함이요, 둘째 불관용이요, 셋째는 너무 관념적인 점이요, 넷째는 지속성의 부족한 점이요, 다섯째는 비조직적인 점"[117]을 민족성의 병폐로 진단하면서 강인함과 반발력을 재현할 수 있는 처방책으로 문화의 상승을 요구했다.[118] 그렇게 보자면 이병도는 훗날 식민사관과 민족사관으로 분류되는 상기한 두 경로를 모두 수렴하면서 우리 역사의 특수성이 갖는 양면적 속성의 교차지점에서 우

114 위의 책, 9~10쪽.

115 이광수, 『민족개조론』, 우신사, 1981, 117~121쪽.

116 안재홍, 「신탁통치반대국민총동원중앙위원회 성명」, 고려대학교박물관 편, 『민세안재홍선집』 7, 지식산업사, 2008, 43쪽.

117 안재홍, 「民世筆談(九) 民衆深化過程(七) 우리 民族性의 病弊(一)」, 『조선일보』, 1935. 5. 14.

118 윤대식(2018), 앞의 책, 486쪽.

리 민족의 회복탄력성resilience이 형성되었다고 파악한 셈이다. 따라서 대륙과 해양세력의 중간지점에서 매개자 역할을 수행하며 민족사회의 유지 발전이 가능했던 이유로 "탄력이 있는 자기자성自己自性이 그러한 작용을 한 것"이라고 진단할 수 있었던 것이며, 그 '자기자성'의 정체를 민족의 최고정신, 최고이념인 '공동체적 정신共同體的精神'으로 정의했던 것이다.[119]

이제 역사발전의 동력을 일관되게 계승한 '공동체적 정신'으로 상정했으니 그와 같은 정신을 삶의 책무로 이행해야 하는 주체로서 '민족'에 대한 정의로 자연스럽게 나아가게 된다. 드디어 '민족'은 "일정한 지역에서 오랜 역사를 통하여 언어 습속 기타의 전통을 같이 해온 공동체"라는 역사공동체로 규정된다.[120] 여기에서 제기될 의문점이자 해결해야 할 사안은 식민지 시기 이병도가 제기한 '단일민족' 개념과 역사공동체로서 '민족'을 연계해야 하는 과제와 어떻게 '민족'을 역사공동체에서 정치주체로 전환할 것인가이다. 먼저 역사공동체로서 '민족'을 정의한다면, 민족은 역사의 오랜 전통과 습속 등 동질성을 공유한 존재라는 의미를 지니게 된다. 물론 이병도의 '단일민족'이라는 전제와 일관된 입장이지만, 이병도 자신도 인정했듯 "원래 종족은 동질성을 지닐 수 있어도 발달된 민족은 여러 요소가 혼합되어 있고 우리 민족도 외래의 요소인 만주-몽골-한인-왜인 등의 피가 다소 섞여 있다는 사실과 북방 및 남방 행렬사회의 영향을 모두 받았다."[121]라는 점을 상기한다면 단일민족이라는 전제

119 이병도(1955b), 앞의 책, 10~11쪽.
120 위의 책, 11쪽.
121 위의 책, 12쪽.

와 역사공동체라는 정의가 서로 배치될 수 있다. 어떻게 이 문제를 해결할 수 있을까? 이 지점에서 다음 사안인 정치공동체의 구성원으로서 '민족'의 정치적 삶이라는 차원으로 치환을 생각할 수 있다. 즉 '단일민족'이란 여타의 외부요소가 개입했다 할지라도 우세하고 자명자약한 기본요소를 축으로 나머지 요소들을 아우르고 언어, 풍속의 동질성을 확보함으로써 혼연체를 이룬 결과이며, 바로 그것을 가능하게 한 지배적 요소야말로 정치적 삶을 이끌어낸 리더십 곧 공통된 최고정신과 지도이념이었다는 설명이다.[122]

이로부터 이병도가 개인과 공동체의 관계를 어떻게 설정했는지 그 단면을 엿볼 수 있는데, 개인은 전체(씨족-부족-국가-민족)를 의식하고 그 속에 삶을 영위하는 존재로, 전체는 개인을 포섭하고 보호하여 성장하는 존재로 상정함으로써 개인과 전체의 불가분리성을 강조한다.[123] 그것은 지도이념, 즉 정치 리더십이 역사 속에서 무엇을 실현시키는 힘인지를 보여 주는데, 이병도는 "전체의 이익은 개인의 이익이 되고 전체에 대한 위협은 즉 자기에 대한 위협임을 인식하고, 전체의 이익을 위해서는 개인의 그것을 희생하는 등 전체 개체의 자유롭고 평화스러운 발전향상을 도모하기 위하여 서로 협동 부조하는 정신이 곧 그것"[124]이라고 정의하고 있다. 그 과정에서 '개인'은 "국가나 민족을 떠나 존재의 의의가 없고 항상 국가와 민족의 통일발전 가운데 살고, 그것을 봉사하는 일원인 것을 자

122 위의 책, 12쪽.
123 위의 책, 12쪽.
124 위의 책, 12쪽.

각하면서 국가민족의 영원한 이상에 殉하려 하는 그 정신"[125]으로 규정된다.

이병도는 상기한 「총설」에서 정치적 삶의 완성을 위해서 '국사'의 학습이 왜 필수적인지를 정신의 삶의 이행과 정치공동체의 재건이라는 과제에 연계했다. 그 과정에서 이병도는 국가관과 민족관을 정립하고 소개했는데, 여기에서 이병도의 정치적 사유는 '공동체적 정신'으로 '민족'을 정의하고 이를 '국가'보다 상위개념으로 배치하는 특징을 보인다. 이로부터 역사공동체로서 '민족'과 국적공동체로서 '국민'을 구별하는데, 아마도 그것은 통일된 민족국가 완성이라는 지상과제와 연관되었기 때문으로 판단된다. 즉 정치적 삶의 주체로서 '민족'을 상정하고 그 민족이 '국가'라는 공적 영역의 당사자로서 자신의 책무를 이행하기 위한 덕목인 공동체적 정신을 함양해야 한다는 청사진을 제시한 것이다.

그런데 '민족'이 공적 행위자로 정치공동체를 다 같이 이끌어 나가야 하는 주체이기에 지도이념, 즉 정치 리더십에 대한 각성과 실천을 통해 역사발전 방향으로 공동체를 이끌어 나갈 역사적 소양을 갖춰야 한다는 목표를 설정함으로써 '국사'의 학습이 필수적임을 강조할 수는 있지만, 정치주체로서 '민족'을 상정했기 때문에 역사적으로 형성된 민족사회는 자연스럽게 모두가 공적 영역에 참여하는 절차적 정의가 실현된 민주사회로 귀결된다는 민족주의=민주주의의 일체성으로 나가야 하는 문제가 발생한다. 그럴 경우 민족=민주의 등식은 공동체=개인이라는 불가분리성으로 제시되는 것이 논리

125 위의 책, 12쪽.

적으로 일관되지만, 이병도는 개인과 전체의 불가분리성을 주장하면서도 종국에 사적 이익을 전체 이익으로 포섭해야 한다고 규정하고 있다. 이것은 이율배반적이지 않은가? 왜냐하면 사적 이익과 전체 이익은 사실상 개인의 사적 이익과 집단의 사회적 이익에 해당하는 것이고 양자는 사적 영역과 그 확장인 사회적 영역에서 다루어지는 목표를 말할 뿐, 공동선 또는 공적 영역의 이익을 말하는 것이 아니기 때문이다. 오히려 사회적 영역을 공적 영역으로 간주하여 개인들의 사적 이익을 전체이익으로 등치시킴으로써 '공동체적 정신'='민족정신'을 개개인의 정신과 의지의 총합으로 상정하는 혼동을 보여준 것은 아닐까?

비록 이러한 문제 제기가 일부분 타당하다 할지라도, 이병도의 생애 전반을 반추해 보면 그의 정신의 삶이 형성된 최초 단계가 일본 유학 과정에서 역사학의 학습이었고, 정신의 삶이 본격화한 것이 식민지 시기 한국의 역사를 실증주의적 방법론을 적용하여 천착하는 과정이었으며, 활동의 삶은 해방 후 단절된 역사와 국민국가 재건을 위해 정신의 삶에서 추출한 '민족' 개념을 정치적 삶의 주체로 환원하는 국사 교과서의 저술과 교육이라고 판단했음을 고려해야 할 것이다. 그럴 경우 크게 두 가지 차원에서 해답을 찾아 나갈 수 있다. 하나는 국가를 민족이 포괄하고 개인을 전체가 포괄하며 공동체를 우선하는 이병도의 정치적 사유에서 '국민'과 '민족'은 구별되는 것인지의 여부, 다른 하나는 이병도의 공동체론이라는 것이 자유주의적 공동체주의인지 전체주의인지의 구별 여부이다.

먼저 이병도의 역사학 학습이 일본 유학에서 이루어졌고, 도쿄제대의 이케우치 히로시에게 가장 많은 영향을 받았다는 점을 고려하여 학문적 계보를 소급해 보면 이병도의 역사학은 시라토리 구라키치白鳥庫吉–루트비히 리스Ludwig Riess–랑케까지 올라가는 관련성을 가지고 있기에 랑케식 실증사학으로 규정되었다. 물론 랑케의 과학적 역사학의 방법론을 계승한 것이 문제가 되었던 것이 아니라, 이병도의 '민족' 개념 형성에는 개별 민족사가 중심이 된 주도이념에 초점을 맞춘 랑케의 역사주의 역사학의 수용과 함께 독일의 문화주의와 '민족' 관념까지도 일본으로 유입됨으로써 또 다른 원인으로 작용했을 수 있다. 즉 유럽의 민족국가 탄생 기원부터 민족과 국민의 개념 간 구별이 발생했고, 그것은 프랑스와 독일의 정치사회적 조건이 달랐던 데에서 연유했다. 프랑스는 18세기 계몽주의와 혁명을 통해 19세기부터 공화국 탄생과 자유주의의 확산을 주도하며 유럽 최강국으로 발돋움했으나 독일은 상대적 낙후성과 박탈감으로 인해 민족주의의 출현을 가져왔다는 것은 주지의 사실이다. 따라서 프랑스는 민족 공동체를 소속된 개인들이 공유하는 의지로서 일종의 계약적 관계에 의해서 형성된 것으로 본 반면, 독일은 민족 공동체를 개인의 자유의지나 계약에 의한 것이 아니라 공동의 언어, 관습, 가치관 등 종족의 문화적 결집력을 통해 주어진 자연스러운 유기적 집단체로 간주했다는 상반된 인식이 있었다. 다음으로 프랑스는 자신들을 문화의 보루로 자부했고 인류문명의 중심으로 인식했기 때문에 19세기 제국주의적 팽창 역시 문명화의 임무로 합리화하는 보편주의적 태도를 취했다면, 독일은 프랑스를 모방하면서도 거부하는 이중적 관계 속에서 프랑스적 문명에 도전할 역량이 못 된다는 현실에서 특수한 자신의 문화를 상대적으로 강조할 수밖에 없던 조건으로부터 프랑스의 계약적 민족 관념에 대조되는 문화적 민족 관념을 강조했다.[126] 그것은 일본에 유입된 독일 문화주의의 영향이라는 또 다른 원인을 설명해 준다. 식민지 지식인들에게도 '근대'는 '문명화'와 동일한 의미였던 동시에 독일과 마찬가지로 일본의 근대화에 대한 열패감을 가지고 있었고, 1920년 식민당국의 문화정치 선언과 더불어 최남선, 이광수 등은 문화적 민족주의로의 전환을 보여 주면서 공적 영역을 상실하여 정치적 삶이 실종된 식민지 상황에서 탈정치를 통한 운동으로서 문화를 분리해서 수용했던 역사조건을 상기할 필요도 있다.[127] 1923년 본격화했던 이병도의 『조선사개강』 역시 문화사학적 접근법으로 서술한 통사로 분류되는 이유가 여기에 있다.

다음으로 근대화의 내재적 전개과정을 돌아보면, 민족과 국민 개념의 수용과정이 18세기 이후 지속되어 왔다는 배경 역시 상기할 필요가 있다. 통상 '국민'은 국가공동체의 정당한 구성원을 말하는 것으로 논리적으로 대한민국이라는 국가의 수립을 전제로 할 때만 가능한 공동체라는 정치적, 법적 성격이 강한 개념으로 받아들여지는데, 한국역사의 특수성보다 사회과학적 과학성을 강조하는 정치학, 사회학, 경제학 등이 국가와 결합된 국민국가를 연구대상으로 삼고 있기에 '국민적national'은 '민족적nationhood'이기보다 '국가적statehood'인 의미를 강조하는 반면, 역사와 문화에 주목하는 인문학의 경우 상대적으로 '민족적'인 것, 즉 역사와 문화를 공유하는 민족공동체의 구성원으로 '민족'을 규정하고 '단일민족'의 관념 역시 혈

---

126 조홍식, 「민족의 개념에 관한 정치사회학적 고찰」, 『한국정치학회보』 39집 3호, 2005, 132~133쪽.

127 윤대식(2018), 앞의 책, 132~133쪽.

연에 기초한 종족적 유대를 '민족' 구성의 주요 요소로 간주하는 인식에 토대를 두고 있다.[128]

이런 통념의 형성은 18세기 국내정치 맥락에서도 왕권 강화의 의지를 새로운 정치사상으로 표출한 영조 시기부터 싹텄는데, 군주君와 평등한 민民으로 구성되는 '민국民國' 개념을 통해 양반을 비롯한 지배층과 일반 백성들 모두를 국왕 아래 동등한 민으로 재규정함으로써 '국민'을 군주의 정치적 필요에 의해 재발견했던 점을 거론할 수 있다.[129] 그리고 전통적인 '국인國人' 개념에 내포된 지배-피지배의 차별성에서 민국 개념으로 동질성의 토대를 마련한 뒤, 청일전쟁-갑오경장-대한제국으로 전개되는 역사과정에서 '국민'의 정치적 의미가 더 분명해지게 되는 점을 확인할 수 있다. 특히 대한제국은 독립협회의 국민 개념과 달리 신민의 개념과 함께 민국 개념을 국민 개념으로 계승하면서 서구의 국민 개념까지 포괄할 것을 기획하여 국왕-황제를 제외한 전 구성원을 국민의 동질성으로 묶어 버리는 사상적 설계를 시도했다.[130] 물론 근대적인 민족국가 건설의 과제가 등장한 이 시기에 과거 역사와 문화를 호출하여 새로

---

128 '대한민국은 민주공화국이다'라는 헌법 조문 역시 '민족'보다는 국가 내지 '국민'에 대한 인식의 전환을 상징적으로 보여 주는 것이며, 종족적 민족주의도 근대 이후 정치적 경험과 밀접히 관련되어 일본의 식민주의와 인종주의에 대항하는 논리로 채택되어 스스로의 근대성을 추구하려 한 결과로 볼 수 있다. 특히 이승만의 일민주의, 김일성의 주체사상이 개인을 무시하는 전체주의 이데올로기로 기능할 수 있었던 배경에도 종족적 민족 관념이 있었던 것일 수 있다. 박명규, 「네이션과 민족: 개념사로 본 의미의 간격」, 『동방학지』 147권, 연세대학교 국학연구원, 2009, 41~46쪽.

129 이태진, 『고종 시대의 재조명』, 태학사, 2000, 250~260쪽.

130 강동국, 「근대 한국의 국민·인종·민족개념」, 『한국동양정치사상사연구』 5권 1호, 2006, 8~13쪽.

운 국가정체성의 근간으로 삼는 작업은 아직 시기상조였고 자주적 독립국가로의 정체성이 더 강조되었던 상황임을 고려할 때, '민족' 관념을 형성할 만한 역사적 상상력에는 무관심한 상태였다고 할 수 있다.[131]

근대 국가의 건설—그것이 황제의 제국이었든지 아니면 국민의 공화국이었든지 간에—이라는 정치적, 역사적 전환기에 각성한 지성적 행위자들에 의해서 더 분명하게 정치공동체와 정치주체의 출현이 의식되었고 그 주체에 대한 훈련이 필요했기 때문에 근대화를 전개해 나가면서 '국민'의 존재도 부각시켰지만, 황제의 '국민'과 이들의 '국민'은 일치할 수 없는 한계를 노정했다. 서양의 위협에 대한 동양의 응전이라는 공통된 문제의식으로 러일전쟁을 바라보면서 형성된 인종=민족의 관념은 역설적으로 1905년 일본의 러일전쟁 승리와 조선에 을사늑약을 강요해 만든 통감부로 인해 더 이상 백성-신민-국민-인종의 용어보다 '민족'이라는 본격적인 정치적 개념을 일깨우기 시작했다.[132] 바로 이 시점부터 '민족'이라는 용어는 일본의 제국주의 침략과 식민지배에 저항 또는 부응하기 위한 양가적 기제로 사용되기 시작한다. 일본에 의한 식민주의적 문명개화는 '민족' 개념에 정치적 주체성을 부여하는 동기로 작용했던 것이다.[133]

그러므로 한국의 '민족' 개념은 서양 제국주의 침략과 일본의 동

---

131 권보드래, 「근대 초기 '민족' 개념의 변화: 1905~1901년 『대한매일신보』를 중심으로」, 『민족문학사연구』 33권, 민족문학사연구소, 2007, 191~193쪽.

132 강동국, 앞의 글, 24쪽.

133 윤대식, 「한국 민족주의의 쟁점: 민족주의를 바라보는 양가적 시선에 대한 자존의 변명」, 『정신문화연구』 36권 2호, 2013, 340쪽.

양 내부 식민화, 전통적 중화 관념의 인력引力이라는 세 제국들 사이에서 이들이 부과한 '모순과 강제의 종별성'과 대결하는 과정에서 생성된 셈이다.[134] 대한제국 시기까지 공존했던 '국민'과 '민족'의 조화는 통감부와 경술국치 이후에는 깨지게 될 수밖에 없었고, '국민' 개념은 일본 제국의 '신민'으로 재규정되었으며, 대한제국의 멸망과 식민지배는 더 이상 제국의 '국민' 개념과 동반할 수 없는 상황에 빠졌고, 이로부터 다시 대한'국민'과 '민족' 개념에 주목하면서 1910년대 말부터 '민족' 개념이 절대적 우위를 차지하게 되었다.[135] 이제 일본의 헌법상 일본왕의 신민으로 규정된 '국민' 개념은 일본인과 조선인을 차별하는 논리에 토대를 두고 평등한 '국민' 개념을 성립한 것이 아니었고 태평양 전쟁에 조선인 징병을 위한 명분으로 국민의 외연을 한민족 전체로 확장함으로써 식민지배에 저항하거나 협조하지 않는 행위자들을 비국민으로 배제하는 구획화를 통해 한국인 스스로 식민지배를 거부하는 또 다른 구획화와 국가에 대한 국민의 거부와 불신이라는 정치적 유산을 남겼기에 광복 이후에도 새로운 정치주체로서 '국민'으로의 재탄생에 커다란 제약요인으로 작용했던 것이다.[136]

상기했듯이 내재적 발전과정에서 형성된 '국민' 개념은 조선왕조-대한제국-일제 식민지배 시기에 일관되게 '충군애국'하는 '신민'의 의미와 더불어 '시민'으로서 정치적 재탄생을 가져오는 데 실

---

134 윤영실, 「'세 제국들 사이'의 식민지 '민족': 1900년대 말 제국주의적 인종 담론과 한국 민족 개념의 역사적 생성」, 『한국현대문학연구』 68집, 2022, 7쪽.

135 강동국, 앞의 글, 29~31쪽.

136 한승연, 「일제시대 근대 '국민'개념 형성과정 연구」, 『정부학연구』 17권 1호, 2011, 94~98쪽.

패함으로써 '국민'의 개념이 정치적 삶의 주체로 등장할 수 있는 자율성의 조건을 억압받은 결과, '민족'이 독립과 해방의 주체로 재규정되어 상위개념으로 자리 잡게 되었음을 이해할 수 있다. 따라서 이병도의 정치적 사유에서 '민족'을 역사공동체로 규정하고 '국민'을 국적공동체 또는 국가공동체의 구성원으로 규정했던바, 그 연장선상에서 통일된 민족국가 완성을 위한 노정은 여전히 '민족'이 '국민'보다 더 중요한 행위자로의 의미를 가질 수밖에 없었을 것이다. 그것은 생애 전반기를 대한제국의 전제주의와 일본 제국주의와 전체주의, 생애 중반부는 독재와 권위주의 체제에 습윤되었던 현실이야말로 이병도를 둘러싼 세계의 조건이었음을 분명히 가리키며, 그 과정에서 학습과 각성을 통해 민족해방과 국가재건이라는 빛의 회복을 실현하려는 목표를 진행해 나갔기 때문에 공동체를 중심에 놓고 전체와 개인의 관계를 상정하는 것도 어쩌면 자연스러운 태도였을지 모른다.

3) 역사적 실증에서 정치적 사유로

이병도의 정치적 사유는 공적 행위자로서 '민족'이 활동하는 공적 영역으로서 '역사공동체'를 상정한 것이고, 당시 아직 '시민'으로서 정치적 자율성을 함양하지 못한 상태에서 '국민'으로의 재탄생이 어려운 상황이라는 점에서 보다 빠르게 정치적 자율성을 함양하기 위해서는 '국사'교육을 통한 '공동체적 정신'의 학습과 이를 통한 각성으로 '국민'으로 재탄생하는 방법을 모색한 것으로 평가해야 한다. 그럴 경우 민족=민주로의 등치 역시 자연스럽게 해결될 수 있다. 바로 「본론」에서 소개된 아사달 사회–한씨 조선(고조선)–위씨 조선-삼국의 발전과 정립-고려-조선-최근세의 순서로 국사의 흐름을 개괄적으로 정리한 것은 '모두가 이끌어 가야 하는' 리더십을 발휘할 '민족'의 정치적 책무를 위한 성립 선행조건으로서 국사 학습의 필수성과 함께 '민족'의 형성과정에 대한 소개의 필요성을 반영한 것이기도 하다.

그렇다면 "제2편 과거의 지도이념"은 논리적으로 이제 '민족'의 책무로서 정치 리더십이 발휘된 역사적 사례를 각 역사단계마다 나타나는 공동체의 성격과 그 정신에 초점을 맞추어서 소개해야 한다. 그 구성에서 「서론緖論」과 「결론」으로 나뉘고 사실상 『국사와 지도이념』의 요지가 「서론」이었음을 드러낸다. 가장 먼저 지도이념에 대한 이병도의 정의가 소개되는데, "여기에 이른바 지도이념이란 것은, 물론 과거 우리의 실제생활 즉 사회생활 국가생활 및 문화생활을 리-드하고 지배하여 온, 모든 사상思想과 정신精神을 의미하는 것"[137]으로 규정하고 있다. 앞서 '지도이념'을 '모두가 이끌어 가는 능력'으로 소개했지만, 더 구체적으로 사상과 정신의 총화로 정의하고 있는 것은 단순히 목표 달성의 효율적 수단으로서 리더십이 아니라 책무의 각성과 실천을 위한 정신적 동력으로의 의미에 초점을 맞추고 있기 때문으로 파악된다. 왜냐하면 '지도이념'은 우리 삶에 내재하여 민족정신, 생활양식, 생활감정과 직접적 관계를 갖고 시대와 환경에 따라 외래문화와 사상의 영향에 의하여 변천하고 복잡화한 만큼 정체되지 않는 표현양식이라는 점에서 지배적이거나 지도적인 이념이 아니라 사회현상에 따라 발전하고 작용하는 것이

137 이병도(1955b), 앞의 책, 63쪽.

기 때문이다.[138]

그렇다면 '지도이념'은 민족을 둘러싼 세계의 조건에 따라 항상 변천하는 것일까? 앞서 언급했듯이 우리의 '단일민족'이 혈연공동체로서 단일성이 아니라 복잡성을 가지고 있지만 지배적 요소가 우리의 것이라는 지적처럼, '지도이념' 역시 복잡다단하지만 보편적이고 기본적인 이념이 지배적인 최고이념이 된다. 바로 그것은 "공동체적 생활을 통하여 나타난 협동정신協同精神과 타협주의妥協主義"이다.[139] '협동과 타협'이라는 민족정신이 삶의 원천적인 이념이 되어서 정치, 종교, 도덕, 윤리, 경제, 문화의 발생과 발전을 가져왔고 외래문화와 사상도 포섭할 수 있었다는 것이다.[140] 여기에서 내재적 발전양상에 기원을 둔 이병도의 '민족' 개념이 어떻게 민족=민주로 등치될 수 있는지를 설명하는 단서를 찾을 수 있다. 왜냐하면 이병도의 '민족' 개념은 주관적 의지의 발현과 법적-정치적 구성원으로서 '국민'을 규정한 것이 아니라 이미 객관적 실체로 존재하고 혈통, 관습, 전통을 공유하는 문화적 구성원으로 '민족'을 상위개념으로 배치했지만, '민족정신'의 정체성을 '협동과 타협'으로 규정함으로써 양자의 괴리를 해결하기 때문이다. 즉 '민족'을 정치공동체의 구성원으로 간주하는 시민적 개념이나 역사공동체의 구성원으로 간주하는 종족적 개념이나 모두가 포용과 배제의 양면성을 지니고 있고 이로부터 포용과 배제의 사실이나 수준이 아니라 그것이 이루

138 위의 책, 63쪽.
139 위의 책, 64쪽.
140 위의 책, 64쪽.

어지는 기준의 타당성 확보가 중요하다는 점에서,[141] 이병도의 '민족' 개념에 내포된 '협동과 타협'은 그와 같은 타당한 기준을 적시한 셈이다. 그렇기 때문에 정치적 개념으로서 '국민'보다 역사-문화적 개념으로서 '민족'을 상위에 배치했어도 민주적 사회 실현이라는 공동체론으로 한국의 역사를 전개할 수 있는 셈이다.

어떤 근거로 한국의 '민족정신'에 '협동과 타협'의 유전인자가 흐르고 있다고 할 수 있는 것일까? 이병도는 공동체적 삶의 기본요소로서 '협동과 타협'의 이념을 공동사회Gemeinschaft 개념으로부터 도출한다. 이병도는 공동사회를 "중다인衆多人의 의지의 완전통일체로서 지속적이고 유기체적인 것"[142]이라고 정의한다. 이것은 상당히 중요한 지적인데, 이병도의 '민족' 개념이 주관적 의지보다 객관적 실체로서 이미 주어진 것임을 전제로 한다는 점에서 원형적인 공동체의 출현을 의지의 통일체로 규정한 것은 일견 모순되어 보인다. 반면 공동체의 출현을 일종의 유기체적 성장의 결과로 이해하고 있기 때문에 공동체로서 민족사회는 사회구조적 산물이라는 인식과 일관된다는 점에서 역사인식과 공동체론의 일체성이 어긋나 보이지 않는다. 과연 이 간극을 어떻게 해결할 것인지에 대한 의문을 해결하는 이병도의 해답은 공동사회의 속성을 각 개인의지의 완전통일체라는 점에서 여러 개체의 결합체이지만 단순한 결합만으로 공동체가 되는 것이 아니라 개인의 목적을 초월한 공동적인 목적의 한 체계의 의식과 의지로 완전 통일된 단체, 즉 "서로 지실知

141 이대희, 「민족의 개념: 국민과 종족 사이」, 『21세기정치학회보』 25집 3호, 2015, 51쪽.

142 이병도(1955b), 앞의 책, 64쪽.

悉하고 이해理解하고 긍정肯定하고 위적慰籍하고 장려獎勵하고 또 봉사奉仕하는 한 개의 통일체"라는 정의로부터 풀어 나간다.[143] 그것은 희로애락을 같이 공유하는 운명공동체 또는 역사공동체로 정의되는 공적 영역으로서 공동사회를 정의함으로써 사적 영역과 공적 영역 간 간극을 끊임없이 개인과 개인 간 상호이해와 결합을 통해 공동선을 창출하여 메우는 것이다. 따라서 공동사회는 '지속적이어야 하고 유기적이어야 한다'[144]는 또 다른 당위적 속성이 뒤따라올 수 있다.

이 점에서 이병도는 공동사회를 본질적으로 독립된 개인이 각자의 목적을 위하여 편의상 타인과 결합한 이익사회Gesellschaft와는 다른 것으로 구별하고, 이익사회가 개인들마다 타인을 이용하기 위해 결합관계를 맺으며 항상 자기의 이용수단에 불과하다고 인식하는 데 반해 공동사회는 자기를 타인의 수단으로 생각한다고 대조한다.[145] 정말 이런 방식의 사회학적 분류와 이해는 타당한 것일까? 퇴니스Ferdinand Tönnies(1855~1936)에 의하면 공동사회 내 관계들은 상호호혜의 관계에 근거하고 상호호혜 관계는 상대방을 위한 현존의 관계라는 것이다. 그리고 이런 상호호혜성은 동등하고 균형 잡힌 상태이기보다 다소간의 명백한 불균형 상태로 주어질 수 있으며 불균형을 바로잡기 위한 행위가 오히려 결합과 유대를 약화시켜 관계를 해체시킬 수도 있다는 점, 이로 인해 불균형이란 일방에게만 무조건 주는 봉사가 아니라 이타적이어야 하기 때문에 상호이해야

143 위의 책, 64~65쪽.
144 위의 책, 65~66쪽.
145 위의 책, 65쪽.

말로 공동사회 존립의 구속성을 가진 심정이라고 지적했다.[146] 그렇기 때문에 내가 보고 듣고 하는 것을 똑같이 보고 듣는 타인의 현존으로 인하여 세계와 나 자신의 실재성을 확신할 수 있다는 점에서도 공적 영역으로의 의미를 내포한다고 아렌트가 지적했듯이,[147] 이병도의 공동체론 역시 공동사회를 호혜적 관계성과 상호이해에 기초하고 있으며 타인의 현존을 전제로 한다는 점에서 공동체 정의에 이론적으로 부합한다.

이병도의 공동체 개념은 이제 역사공동체로서 '민족'을 상위개념으로 하는 국사의 완성이 목표가 아니라, 이를 정신의 삶의 구성요소로 삼아 활동의 삶을 실천할 수 있는 공적 영역의 회복, 즉 정치공동체의 역사성을 소개하기 위한 전제였음을 분명히 한다. 왜냐하면 공적 영역은 나의 실재성을 확인시키는 타인이 현존하는 활동의 공간이기 때문이다. 따라서 공동체 개념 정의에 이어서 공동체의 분류에서 혈연공동체-지역공동체-정신공동체로 나누고 정신의 삶을 공유하여 이를 실천하는 활동공간으로 공동체에 초점을 맞춘다. 예를 들어 혈연공동체는 공동된 혈통으로 성립된 사회이기에 가족-씨족-부족으로의 확장과 혼인관계로 강고한 공동체를 이룬 가장 오랜 사회적 기반이라는 점, 지역공동체는 거주지 접근에 의해 성립된 인보사회隣保社會로 촌락-도시의 형태를 취하고 이것을 지칭하는 우리말 ᄆᆞ을-믈-몰-모을-모들의 어원을 가지고 일종의 집회소를 중심으로 한 공동체임을 논증했다.[148] 그렇게 보면 민

146 이재성, 「이익사회의 기획으로서 공동사회?」, 『대동철학』, 2002, 93~94쪽.
147 한나 아렌트(1996), 앞의 책, 103쪽.
148 이병도(1955b), 앞의 책, 67~68쪽.

족과 국민도 일종의 공동체로 설명이 가능해진다. '민족'은 역사 공동체, 특수문화(언어·풍속·종교·도덕·미술·문학 등) 공동체, 운명 공동체로 규정될 수 있는데 오랜 역사를 통하여 특수문화를 같이하고 그 기원과 기초가 동일체질에 있으며 종국적으로 혈연 공동체의 해소적解消的 확대라고 할 수 있는 반면, '국민'은 정치공동체, 국적 공동체로 규정될 수 있고 동일 법질서와 일정한 지역 내에 국한되는 지역 공동체로 대조된다.[149] 앞에서 분류된 공동체의 범주로 보자면, 혈연 공동체는 '민족'의 개념에 부합하고 지역 공동체는 '국민'의 개념에 부합하는 반면, 마지막 정신 공동체는 이병도가 지향한 정치적 삶의 완성을 위한 공간으로서 정신의 삶이 활동으로 전환되는 공적 영역이자 정치적 영역에 부합한다.

따라서 가장 핵심인 정신 공동체는 혈연-지연 공동체와 독립된 서로 일치하고 공통된 사상의 결과로 형성된 것으로 '공동정신에 의하여 성립된 단체'로 정의된다.[150] 물론 정신 공동체 역시 한국 역사의 특수성뿐만 아니라 보편성을 보여 주는 실체이기도 한데, '도徒', '접接', '계契', '사社' 등으로 불린 전통적인 두레와 같은 성격의 단체들, 'verein' 같은 동지同志 동업同業의 결사 및 교회 사원과 같은 신앙단체 등을 사례로 거론하면서 우리말 '둘레', '둘려'로부터 파생된 '두레'와 동일하게 통일을 뜻하는 'verein'이나 원주圓周라는 뜻을 가진 'circle' 모두 언어적 동질성을 가지고 있다는 점도 비교하고 있다.[151]

---

149 이병도(1955b), 앞의 책, 70쪽.
150 위의 책, 69쪽.
151 위의 책; 이태진(2012), 앞의 글, 376쪽.

이로부터 '협동과 타협'의 유전인자를 생성한 정신 공동체의 기원으로 이병도가 특별히 주목하는 사항은 「3. 고대정치사회와 협동타협정신」, 「4. 신라의 화랑도와 거국적 협동정신」, 「5. 통일의 지도이념」들이다. 우선 「3. 고대정치사회와 협동타협정신」은 고대 국가체제 정비과정에서 지배와 종속의 계급적 대립구도라는 구조적 산물을 소개한다. 즉 부족사회에서 우세한 씨족 수장이 권위를 갖고 세습하면서 계급의 분화와 빈부의 격차가 생기면서 계급이 탄생했고 계급 간 대립뿐만 아니라 계급 내의 종속관계에 따른 대립구도로 분화되고 복잡화하면서 정치사회의 권력 집중과 통제를 위한 법질서와 윤리가 만들어지고 일반 국민에게 협력과 복종을 강요하게 된다는 것이다.[152] 이렇게 부족사회를 벗어나 국가체제로 나가면서 정치사회로 변천하며 지배계급의 단결력-종속계급의 지배계급에 대한 협력-적대국가와 민족에 대한 공동방어와 투쟁의 태세를 통해 정치사회가 운명 공동체로의 정체성을 가지게 되었던 기저에 협력의 정신이 작용했다는 사실을 삼국의 사례를 통해 설명한 뒤, 그 단결력의 역사적 배양 결과를 화랑도花郎徒 정신으로 귀결시킨다.

왜 화랑도 정신이 협동과 단결의 기표基標로 평가받는 것일까? 「4. 신라의 화랑도와 거국적 협동정신」의 소개에서 이병도는 신라의 후진성을 상기하면서 지리적-자연적 조건으로 인해 오히려 씨족적 전통과 단결이 더 오랫동안 지속되었기 때문에 상호협력의 '공동체적 정신'이 강렬하게 잔존했던 조건이었음을 지적하며 화랑도와 같은 특수조직의 협동단체도 이런 조건의 산물이라고 해석한

152 위의 책, 78쪽.

다.[153] 특히 화랑도가 거국적 수준의 협동정신을 표출한 것은 화랑이야말로 귀족사회에서 선출되어 그를 중심으로 형성된 낭도들의 경우 계급적 차별을 하지 않았던 생활양식을 갖고 있었기 때문이라고 해석하면서 신라 귀족사회와 평민사회 사이 교량적 관계를 가진 특수단체의 존재로 정의했다.[154] 이로부터 이병도는 신라가 삼국통일의 위업을 달성할 수 있었던 근본적인 장점도 화랑도의 도의정신道義精神이 '단체생활, 국가생활의 경우 개인이 없고 개인은 단체나 국가를 위하여 일신을 바치는 것이 참되고 빛나는 삶'이라는 인식을 심어 주었던 데서 비롯했다고 진단했다.[155] 바로 이 지점에서 이병도는 개인보다 전체를 우선하고 개별이익보다 전체이익과 공동체가 우선하는 공동체 정신—공동정신, 협동심리—이 시원했음을 지적한다.

또한 화랑도의 도의정신이 지배계급의 공동체 정신에 국한된 것이 아니라 종속계급까지 확장되어 정치사회의 상하 구성원 모두가 목표를 공유하고 협력할 수 있는 결속력을 발휘했다는 점에서도 '지도이념'(리더십)의 원형질임을 강조한다. 이병도는 신라의 후진성이 신라인 특유의 거칠고 천진난만하며 자연친화적이고 현실적인 세계관을 형성했고 이런 특성이 생활양식에 그대로 반영되어 자연과 현실, 진미眞美의 존중, 육체미肉體美의 존중으로 나타났으며, 화랑의 선출 역시 내재한 영육일치靈肉一致의 사상이 반영된 결과로서 '아름다운 육체에는 아름다운 정신이 담겨 있고, 아름다운 정신

153 위의 책, 80쪽.
154 위의 책, 80~81쪽.
155 위의 책, 81쪽.

에는 아름다운 육체가 짝한다'는 지행합일의 사상임을 알 수 있다고 설명한다.[156] 바로 이런 화랑도의 영육일치 사상과 생활양식이 전 공동체의 지도이념이 되면서 신라사회의 융성기를 가져왔던 것인데, 화랑도의 도의적 지도이념으로 전 계급의 구성원들을 국가적 사업에 매진할 수 있도록 '거국적으로 이끌었던 것'이기에 국난 극복과 통일의 대업을 달성했다는 것이다.[157] 화랑도에 대한 이런 평가는 과거의 '지도이념' 가운데 성공 사례라는 인식을 전제한 것이기도 하다.[158]

민족사회의 전통과 관습이라는 문화적 기원으로부터 공동체 정신을 탐색하고 그 출발점에 놓인 가장 원형적이고 성공적인 지도이념으로 화랑도의 도의정신을 '민족'을 '이끌어 나갈' 리더십으로 상정한 것은 이병도의 정치적 사유가 민족=민주의 등식으로 귀결되도록 하는 논리적 전제이다. 또한 그것은 '지도이념'의 의미가 정치주체 모두를 이끌어 나가는 포괄적인 '정치 리더십'을 가리키는 것임을 확인해 주는 근거이기도 하다. 즉 공동체 내부에 정의로움의 기준을 세우고 이를 공동체의 가치로 설정하여 구성원 모두를 각성시켜 그 기준에 따라 삶을 실천할 수 있도록 이끄는 존재가 리더leader이고 그 힘이 정치 리더십이라면, 그리고 정치 리더십이 리더가 '이끄는' 지시, 명령에 따라 구성원follower들이 '이끌리는 것'이 아니라 모두가 참여하여 '이끌어 나가'도록 결집시키는 능력이라면, 정치 리더십의 개념에는 협력과 타협을 통해 이끌고 따라가는 지도자의

156 위의 책, 82~83쪽.

157 위의 책, 83쪽.

158 이태진(2012), 앞의 글, 376쪽.

리더십leadership과 구성원의 팔로워십followership이 모두 포함되며, 바로 이 점에서 민주적 절차의 정당성을 확보함으로써 민주주의의 실현이 가능해질 수 있다. 그렇게 보면 화랑도의 도의정신은 화랑이라는 선출된 지도자의 리더십과 낭도라는 구성원들의 팔로워십이 조응하는 것을 의미하고, 이러한 도의정신을 가진 지성적, 실천적 행위자가 지배계급과 종속계급의 교량 역할이라는 책무를 이행하여 국가적 과제를 성취하는 것이야말로 민주적 공화주의의 본질이기도 하다. 따라서 이병도가 사회구조적 맥락에서 '민족'과 문화와 전통의 맥락에서 '지도이념'을 추출한 것은 곧 민주공화국으로서 대한민국의 정체성을 역사학의 방법론을 통해 규명한 것이고 이러한 역사가로서 책무이행이 곧 지성적 행위자로서 자신의 정치적 책무도 이행한 것으로 평가해야 한다.

더욱이 화랑도의 도의정신에는 '민주'와 '공화'의 정치적 실천덕목뿐만 아니라 '통일'이라는 결집의 미덕도 포함되어 있다는 점 역시 주목할 만하다. 「5. 통일의 지도이념」은 왜 이병도가 신라와 화랑도의 도의정신에 더 주목해서 지도이념의 기원을 밝혔는지를 설명한다. 가장 후진적인 국가발전 단계에 놓였던 신라의 삼국통일이라는 과업 성취는 곧 고려-조선-대한제국으로 이어지는 통일된 국가의 초석이 되었기 때문에 한반도 내에서 민족국가 완성을 위한 출발점으로의 역사적 의의를 갖추고 있고, 신라에 의한 삼국통일로부터 민족의 형성이 시작되었기 때문에 식민지배로 인해 단절되었던 우리의 정치적 삶을 다시 회복하여 통일된 민족국가 완성으로 전개해 나가야 하는 것이 현재의 역사적 과제이자 정치적 책무라는 점을 논리적, 역사적, 정치적으로 증명한 셈이다.

이병도는 화랑도의 도의정신 중 '협동정신'이 '통일과 타협의 지도 이념'으로 확장되어 가는 과정을 추적했는데, 일종의 유기체적 국가관이 그대로 투영되어 있다. 즉 협동정신은 씨족-부족-부족연맹-국가사회-민족사회-세계사회라는 통일과 역사발전의 방향으로 확장한다는 것이다. 왜냐하면 협동정신의 단서 자체가 민족의 탄생과 함께 등장할 수밖에 없는 것인데, 삼국정립과 통일 이전까지는 각자가 국가 본위의 사상이 우선일 뿐 '민족적'이라는 의식조차 전무했기 때문이다.[159] 따라서 신라에 의한 통일은 완전한 의미의 삼국통일이 되지 못하고 백제 전부와 고구려 남부 일부만을 포섭하는 것에 불과하지만 후진적인 신라가 거국일치적擧國一致的인 협력과 발발한 통일統一 의욕에서 결과한 것에 높은 평가를 내리고 있다.[160] 이로 인해 이병도는 민족의 통일이라는 문제에 대해서 고려에 의한 통일을 더 높이 평가하고 있으며 그 이유도 아마 본인 자신의 학부 졸업논문이 고려시대를 주제로 했다는 인연에서 시작한 한국사 연구이기 때문에 고려에 대한 애착이 결부된 영향으로 파악할 수 있다.[161] 더 나아가 고려의 '통일' 이념은 태조 왕건의 고구려 고토회복의 원대한 포부와 서경천도 계획 등 역사적 감정과 회고에 의해 고구려를 조술하려는 심리, 지리도참에 의거한 비보사탑설과 같은 신비주의, 통일사업에서 부처의 공덕(佛力)에 의지하는 등에 영향을 받았다는 점에서도 '통일' 이념의 원형적 구성요소들을 드러

159 이병도(1955b), 앞의 책, 91쪽.
160 위의 책, 92쪽.
161 이태진(2012), 앞의 글, 376쪽.

낸다.[162]

그 결과 이병도는 비로소 신라의 통일에서 배제되었던 고구려, 황폐화된 백제를 포함하는 '역사적 민족' 의식이 등장할 수 있었고 김부식의 『삼국사기』 편찬은 자기인식과 자아발견의 거룩한 자각에 있음을 솔직히 표현한 말이며 삼국이 동일민족이란 민족적 의식 역시 고려에 이르러 생긴 것으로 평가한다.[163] 다만 여기에서 주목할 사항은 이병도가 신라의 통일이 지속되었다면 민족의식이 형성되지 않았을 것이라는 추측, 김부식이 사대주의자였기에 자주적인 정신을 몰각한 점이 많았다는 평가이다. 또한 『삼국사기』 이후 저술된 일연의 『삼국유사』, 『조선사략』, 이승휴의 『제왕운기』, 서거정의 『동국통감』 등이 신라의 발전사가 아닌 삼국의 역사로 다루는 민족적 자각의식을 가졌고, 시조신인 단군을 국사상의 시조로 추대함으로써 역사공동체인 민족의식이 발달시켜 갔다는 점을 강조한다.[164] 그것은 민족사학에서도 일관되게 지적하고 있는 사항인데, 이병도 역시 이런 태도를 취했다는 것은 그의 역사관이 실증사학일 수는 있어도 식민사학일 수는 없다는 표면적 방증일 수 있다.

이제 협동정신으로부터 출발한 공동체적 정신이 통일의 이념으로 확장되었고 최종적으로 우리 민족의 정치적 삶에서 타협의 방식을 하나의 원칙으로 정립시켰던 결론으로 전개된다. 이병도는 우리나라의 정치체제가 군주전제나 귀족 중심의 형식을 취했지만 상하간 타협을 위하여 하층부에서 상층부에 어느 정도의 호소나 건의하

162 이병도(1955b), 앞의 책, 93~94쪽.
163 위의 책, 95~96쪽.
164 위의 책, 96~97쪽.

는 자유가 부여되었고, 상층부는 민의와 여론을 중시해서 직간접적으로 민의나 여론을 구하는 전통을 가졌다고 지적하면서 실제 정치운용에서는 일인 독재와 같은 통치가 불가능했다고 평가한다.[165] 물론 그 역사적 사례로 화백회의, 고려와 조선의 백관회의, 도평의사사, 비변사 회의 등을 거론하고 다수결에 의한 결정과정이었으며 국왕에게 상소와 책론을 상달하고, 사간원과 사헌부 양사제를 통해 언론의 자유와 권한이 부여된 대간제도의 운용 등 오히려 왕권이 약했기 때문에 몇몇 일탈적인 폭군과 권신의 출현에도 불구하고 협의에 의한 정치, 민의와 여론을 중시하는 정치를 이념으로 하여 실천해 온 전통을 강조한다.[166] 말 그대로 협동정신으로부터 출발한 공동체적 정신은 통일의 이념을 거쳐 타협과 여론에 의한 민주주의적 요소와 유풍을 역사 속에 깊이 잔존시켰던 셈이다.

결국 이병도가 한국 역사 속에서 공동체적 정신을 천착한 것은 기본적으로 우리 역사의 핵심동력이 무엇인지를 찾기 위한 것이었고, 이를 통해 현재의 과제 즉 민주주의 실현의 과제와 연계되어 있었기 때문이다.[167] 그것은 또한 민주공화국 대한민국의 민주주의 실현을 넘어서서 통일된 민족국가의 완성이라는 최종목표로의 여정을 이끌고 나갈 지도이념 곧 정치 리더십의 한국적 원형과 재현을 의도한 것이라고 확대 해석할 수 있다. 왜냐하면 이병도는 현재 역사단계에서 긴급히 요청되는 바가 우리의 전통적 지도이념인 '협동타협정신'이라고 파악하고 이를 향상시키는 동시에 민주주의를 절

165 위의 책, 105~106쪽.
166 위의 책, 106~107쪽.
167 이태진(2012), 앞의 글, 377쪽.

충 융합해야 하는 과제에 직면해서 우선적으로 지도층의 대동단결을 굳게 하고 대중을 정도正道로 인도하는 일이라고 판단했기 때문이다. 그래서 역사를 천착할 경우 국가의 핵심조직은 견고하지 못하거나 소만疏慢해지기 쉽고 그 결과 모순과 부패가 횡행하며, 그럴 경우 민중은 잘 순응하지 않아 서로 상극이 되면서 유리되고 붕괴할 위험성이 커진다는 것이다.[168] 그것은 이병도의 역사학이 국민적, 국가적 차원에서 민주주의 실현에 기여하는 책무의 이행이었음을 가리키는 것이었고,[169] 막연히 민주주의를 공언하고 전체의 협동을 강요할 것이 아니라 대중의 자각과 반성을 이끌어내야 하는 정치 리더십이 요구되는 시대적 과제에 응답한 것이 바로 전통적인 협동정신의 지도이념임을 웅변한다.[170] 바로 이 점이 이병도 실증사학에 대한 공정한 평가의 출발점이고 역사가 이병도를 넘어서서 정치지성 이병도의 진면모를 확인할 수 있는 합리적 근거이다.

5. 마치며

괴테의 『파우스트』 비극 제1부 「천상의 서곡」에서 메피스토펠레스가 하느님과 내기를 하면서 파우스트를 유혹할 수 있도록 주님의 허락을 얻을 수 있느냐고 묻자 '행위에 참여하는 인간은 항상 죄책감을 갖는다. 그리고 인간은 노력하는 한 실수를 하기 마련이다'라

168 이병도(1955b), 앞의 책, 109쪽
169 이태진(2012), 앞의 글, 377쪽.
170 이병도(1955b), 앞의 책, 110쪽

는 답변을 듣는다.[171] 이병도의 『국사대관』 제1편 「총설」에서도 "사람의 생활에는 원래 과오와 결점이 많다. 그러나 과오를 과오로, 결점을 결점으로 알아 다시 그것을 되풀이하지 않고 자기의 현실을 보다 나은 상태로 개선향상하려는 데서 진보발전이 생긴다."[172]라고 권고하고 있다. 양자 모두 똑같은 말을 우리에게 전하는데, 활동의 삶을 전개한 인간은 그 행위에서 실수하기 마련이고 후회하기 마련이라는 것이다. 왜냐하면 삶에서 당연한 것은 없기 때문이다. 다만 끊임없이 시행착오와 실수를 최소화하고 미련을 남기지 않기 위해 행동하기 전에 수없이 생각할 뿐이다. 생각하고 실천하는 과정일 뿐 당연히 성공한다는 보장은 없는 법이다. 그것은 위대한 인물이나 최소한 지성적 행위자로서의 삶을 각성하고 실천해 나갔던 당사자에게는 어쩌면 당연한 일일 것이다. 타고날 때부터 성공을 당연히 보장받은 사람은 없는 법이다.

인간 이병도 역시 마찬가지이다. 위기의 시대에 태어나서 전통과 근대의 경계 위에서 양쪽의 학습 세례를 받았고, 생애 거의 전부를 제국과 제국주의 그리고 군정과 전쟁 마지막으로 권위주의 체제하에서 지식인으로의 삶을 진행해 나갔던 사실을 상기하면, 이를 공유했던 같은 세대 모두에게도 삶은 당연한 것이 아니라 예측 불가능하고 개인의 의지가 개입할 수 없는 역사의 큰 흐름에 의해 결정되는 것으로 각인되었을 것이다. 아마도 개개인들에게 주어진 선택은 그 흐름에 순응할 것인지 아니면 거스를 것인지의 여부였을 뿐

171 한나 아렌트, 홍원표 옮김, 『정신의 삶』, 푸른숲, 2019, 580~581쪽.
172 이병도(1955a), 앞의 책, 1쪽.

이다. 반면 역사가 이병도의 처지로 돌아보면, 역사의 큰 흐름을 천착할 수 있는 학습 배경을 가진 지식인으로서 자신의 책무가 무엇인지를 자각하고 이를 실천하는 것이 또 하나의 선택으로 제기될 수 있다. 그리고 이 책무를 단지 개인의 삶에 한정하지 않고 주변의 같은 세대에게 전달하고 그들로 하여금 자신의 세계를 각성하고 조건 지어진 삶에서 이행해야 할 책무로 이끄는 것이 당연한 것임을 받아들여야 하는 과제가 주어진 셈이다.

이 글은 인간 이병도가 아니라 역사가 이병도의 책무가 실제로 이행되었는지 여부를 확인하기 위해 써졌다. 즉 이병도가 그의 학적 배경으로서 역사에 접근하는 입장으로부터 정치적 책무를 각성하고 이를 국사의 정립으로 치환하여 한국사 속에 일관되게 흐르는 공동체적 정신으로서 정치 리더십의 실체를 규명하는 데 집중했음을 확인하는 것이었다. 그것은 이병도 자신에게도 정치적 삶의 회복이라는 의미를 갖는 것이기도 했다. 그 과정에서 이병도의 정신의 삶과 활동의 삶이 정합되었는지를 확인하는 근거로, 정치적 삶이 실종되었던 어두운 시대의 학습 배경이 그의 정치적 삶에서 하나의 전제로 설정될 수 있었다. 또한 광복 이후 정신의 삶으로서 역사가 이병도의 책무 이행, 즉 국사 교과서 저술과 후속 세대 양성을 통해 학습 배경과 일관된 모습을 취하고 있는지, 그리고 역사가 이병도의 학습 배경과 역할에 머물지 않고 활동의 삶으로서 역사를 관통하고 있는 공동체적 정신으로서 정치 리더십을 발휘해야 할 정치주체의 각성과 실천을 독려했는지를 살펴볼 수 있었다. 그 결과 과거의 사실을 객관적으로 서술하고 소개하는 가치중립적 실증사학을 계승한 역사가로서가 아니라 스스로의 책무를 각성하고 시대

정신을 공유함으로써 정치적 주체들로 하여금 각자의 책무 이행을 독려했던 정치지성으로의 진면모를 드러냈음을 확인할 수 있었다.

만약 지성사의 맥락에서 이병도를 정치지성으로 접근할 경우, 그의 정치적 삶을 구성하는 '생각'과 '행위'의 일체성이 확인되는 단서는 '역사적 민족'과 '공동체적 정신' 그리고 '지도이념'이라는 개념일 것이다. 역사가 이병도의 역사학이 실증사학이건 식민사학이건 민족사학이건 어떤 평가를 받는지와 별개로, 광복 이후 근대 국민국가 건설이라는 역사적 과제를 다시 재개해야 하는 상황에 직면했던 시대 조건을 고려할 때, 이 과제에 대한 책무를 자임한 지성적 행위자들의 집단적 출현 역시 우리 역사의 반복되는 양상이었고, 이에 대한 응답을 보여 주는 가장 전형적인 역할은 역사가로서 이병도에게 주어진 책무이기도 했다. 따라서 광복 이후 이병도의 학적 행위도 역시 자연스럽게 정치적 사유와 실천으로 치환되었던 것이고, 이병도의 개념 정의로부터 통일된 민족국가 완성이라는 과제를 주도할 정치주체로서 '민족'을 찾아내기 위하여 먼저 '민족적 의식'을 만들어낸 역사적 기원으로 통일 국가체제까지 소급함으로써 '역사적 민족'을 다시 현실의 정치영역에서 재현해 내는 데 성공했다고 할 수 있다. 그리고 '역사적 민족'을 각성하고 재현하는 데 필요한 정신의 동력이 바로 '공동체적 정신'으로서 '협동과 타협의 정신'을 추출함으로써 우리의 역사적 과제인 민족국가는 민주적 사회를 토대로 하고 있다는 점을 논리적으로도 뒷받침할 수 있었다. 이로 인해 민족주의=민주주의라는 당대 국민국가 건설의 청사진을 담고 있던 모든 당대의 정치교의와 마찬가지로 이를 한국사의 특수성이자 근본법칙으로 설정함으로써 역사가로서 이병도와 정치지성으로서 이병도의 일체성을 보여 주었다. 결국 이병도의 시대뿐만 아니라 현재 우리 시대에도 여전히 이병도가 제시한 시대의 주도이념으로서 정치 리더십의 중요성이 상기되고 있다. 한국 역사에 일관된 흐름 속에서 출현했던 지도이념으로서 정치 리더십의 재현은 정치공동체의 모든 구성원들이 공적 영역으로 진입하여 공동선을 실현하기 위해 적극적으로 참여하고 지지하는 명실상부한 민주적 공화주의의 실현을 가능하게 하는 처방책이기도 하다. 아마도 역사가 이병도가 정치지성으로서 이병도와 합치되는 지점은 바로 여기일 것이다.

참고문헌

『史記』.
이병도, 「閨房文學」, 『學之光』 12호, 1917.
이병도, 『國史大觀』, 보문각, 1955a.
이병도, 『國史와 指導理念』, 일조각, 1955b.
이병도, 『고등학교 사회과 국사』, 일조각, 1956.
이병도, 『斗溪雜筆』, 일조각, 1956.
이병도, 『成己集』, 정화출판문화사, 1983.

강경달, 정다운 역, 『식민지기 조선의 지식인과 민중』, 선인, 2012.
강동국, 「근대 한국의 국민·인종·민족개념」, 『한국동양정치사상사연구』 5권 1호, 2006. 3.
고원, 「마르크 블로크의 비교사」, 『서양사론』 93호, 2007. 6.
권보드래, 「근대 초기 '민족' 개념의 변화: 1905~1901년 『대한매일신보』를 중심으로」, 『민족문학사연구』 33권, 민족문학사연구소, 2007. 4.
김기승, 「조소앙과 대한민국 정부수립」, 『한국동양정치사상사연구』 8권 1호, 2009. 3.
김두진, 「두계 이병도(1896~1989)의 사학과 근대 한국사학의 수립」, 『역사학보』 200집, 2008. 12.
김두진, 「두계 이병도의 한국고대사 체계와 역사지리 문제」, 『진단학보』 119권, 2013. 12.
김상훈, 「해방 직후 반공교육과 국사교과서에서 사회주의 관련 서술 삭제」, 『역사연구』 35호, 2018. 12.
김원수, 「한국 사회과교육 70주년의 회고와 전망—역사적 접근」, 『사회과교육』 55권 4호, 2016. 12.
김응종, 「아날학파와 역사의 공간 『황해문화』 9호, 1995. 12.
김일수, 「이병도와 김석형」, 『역사비평』 82호, 2008. 2.
김헌기, 「역사주의 이데올로기와 역사학」, 『사림』 38호, 2011. 1.
노용필, 「한국에서의 역사주의 수용: 이기백 한국사학연구의 초석」, 『한국사학사학보』 23권, 2011. 1.

민성희, 「해방 직후(1945~1948) 황의돈의 국사교육 재건 활동」, 『역사교육연구』 21호, 2015. 1.
민현구, 「한국의 역사가—이병도」, 『한국사 시민강좌』 24집, 1999. 2.
민현구, 「이병도, 순수 학구적 자세로 한국사학의 토대를 쌓다」, 『한국사 시민강좌』 43집, 2008. 8.
민현구, 「이병도와 진단학회」, 『애산학보』 50호, 2023. 4.
박명규, 「네이션과 민족: 개념사로 본 의미의 간격」, 『동방학지』 147권, 연세대학교 국학연구원, 2009. 9.
박병섭, 「국사교과서 논쟁과 민족정체성의 투쟁」, 『사회와 철학』 31집, 2016. 4.
박양신, 「사학 와세다 인맥을 통해 본 일본·식민지 조선에서의 식민정책론」, 『아시아문화연구』 39집, 2015. 9.
박찬승, 「1910년대 도일 유학생의 사상적 동향」, 김용덕, 미야지마 히로시 공편, 『근대교류사와 상호인식』 Ⅱ, 아연출판사, 2007.
박찬흥, 「白鳥庫吉와 '滿鮮史學'의 성립」, 『동북아역사논총』 26호, 2009. 12.
블로크, 마르크, 고봉만 옮김, 『역사를 위한 변명: 역사가의 사명』, 한길사, 2007.
서울대학교 문리과대학 국사연구실, 『資料 韓國儒學史草稿』, 1959, 油印本.
심경호, 「근대 한국역사학자들의 합보—박은식·신채호·문일평·안재홍·백남운·이병도·손진태」, 『애산학보』 50호, 2023. 4.
아렌트, 한나, 이진우 옮김, 『인간의 조건』, 한길사, 1996.
아렌트, 한나, 김선욱 옮김, 『예루살렘의 아이히만』, 한길사, 2006.
아렌트, 한나, 홍원표 옮김, 『정신의 삶』, 푸른숲, 2019.
안재홍, 「朝鮮上古史管見(三)」, 『조선일보』, 1930. 1. 30.
안재홍, 「民世筆談(九) 民衆深化過程(七) 우리 民族性의 病弊(一)」, 『조선일보』, 1935. 5. 14.
안재홍, 『朝鮮上古史鑑』 下, 민우사, 1948.
안재홍, 「朝鮮通史」, 민세안재홍선집간행위원회 편, 『민세안재홍선집』 4, 지식산업사, 1992.
안재홍, 「신탁통치반대국민총동원중앙위원회 성명」, 고려대학교박물관 편, 『민세안재홍선집』 7, 지식산업사, 2008.

오영찬, 「민족의 기원을 찾아서: 한국 상고 민족의 창안」, 『한국문화연구』 37호, 이화여자대학교 한국문화연구원, 2019. 1.
윤대식, 「한국 민족주의의 쟁점: 민족주의를 바라보는 양가적 시선에 대한 자존의 변명」, 『정신문화연구』 36권 2호, 2013. 6.
윤대식, 『건국을 위한 변명』, 신서원, 2018.
윤대식, 「조소앙의 헌정체제 구상과 비극적 미완」, 『한국동양정치사상사연구』 23권 2호, 2024. 9.
윤영실, 「'세 제국들 사이'의 식민지 '민족': 1900년대 말 제국주의적 인종 담론과 한국 민족 개념의 역사적 생성」, 『한국현대문학연구』 68집, 2022. 12.
윤해동 등, 『근대를 다시 읽는다』 1, 역사비평사, 2006.
이경훈, 「『학지광』의 매체적 특성과 일본의 영향 1—『학지광』의 주변」, 『대동문화연구』 48집, 2004. 1.
이광수, 『민족개조론』, 우신사, 1981.
이대희, 「민족의 개념: 국민과 종족 사이」, 『21세기정치학회보』 25집 3호, 2015. 9.
이병도, 박성수, 「사학계의 원로 이병도 박사」, 『광장』 104호, 1982. 4.
이상원, 「한국정치학의 정치사상 연구 동향과 과제: 정치리더십을 위한 정치사상의 현실적 토대에 관한 탐색」, 한국정치학회 편, 『한국정치학회 70년사: 2013-2023』, 박영사, 2024.
이재성, 「이익사회의 기획으로서의 공동사회?」, 『대동철학』 17집, 2002. 6.
이재원, 「마르크 블로크: '역사를 위한 삶'」, 『역사와 문화』 12호, 2006. 9.
이철호, 「1910년대 후반 도쿄 유학생의 문화 인식과 실천—『基督青年』을 중심으로」, 『한국문화연구』 35집, 동국대학교 한국문학연구소, 2008. 12.
이태진, 『고종 시대의 재조명』, 태학사, 2000.
이태진, 「두계 이병도 한국사학에서의 공동체 문제」, 『진단학보』 116권, 2012. 12.
이태훈, 「한말 일본유학생들의 자기인식과 계몽논리: 1900년대 일본유학생을 중심으로」, 『한국사상사학』 45호, 2013. 12.
임종권, 「한국 실증주의 사학의 계보—식민사관과 상관성」, 『역사와 융합』 2집, 2018. 6.
정병준, 「식민지 관제 역사학과 근대 학문으로서의 한국역사학의 태동—진단학회를 중심으로」, 『사회와 역사』 110집, 2016. 6.
조영광, 「해방 후 첫 官認 교과서 『국사교본』의 한국고대사 서술분석」, 『한국민족문화』 70호, 부산대학교 한국민족문화연구소, 2019. 2.
조인성, 「이병도의 한국고대사연구와 식민주의사학의 문제—≪한국고대사연구≫를 중심으로」, 『한국사연구』 144호, 2009. 3.
조인성, 「이병도의 『조선사개강』—1920년대 초반 문화사학의 일례」, 『백산학보』 98호, 2014. 1.
조홍식, 「민족의 개념에 관한 정치사회학적 고찰」, 『한국정치학회보』 39집 3호, 2005. 9.
진단학회 편, 『歷史家의 遺香』, 일조각, 1991.
최선웅, 「1910년대 일본유학 전후 장덕수의 행적과 민족문제의 자각」, 『한국사학보』 47호, 2012. 5.
최선웅, 「장덕수의 사회적 자유주의 사상과 정치활동」, 고려대학교 박사학위논문, 2013.
최성철, 「서구 '현대 역사학'의 탄생」, 『한국사학사학보』 40집, 2019. 12.
최혜린, 「근현대 한국 통사通史에 나타난 전근대 피지배층 저항 서술의 변화」, 『인문논총』 75권 1호, 서울대학교 인문연구원, 2018. 2.
최호근, 「레오폴트 폰 랑케의 역사 내러티브」, 『역사학보』 242집, 2019. 6.
틸만, 호이트, 민병희 번역, 「송-원 지성사의 탐구: 그 현대적 의의는 무엇인가?」, 『중국학보』 64권, 2011. 12.
한승연, 「일제시대 근대 '국민'개념 형성과정 연구」, 『정부학연구』 17권 1호, 2011. 1.
홍원표, 「어두운 시대의 정치, 사유 그리고 윤리: 한나 아렌트의 색채 은유와 그 정치적 의미」, 『정치정보연구』 16권 2호, 2013. 12.
홍종욱, 「실증사학의 '이념'—식민지 조선에 온 역사주의」, 『인문논총』 76권 3호, 서울대학교 인문학연구원, 2019. 1.

두계 이병도 박사 저술 목록

(출간연도순)

『하멜漂流記(譯註)』, 박문서관, 1939(초판), 1946(재판), 1954(일조각에서 재발행).

『譯註 三國史記』 전 3책, 박문서관, 1943. (제3책은 박문출판사 발행)

『朝鮮史大觀』, 동지사, 1948.

『高麗時代의 研究』 朝鮮文化叢書 第4輯, 을유문화사, 1948, 1986(개정판, 아세아문화사 발행).

『새국사교본』, 동지사, 1948.

『중등 사회 생활과 우리나라의 생활(역사)』, 일조각, 1949.

『고등학교 생활과 우리나라 문화발달』, 백영사, 1952.

『國史大觀』, 백영사, 1952.

『國史와 指導理念』, 삼중당, 1953, 1955(일조각).

『韓國史大觀』, 보문각, 1954(초판), 1958, 1968(수정증보판). (『韓國史大觀』, 李丙燾 著, 許宇成 譯, 中正書局, 中華民國 51年).

『新修 國史大觀』, 보문각, 1955, 1957, 1964.

『고등학교 사회과 국사』, 일조각, 1956.

『對譯詳註 三國史記』 전 3책, 춘조사, 1956.

斗溪李丙燾博士華甲紀念事業委員會 編, 『李丙燾博士華甲紀念論叢』, 일조

각, 1956.
『斗溪雜筆』, 일조각, 1956.
『原文兼譯註 三國遺事』, 동국문화사, 1956, 1962(재판), 1965(3판), 1975(광조출판사 발행), 2000(명문당 발행), 2000(조선일보, 누리미디어 제작 CD).
『중학교 사회생활과 중등국사』, 을유문화사, 1956, 1959, 1963.
『資料 韓國儒學史草稿』, 서울대 문리대 국사연구실, 1959(철필 油印本).
『韓國史(古代篇)』(김재원 공저), 진단학회 편, 을유문화사, 1959(초판), 1965(수정판).
『韓國史(中世篇)』, 진단학회 편, 을유문화사, 1961.
『내가 본 어제와 오늘』, 신광문화사, 1966, 1975(박영사).
『인문계 고등학교 국사』, 일조각, 1969.
『풀뭇간의 쇠망치』, 휘문출판사, 1971, 1974(수정 3판).
『栗谷의 生涯와 思想』, 서문당, 1973.
『韓國古代社會와 그 文化』, 서문당, 1973.
『蘭船濟州島難破記』, 일조각, 1975.
『斗室餘滴』, 박영사, 1975.
『韓國古代史硏究』, 박영사, 1976, 2001.
『國譯 三國史記』, 을유문화사, 1977.
『原文 三國史記』, 을유문화사, 1977.
『韓國古代史研究: 古代史上の諸問題』, 學生社, 1980.
『三國史記』(上, 下) 2책. 을유문화사, 1983.
『成己集』, 정화출판문화사, 1983.
『韓國史의 理解』, 삼성출판사, 1984.
『韓國儒學史略』(한문본), 아세아문화사, 1986.
『韓國儒學史』(『韓國儒學史略』 국역본), 아세아문화사, 1987.
斗溪李丙燾博士九旬紀念韓國史學論叢刊行委員會 編, 『李丙燾博士九旬紀念韓國史學論叢』, 지식산업사, 1987.
震檀學會 編, 『歷史家의 遺香: 斗溪 李丙燾先生追念文集』, 일조각, 1991.
『斗溪李丙燾全集』 총 16권, 한국학술정보, 2012.

공저

「栗谷先生論」, 『國譯 栗谷全書精選』, 栗谷先生紀念事業會. 단기 4290년(1957).

『書齋餘滴: 大學教授隨筆集』, 耕文社, 단기 4291년(1958).

「獨島의 名稱에 관한 史的考察」, 『獨島』, 大韓公論社, 1965.

「栗谷集」, 李丙燾·柳正東 譯, 『韓國의 儒學思想: 退溪集/栗谷集』, 三省出版社, 1976.

이 책을 쓴 사람들

백승종
서강대학교, 독일 튀빙겐대학교, 베를린자유대학교 및 보훔대학교에서 후학을 지도하고 연구하였다. 『제국의 시대』를 비롯하여 30여 권의 저서가 있다. 제52회 한국출판문화상 학술상 수상.

노찬백
광주보건대학교 교수, 호남정치학회 회장, 광주통일관 관장 등을 역임하였다. 『한국 정치발전의 이해』(공저), 『한국정치론』 등 다수의 저서가 있다.

곽진
상지대학교 명예교수. 한국고전번역원 이사장을 역임하였다. 한문학 전공으로 목은 연구를 비롯해 많은 논문과 논저가 있다. 주요 저술로 『잠곡 김육 연구』(공저), 『여헌 장현광 연구』(공저) 등이 있고 그 외 다수의 고전 번역서와 편역서가 있다.

윤대식
한국외국어대학교 미네르바대학 교수. 『유인석 평전』을 비롯하여 공저를 포함한 20여 권의 저작이 있다. 제22회 의암대상 학술부문 수상.

두계 이병도의
국가론과 민족관

1판 1쇄 펴낸날 2025년 12월 15일

지은이 | 백승종·노찬백·곽진·윤대식
펴낸이 | 김시연

편집 | 오지은
디자인 | 본문 이미애, 표지 최정희

펴낸곳 | (주)일조각
등록 | 1953년 9월 3일 제300-1953-1호(구 : 제1-298호)
주소 | 03176 서울시 종로구 경희궁길 39
전화 | 02-734-3545 / 02-733-8811(편집부)
02-733-5430 / 02-733-5431(영업부)
팩스 | 02-735-9994(편집부) / 02-738-5857(영업부)
이메일 | ilchokak@hanmail.net
홈페이지 | www.ilchokak.co.kr

ISBN 978-89-337-0855-2 93910
값 30,000원

* 지은이와 협의하여 인지를 생략합니다.